KB208369

성경적 자녀양육 지침서

더 늦기 전에 꼭 알아야 할

성경적
자녀양육
지침서

렙 브래들리 지음 ㅣ 박은선 옮김

홈앤에듀

사랑하는 아내 베벌리Beverly와

하나님이 주신 귀한 선물, 우리 아이들,

나다나엘Nathanael, 안나Anna, 벤자민Benjamin,

레아Leah, 마이클Michael, 에밀리 클래어Emily Claire에게

감사의 말

　아이들을 키우는 동안 함께 수고해 준 나의 동역자, 사랑하는 아
내 베벌리를 주신 주님께 감사드린다. 비벌리는 전업주부로 아이
들을 양육하는데 나보다 더 많은 시간을 보냈을 뿐 아니라 이 책
의 엉성한 초고를 검토하고 편집하는 데에도 많은 도움을 주었다.

　또한 책을 집필하는 동안 아버지의 역할을 많이 해주지 못했는
데도 참고 기다려준 아이들에게 감사하다.

　내 멘토가 되어 준 릭 퓨게이트Rick Fugate에게도 감사의 말을 전한
다. 릭의『성경에서 말하는 자녀양육(What the Bible Says About Child
Training)』책과 비디오 시리즈는 우리 가정에 성경적인 자녀양육
의 기초가 절실히 필요했을 때 큰 도움이 되었다.

　그 가르침이 없었다면 우리 아이들이 지금 어땠을까 하는 생각
이 든다. 이 책도 쓰지 못했을 것이다.

　우리와 함께 수년간 릭 퓨게이트의 비디오를 같이 시청하면서
풍성한 나눔을 해 준, 홉 채플 새크라멘토Hope Chapel Sacramento의 부
모님들에게도 감사를 전한다.

　마지막으로 우리가 의지할 유일한 진리인 하나님의 말씀을 주
신 주님께 감사드린다.

이 책은 자녀양육의 원리를 성경의 가르침 그대로 전달합니다. 그러면서도 단순히 이론만이 아닌 현장의 진실을 전달합니다. 저자는 실제로 크리스천 홈스쿨링을 하면서 이 책의 내용대로 자녀를 양육했고 이 책을 펴냈습니다. 그래서 이 책에는 성경적 원리와 실천적 현장의 진실이 함께 농축되어 있습니다. 이 책은 초판의 놀라운 영향력을 개정판의 지혜로 더욱 보완해 놓았습니다. 이미 현장에서 검증되어 큰 영향력을 끼친 이 성경적 세계관의 양서가 우리말로 번역되어 소개되는 것은 한국 교회를 위해서도 경하할 일입니다.

지금 우리의 교육은 방향을 잃고 방황하고 있습니다. 포스트모더니즘, 세속화, 한국의 교육 현실은 이런 방황을 더욱 자극하고 있습니다. 이와 같은 때, 소개되는 이 책은 한국 크리스천 교육에 던지는 희망이라고 할 만합니다.

이 땅 모든 성도의 가정에 이 책이 비치되고, 모든 크리스천 교육 기관에서 이 책이 읽힐 수 있다면, 그리고 모든 가정에서 이 책이 토론되고 가르쳐진다면 우리는 기독교 교육의 새 희망과 새 노래를 부르게 될 것이고, 실패를 극복한 성공의 사례들이 많은 가정에서 간증될 것입니다.

그때 우리는 세상을 향해 하나님의 방법이 유일한 방법이라고 소리치게 될 것입니다. 그래서 저는 흥분된 마음으로 이 책을 추천합니다.

_이동원 (지구촌교회 원로목사)

렙 브래들리 목사님은 많은 그리스도인 부모의 문제점을 따끔하게 지적합니다. 그것은 양육의 기본 원리를 그리스도를 믿지 않는 세상 전문가들의 조언에서 찾았다는 것입니다. 그는 자녀 양육의 목표와 방법론을 성경에서 찾아야 한다고 강조하고, 성경적 원칙이라는 빛 가운데서 조명합니다.

장차 우리의 자녀들이 자기 절제, 지혜, 책임감이라는 자질을 갖춘 성숙한 그리스도인이 되어 하나님을 사랑하고 이웃을 사랑하도록 훈련되어야 하는 이유와 방법을 명쾌하게, 구체적으로 제시합니다. 자신의 자녀가 원래 하나님이 계획하신 축복과 선물, 상급이 되기를 원하는 모든 그리스도인 부모님께 기쁜 마음으로 권합니다.

_추소정 (『이젠 엄마표 영어를 넘어 성경적 부모표 영어』 저자)

렙 브래들리의『성경적 자녀양육 지침서』를 알게 된 것은 저희 가정에 큰 축복이었습니다. 부모로서 그간의 훈육 방법들의 맹점을 분별하게 해주었으며 자녀들을 통제력-지혜-책임감을 가진 성숙한 사람으로 양육할 수 있도록 지혜를 주었습니다. 자녀양육의 책임을 기쁘게 지고자 하는 모든 부모님께 이 책을 추천합니다. 이 책은 훈육의 기준이 없어 좌충우돌하는 부모와 자녀들에게 올바른 기준이 되어줄 것입니다.

"마땅히 행할 길을 아이에게 가르치라 그리하면 늙어도 그 길을 떠나지 아니하리라" (잠 22:6)

_이정연 (굿패밀리 대표, 조슈아홈스쿨아카데미 원장)

이 시대는 탈권위를 부추기고 있습니다. 그러나 성경은 권위를 매우 중요한 것으로 가르칩니다. 우리 자녀들은 가정에서 부모로부터, 이 세대를 본받지 않는 성경적 가치관을 배워야 합니다. 이 책은 모든 크리스천 부모가 어떻게 자녀를 양육해야 하는지 말씀 안에서 실제적인 방법을 가르쳐주고 있습니다.

성경적으로 가르친 자녀들은 반드시 보석처럼 빛나는 시대의 대안이 될 것입니다. 자녀양육으로 고민하는 부모들에게 오아시스와 같은 이 책을 강력히 추천합니다.

_주우규 (지구촌교회 글로벌홈스쿨링아카데미 담당목사)

실제로 부모가 될 준비를 하고 결혼을 하는 사람이 몇이나 될까요? 아이를 낳고 온 힘을 쏟아 자녀를 양육해보지만, 하면 할수록 미안함은 커지고 무엇을 어떻게 해야 할지 모르겠다면 이 책을 추천합니다. 단순히 실천적 방법론을 늘어놓은 육아 서적이 아니라 창조주 하나님의 섭리 안에서 부모의 역할과 자녀양육의 목적을 분명하게 제시한 책! 자녀를 양육하다가 길을 잃었을 때 언제든지 제자리로 돌아올 수 있도록 이정표를 제시하는 책! 자기 중심성만 키워놓는 양육법이 넘쳐나는 시대에 성경적으로 양육하고 싶으나 무엇을 어떻게 해야 할지 막막한 모든 크리스천 부모들에게 권하는 사막의 오아시스와 같은 책입니다.

세 아이의 엄마로, 다음 세대를 양육하는 교육선교사로 부모 교육의 실천적 교과서를 만난 것 같아 기쁘고 감사한 마음으로 이 책을 추천합니다.

_클라라 선교사 (IM선교회 한국대표)

목차

여섯 명의 자녀 중 큰아이들이 앞서 태어났을 때, 뱃속에서 '자녀양육 설명서'를 들고나왔으면 얼마나 좋았을까? 그러나 현실은 그렇지 않았고 큰 아이들은 여지없이 실험 대상이 되었다. 우리는 알고 있는 선에서 최선을 다했지만 실은 아는 것도 별로 없었다.

나는 무엇이든 척척 해내는 그런 부모는 결코 아니다. 실제로 그런 사람들이 부럽다. 내가 아이들을 키우면서 걸어온 길을 뒤 돌아보면 참 많은 구덩이에 빠졌던 것 같다. 이 책을 쓴 목적은 다른 부모들에게 그 구덩이가 어디 있는지 알려주고, 혹 빠지더라도 쉽게 나올 수 있도록 도와주려는 것이다. 그래서 책의 부제로 '더 늦기 전에 꼭 알아야 할'이라고 쓴 것이다.

이 책에 자녀 훈련에 관한 모든 해답이 있는 건 아니다. 그러나 내가 처음 아이들을 키우면서 가졌던 질문에 대한 대답은 있다. 자녀양육의 모든 면을 다루는 완벽한 매뉴얼을 찾고 있다면, 이 책은 아니다. 이 책의 목적은 부모들이 보지 못했던 부분들을 알려주고 그것을 극복하는데 필요한 실제적이고 성경적인 도움을 제공하는 것이다. 이 책은 기본적으로 12세 이하의 자녀를 둔 부모를 위해 쓰였다. 그러나 청소년을 자녀로 둔 부모들에게도 도움을 줄 수 있을 것이라 믿는다.

지난 몇 년간 더 완전한 성경적인 자녀양육법을 제시하기 위해 이 책을 개정해 왔다. 내가 주최하는「성경적 통찰을 통해 본 자녀 훈련(Biblical Insights Into Child Training)」세미나의 오디오나 비디오 시청도 추천한다. 세미나는 이 책과 비슷한 주제를 다루면서 자녀양육 과정에 대한 구체적인 예시와 그림을 포함해 더 쉽게 이해할 수 있을 것이다.

이 책에 아이들의 여러 증상과 행동 목록이 포함된 이유는, 세미나를 들은 분들이 손쉽게 참고할 수 있는 매뉴얼 및 보충 교재로 사용하려는 생각 때문이었다. 책의 여러 장에 걸쳐 같은 요점이 반복되는 경우가 있는데, 그것은 각 요점이 그 장과 관련되어 있기도 하고, 또 답을 찾기 위해 책 전체를 다시 읽을 필요가 없도록 하기 위함이다.

하지만 이렇게 증상과 그에 따른 해결책 목록을 제시하는 부모 지침서의 위험성은 일부 부모들이 자녀를 양육하는 '손쉬운' 접근법을 만들어 획일적으로 적용할 수 있다는 점이다. 정형화된 생각을 가지고 자녀들을 똑같이 대할까 염려스럽다. 우리는 이런 태도를 가장 주의해야 한다. 각 자녀의 타고난 기질과 성격을 고려하여 그에 맞는 원칙을 적용하는 '사고하는' 부모가 되기를 바란다. 사실 이 책이 그런 '손쉬운' 생각을 부추길 가능성이 있기 때문에 원고 전체를 주의 깊게 퇴고하며 그럴 만한 모든 단어와 문장을 다듬었다.

이 책의 초판에 대한 반응이 기대 이상으로 좋았다. 그리고 밀레니얼 판(Millennial Edition)을 출간하게 되어서 기쁘다. 수많은 부모가 책을 통해 얻은 통찰을 실행에 옮겼을 때, 자녀들이 급속도로 변화되었다는 피드백을 해주었다. 우리는 하나님께 감사드린다. 하지만 이러한 긍정적인 반응에도 불구하고 나는 특정 부류의 부모들에게 주의를 주고 싶다.

자신이 군대 부사관처럼 자녀들을 강하게 훈련하는 부모라면 미리 알아 두는 게 좋다. 당신이 책을 읽어 내려갈수록 자녀들의 동기와 태도에 대한 새로운 통찰이 생길 것이고, 자녀들을 향해 분노하고 참지 못하는 자신의 태도를 발견하게 될 것이다. 만약 당신이 그렇다면, 단지 방법을 적용하는 데 급급해서는 안 된다. 당신 안의 분노를 보길 바란다. 분노는 친구가 아니다. 분노는 효과적인 자녀양육에 손해를 끼칠 뿐이다. 자녀에게 가장 좋은 동기는 사랑이지 공포가 아니다.

어린 자녀들은 부모가 양육한 결과물이라는 것을 명심해야 한다. 의도했든 아니든 말이다. 그러나 자녀들은 아직 훈련 과정 중에 있기 때문에 그런 모습인 것이다. 자녀들이 빨리 배우지 못하고 훈련이 효과가 없는 것처럼 보인다면, 부모가 보지 못하는 사각지대가 있는지 점검할 때이지, 강한 채찍이 필요할 때는 아니다. 하나님께서 야고보에게 하신 말씀을 기억해야 한다. "사람이 성내는 것이 하나님의 의를 이루지 못함이라."[1] 아이들은 사랑해 주면서 지속적인 훈련을 할 때 가장 잘 반응하는 법이다. "어디 한 번 해봐."라는 식의 분노는 전혀 도움이 되지 않는다.

이 책을 읽는 부모들 모두 다음 세대를 성숙하고 책임감 있는 그리스도의 제자들로 키우기 위해 통찰력과 자기 절제와 인내를 하나님께 구하기를 기도한다.

_렙 브래들리

---

1. 야고보서 1:20

"요즘 아이들은 폭군이다. 그들은 부모에게 반항하고 게걸스
럽게 먹으며 선생들을 위협한다." - 소크라테스, B.C.426.

인류 역사상 부모 노릇이 쉬운 적은 없었겠지만 지난 50년간 미
국의 부모들은 그것이 더욱 어려운 일이 되어 가는 것을 실감해왔
다. 우리 아이들은 쾌락주의 문화에 빠져 있고 자아도취적인 친구
들 사이에서 자라고 있다.

부모로서 우리는 자녀를 어떻게 양육해야 할지 이전 세대의 부
모들보다 자신이 없다. 소위 '전문가'들의 조언이란 것은 상반되었
고 교회 내에서조차 성경적 양육의 대안을 정확히 제시하지 못했
다. 그리스도인 부모들도 자녀들을 양육하면서 무력하고 답답한
마음을 느낄 수밖에 없다. 많은 부모가 자녀양육을 하면서 느끼는
좌절감 때문에 그저 최대한 갈등을 만들지 않으려고 필사적으로
노력한다. 양육의 스트레스가 너무 커서 자녀들이 학교에 가거나
독립할 날을 손꼽아 기다리는 부모도 있다. 어떤 부모들은 여름방
학과 휴가를 고대하다가도 온종일 자녀들과 있을 생각에 두려움
이 엄습하기도 한다.

자녀들 때문에 화가 나 있는 부모들은 하나님께서 자녀들을 통

해 그들의 삶에 불러올 축복을 놓치고 있다. 솔직히 우리가 그런 모습이라면 우리는 자녀를 선물로 여기지 않고 저주로 여기는 것이다. 하나님께서는 자녀를 '축복', '선물', '상'[2]이라고 부르시고 그와 같은 존재로 어머니 뱃속에 잉태하게 하셨다. 그렇게 느끼지 못한다면 우리가 자녀 훈련에 성공하지 못했기 때문이다.

오늘날 자녀양육의 개념은 혼란스럽기만 하고 따를 만한 롤 모델도 부족하다. 이는 자녀양육에 사각지대(blind spot)가 많음을 의미한다. 슬픈 사실은, 어찌할 바 모르는 많은 부모가 자기들은 모든 걸 잘하고 있고 사각지대가 전혀 없다고 생각하고 있다는 것이다. 그러나 그곳이 바로 '내가 보지 못하는 사각지대'이다!

한 가지 확실한 것은 자녀의 행동에 책임을 지지 않으려는 부모는 자녀의 좋은 성품과 밝은 미래에 대한 가능성을 버리는 것이다. 이 책을 읽는 모두의 마음이 열려 우리 자신과 자녀들을 잘 살펴볼 수 있기를 바란다.

---

2. "보라 자식들은 여호와의 기업이요 태의 열매는 그의 상급이로다 젊은 자의 자식은 장사의 수중의 화살 같으니 이것이 그의 화살통에 가득한 자는 복되도다 그들이 성문에서 그들의 원수와 담판할 때에 수치를 당하지 아니하리로다" 시편 127:3-5

"내가 아버지의 계명을 지켜

그의 사랑 안에 거하는 것같이

너희도 내 계명을 지키면 내 사랑 안에 거하리라

내가 이것을 너희에게 이름은

내 기쁨이 너희 안에 있어 너희 기쁨을 충만하게 하려 함이라

내 계명은 곧 내가 너희를 사랑한 것 같이

너희도 서로 사랑하라 하는 이것이니라"

[요한복음 15:10~12]

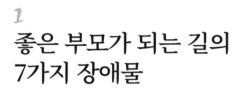

1
좋은 부모가 되는 길의
7가지 장애물

"적이 누구인지 보았다. 그건 우리 자신이었다."

만화 『블룸 카운티Bloom County』의 등장인물 오퍼스Opus가 한 말

부모 역할을 공부하기에 앞서, 자녀양육의 사각지대를 만들어 내는 장애물들을 찾아내는 것이 필요하다. 다음의 일곱 가지 장애물을 제거한다면 이 책에서 더 큰 가치를 찾을 수 있을 것이다.

1. 방어적인 태도

우리 대부분은 자신의 약점을 잘 알고 있으며 타인의 지적을 겸손히 받아들이는 편이다. 그러나 누군가 우리 자녀들 또는 우리의

육아에 문제가 있다고 지적한다면 겸손함은 사라지고 매우 방어적으로 되어버린다.

사실 내가 방어적이라는 말을 듣는 것만으로도 방어적 자세를 취하는 사람들이 있다. (혹시 당신이 그렇다면, 지금 자신이 마음속으로 거부하고 있다는 것조차 까마득히 모를 수 있다. 우리는 맹인과 같은 존재이다.)

이 책을 통해 많은 도움을 얻기 위해서는 방어적 태도를 내려놓고 자신이 보지 못하는 사각지대가 있음을 인정하는 것이 바람직하다. (그것이 무엇인지 이미 알고 있다면 '보지 못하는' 사각지대가 아니라 이미 '보고 있는' 곳일 것이다.) 자신이 방어적인 자세를 취하고 있다면 분명 사각지대가 있는 것이다. 이 책의 내용이 평소 자신의 신념이나 행동 원칙과 다른 걸 발견한다면 저자를 비난하거나 자신을 변호할지 모른다. 어쩌면 당신은 자신이 변화가 필요하다는 것조차 인정하지 않을지 모른다.

당신이 특별히 잘못한 것이 없더라도 "잘못되었다"는 말 자체에 격렬히 저항한다면 자신의 약점을 개선할 기회를 놓치는 것이다. 주님께서 솔로몬을 통해 우리에게 하신 말씀처럼, 지적과 꾸지람을 환영하는 사람은 현명한 사람이다.[3] 현명한 부모가 되자.

책을 계속 읽어 가기 전에 잠시 멈추어 주님을 바라보고 마음의

---

3. "아비의 훈계를 업신여기는 자는 미련한 자요 경계를 받는 자는 슬기를 얻을 자니라" 잠언 15:5 "훈계 받기를 싫어하는 자는 자기의 영혼을 경히 여김이라 견책을 달게 받는 자는 지식을 얻느니라" 잠언 15:32 "거만한 자를 때리라 그리하면 어리석은 자도 지혜를 얻으리라 명철한 자를 견책하라 그리하면 그가 지식을 얻으리라" 잠언 19:25 "훈계를 좋아하는 자는 지식을 좋아하거니와 징계를 싫어하는 자는 짐승과 같으니라" 잠언 12:1 (잠언 9:9, 13:1, 18, 15:12, 31도 참조하라.)

눈을 열어 달라고 간구하자.[4]

2. 양육과 훈련의 혼동

대부분의 부모는 첫 아이가 태어나면 부모가 되는 일이 중대한 책임임을 깨닫게 된다. 아무것도 할 줄 모르는 한 인간을 보살펴야 한다는 중압감을 느끼지만, 막상 해야 할 일을 놓치는 경우도 자주 있다. 부모 역할을 잘 수행하고 싶지만, 아이가 생각대로 자라지 않는 경우도 많다. 대부분 부모는 직장에 갓 취직한 신입사원 같다. 그는 필요한 훈련을 거의 받지 못했고 업무 파악, 계획, 목표가 없는 상태이다.

자녀를 효과적으로 훈련하는 부모는 하나님께서 자녀 안에 어떤 모습을 만들기 원하시는지, 그것을 어떻게 성취할 수 있는지에 대해 정확한 이해를 하고 있어야 한다. 그런 면에서 이 책은 부모의 역할이 무엇인지 파악하는 데 도움이 될 것이다.

안타깝게도 대부분의 부모는 자녀 양육과 자녀 훈련을 같은 개념이라고 생각하지만, 그렇지 않다. 단순히 키운다는 의미로서의 양육은 먹을 것과 생계를 제공하는 것이다. 즉 자녀의 생명을 유지하고 몸을 성장시키는 것이다. 성경 말씀은 우리가 단순히 자녀를 기르는 것만 아니라 그들을 훈련해야 한다고 말씀하신다.

성경의 가르침대로 자녀를 훈련해왔다고 생각했지만, 자녀들

4.　"너희 마음의 눈을 밝히사 그의 부르심의 소망이 무엇이며 성도 안에서 그 기업의 영광의 풍성함이 무엇이며" 에베소서 1:18

이 전혀 달라지지 않았다면 자녀들을 기르고 교육은 했으나 훈련 했다고는 볼 수 없다. '훈련'이라는 단어의 정의에 의하면, 훈련한 후에는 반드시 변화가 뒤따른다.

훈련한다는 것은 훈련받는 사람에게 변화가 생긴다는 것이다. 직장의 경우에는 수습 기간, 즉 훈련 기간이 끝났는데도 직원들이 변한 것 없이 업무를 수행할 수 없다면 훈련이 되었다고 간주하지 않는다. 그들이 교육받기는 했지만 훈련된 것은 아니다. 직장에서 의 훈련 프로그램은 제대로 훈련되었는지 조사하고 결과가 미진 하면 다시 훈련하면 된다. 군대의 기초 훈련이 숙련된 군인을 양 성하지 못한다면 훈련 내용을 수정해야 할 것이다. 자기 개를 조 련사에게 맡겼는데 전혀 달라진 것 없이 돌아왔다면 개가 제대로 훈련되지 않았으므로 환불을 요청할 수 있다. 훈련에는 결과물이 있어야 하는 것이다.

히브리어로 '기르다gadal'은 이런 개념을 뒷받침한다. 아이를 기 르는 행위는 "위대함에 이를 때까지 비틀다."라는 문자적 의미가 있다. 자녀를 기르는 행위의 히브리적 개념은 본성을 거슬러 그들 을 '비틀고 비틀어서' 성숙해지도록 하는 것이다. 비트는 행위는 단호한 노력이 요구되고 어린 시절 내내 지속해야 하는데 특별히 태어나서 처음 5년간이 가장 중요한 시기이다.

잠언 22:6을 살펴보자. "마땅히 행할 길을 아이에게 가르치라 그 리하면 늙어도 그것을 떠나지 아니하리라"고 쓰여 있다. 하나님 께서는 부모들에게, 변화가 오래 지속되려면 부지런한 훈련이 필요하다고 하셨다. 신명기 6:6~9에서는 하나님의 명령을 자녀들에게 '가르치라'[5]고 부모들에게 권고한다. 히브리어로 '가르친다'라는 단어는 '적다' 혹은 '아로새긴다'라는 뜻을 가지고 있다. 7~9절에 따르면 이것은 성경적 진리의 가르침을 매우 구체적으로 지속해서 가르쳤을 때 성취될 수 있다.

자녀를 훈련하는 것이 단순히 기독교 음악을 틀어주고 식사 기도와 취침 전 기도를 가르치는 것으로 생각하는 부모들은 결코 자녀를 성공적으로 훈련할 수 없다. 또한 교회학교나 기독교 동아리에 보내는 것만으로 자녀들을 제대로 훈련할 수 없다. 그런 환경에 노출되는 것은 물론 좋은 일이지만 그것이 훈련을 대체할 수는 없다.

훈련은 의식적이고 능동적인 훈련과 솔선수범으로 이루어진다. 그저 좋은 환경이나 사랑이 넘치는 가정에서 자란다고 저절로 되는 것이 아니다. 조금씩 흡수함으로써 생겨나는 것이 아니다. 야생마가 훈련된 말들과 함께 있다고 해서 저절로 훈련되는 일은 결코 없다.[6] 우리의 자녀들도 그렇다. 하지만 분명히 알아야 할 것은 성경을 바탕으로 한 훈련과 지침들이 자녀들의 행동은 쉽게 교정해 줄 수 있지만 마음까지 제어하지는 못한다는 사실이다. 개들은

---

5. "오늘 내가 네게 명하는 이 말씀을 너는 마음에 새기고 네 자녀에게 부지런히 가르치며 집에 앉았을 때에든지 길을 갈 때에든지 누워 있을 때에든지 일어날 때에든지 이 말씀을 강론할 것이며 너는 또 그것을 네 손목에 매어 기호를 삼으며 네 미간에 붙여 표로 삼고 또 네 집 문설주와 바깥문에 기록할지니라" 신명기 6:6-9

6. 말과 자녀 훈련을 서로 비교한 것에 불편해하지 마시길 바란다. 훈련의 원칙은 군인, 운동선수, 어린이 등을 막론하고 동일하게 적용된다.

어릴 때 훈련받은 후 종종 재훈련받기만 하면 죽을 때까지 훈련된 상태로 머문다. 하지만 자녀들은 동물과는 다르다. 스스로 결정할 수 있는 인격체들로서, 어린 시절 받은 훈련을 바탕으로 성장 후에는 무엇을 할지 판단할 수 있는 존재들이다.

청소년기에 접어든 자녀들에게 지속적인 영향을 주고 싶은 부모들은 권위적으로 영향을 끼치기보다는 사랑과 존중을 바탕으로 한 리더십을 보여주어야 한다. 이 부분은 17장에서 더 다루도록 하겠다.

3. 인간 타락에 대한 오해

교회 안으로 슬며시 들어온 위험한 인본주의적 생각이 있다. 그것은 아이들이 기본적으로 선하며, 그 선함을 끌어내기 위해서는 사랑과 돌봄만 받아야 한다는 생각이다. 이런 관점은 성경의 기본적인 가르침을 무시할 뿐 아니라, 자녀들이 본성대로 행동하는 것을 부모가 방치하게 만들 수 있다. 그것은 마치 야생 스컹크를 애완동물로 키우면서 사랑 가득한 가정을 마련해 주었기 때문에 절대 악취를 뿜지 않을 것이라고 믿는 것과 같다. 성경은 자녀들이 자기중심적인 마음을 따르도록 내버려 두면 부모가 수치를 당하게 된다고 가르친다.[7]

하나님께서는 인간의 타락한 본성에 대해 명확하게 말씀하셨

---

7. "채찍과 꾸지람이 지혜를 주거늘 임의로 행하게 버려 둔 자식은 어미를 욕되게 하느니라" 잠언 29:15

다. 예레미야 17:9에서 "만물보다 거짓되고 심히 부패한 것은 마음이라"고 하셨다. 창세기 6:5에서는 "여호와께서 사람의 죄악이 세상에 가득함과 그의 마음으로 생각하는 모든 계획이 항상 악할 뿐임을 보시고"라고 말한다. 인간이 죄로 기울어지는 현상은 사춘기 이후부터 그런 것이 아니라, 창세기 8:21에 의하면 "…사람의 마음이 계획하는 바가 어려서부터 악함이라"고 하셨다.[8]

하나님의 마음을 잘 따랐던 다윗 왕은 자신이 "죄악 중에서 출생하였음이여 어머니가 죄 중에서 나를 잉태하였나이다"[9] 라고 했고, 인간은 심지어 자궁에서 나올 때부터 '거짓을 말하는'[10] 나면서부터 곁길로 헤매는 존재라고 했다.

그러므로 자녀를 제대로 훈련하고자 하는 부모들은 잠언 22:15의 "아이의 마음에는 미련한 것이 얽혔으나"라는 말씀을 이해해야 한다. 히브리어로 미련함은 '이벨렛ivveleth'인데 이것은 '어린이 같은 미성숙함' 혹은 '바보스러움'이 아니라 오히려 '부정직, 무시, 반항 등을 일삼는 사악함'을 뜻한다. 제대로 된 훈련 없이 자라난 청소년과 성인을 묘사하기 위해 솔로몬은 '케실keciyl'이라는 단어를 사용하여 그들을 '미련한' 자들[11] 이라고 불렀다. 그 어원은 '뚱뚱한'이란 뜻인데 다른 말로 하면 '거만한' 혹은 '자아가 가득 찬'이

---

8. 전도서 7:20, 29, 시편 14:2-3, 욥기 4:17-19, 15:15-16, 25:4-6, 이사야 59:7, 64:6, 예레미야 13:23, 마가복음 7:20-23, 요한복음 2:24-25, 로마서 3:10-18, 7:18 또한 참조 바람.
9. 시편 51:5
10. 시편 58:3
11. 잠언 10:1, 15:20, 17:21, 25, 19:13

란 뜻이다.

자녀를 천사처럼 생각해서 특별히 나쁜 짓을 저지르지 않을 것이라고 여기는 부모들은 자녀 훈련의 임무를 제대로 수행할 수 없으며, 성경은 반드시 '슬픔을 수확할 날'이 올 것을 경고한다. 솔로몬은 "미련한 아들은 그 아비의 근심이 되고 그 어미의 고통이 되느니라"[12], "미련한 자를 낳는 자는 근심을 당하나니 미련한 자의 아비는 낙이 없느니라"[13], "…임의로 행하게 버려둔 자식은 어미를 욕되게 하느니라"[14] 라고 하였다.

부모가 절대적으로 이해해야 하는 것은 우리의 자녀들은 모두 자아도취적이며, 쾌락주의적인 본성을 가지고 태어났다는 점이다. 즉 인간인 우리는 모두 자신의 욕심에 사로잡혀 만족과 쾌락에 몰두한 채 이 세상에 태어났다. 본능적으로 우리는 원하는 모든 것을 하고 싶어 하지만, 훈련과 교육을 통해 자신을 부인하도록 길러내는 것이 바로 부모의 역할이다. 부모의 기본적인 책임은 자녀들이 자기 본능을 거스르도록 훈련하는 것이다.

불행하게도 1940년대부터 자녀 교육 전문가들은 이 중요한 진리를 잃어버리고 말았다. 현대의 양육 철학은 부모가 어린 자녀들에게 가장 필요한 것을 제공해줄 수 있도록 준비시키지 못한다. 그래서 미국의 윤리가 지난 50년간 점진적으로 무너진 것이다. 가정

---

12. 잠언 17:25
13. 잠언 17:21
14. 잠언 29:15

이 붕괴하고 성적 문란이 평범한 일상이 되고 성병 감염이 확산되었을 뿐 아니라 범죄 또한 급증했다. FBI의 통계에 따르면 1960년대 이후에 폭력 범죄가 300% 이상 증가했고, 절도와 살인이 250% 증가했으며, 불법 약물 사용은 400% 이상 증가했다. 현대의 양육 철학을 받아들인 이후로 부모들은 비행 청소년, 사기꾼, 범죄자들을 키우게 되었을 뿐 아니라 우리는 삶의 모든 영역에서 극심한 도덕적 붕괴를 경험했다. 본능에 충실한 자녀들을 어떻게 훈련해야 할지 모르는 부모들에 의해 나르시시즘, 쾌락주의에 물들어 자기밖에 모르는 청소년들이 양산된 것이다.

비록 성경을 통해서도 자녀의 타락한 본성을 충분히 이해할 수 있지만, 미네소타주 범죄위원회가 수년간 환경과 범죄의 상관관계를 연구한 보고서를 살펴보면 흥미로운 사실을 발견할 수 있다.

"모든 아기는 작은 야만인으로서 삶을 시작한다. 완전히 이기적이고 자기중심적이다. 원하는 때에 원하는 것을 가져야 한다. 물병, 엄마의 관심, 친구의 장난감, 삼촌의 시계, 그 외에 무엇이든 말이다. 만일 그것을 못 갖게 한다면 분노와 공격성으로 끓어올라 아기가 아니었다면 누군가를 죽일지도 모른다. 아기는 지저분하고 도덕성이나 지식도 없으며 터득한 기술도 없다. 이것은 어떤 특정한 종류의 아이들이 아닌 모든 아기가 비행을 저지를 수 있는 존재로 태어난다는 뜻이다. 만약 아기를 자기중심적인 세계에서 모든 욕구를 충족하도록 충동적 행동에 계속 방치한다면 아이는 범죄자, 절도범, 살인자, 강간범으로 자라날 것이다."[15]

부모는 단순히 자녀들이 사랑 많은 기독교 가정에서 양육되고 있으므로 하나님을 닮은 성품으로 자랄 것으로 생각해서는 안 된다. 자기중심적인 자녀를 훈련하는 것은 매우 어려운 일이고 대단한 헌신을 해야 하며 기도가 필요한 일이다. 당연히 사랑이 있어야 하지만 그것만으로는 충분치 않다.

4. 세상의 전문가를 신뢰하는 태도

하나님의 자녀로서 우리는 '절대 진리'라는 신뢰할 만한 근거를 가지고 있다.[16] 세상에는 '진리'인 척하는 많은 개념이 있지만 성경이야말로 진리가 무엇인지 결정해 주는 단 하나의 기준이다. 그 말씀은 하나님에 관한 지식의 기록으로서, 우리에게 '생명과 경건에 속한 모든 것'[17]을 주시는 수단이다. 그러므로 양육의 기본적인 원리는 일차적으로 하나님의 말씀에서 찾아야 한다. 다른 데서 찾는 것이 문제를 일으킨다.

시편 1편 1절에서 말하듯, 그리스도를 믿지 않는 자들에게 조언을 구하지 않는 것이 복된 것이다. 그들이 지혜롭고 합리적으로 보여도 그들의 생각은 세상의 것으로 물들어 있으므로 그대로 따라 했다가는 후회만 남는다.[18] 사도 바울은 그리스도가 없는 자

---

15. 미네소타 주 범죄위원회 보고서, 미국 형법 범죄 학회지, 제18권, 제1호(1927. 5.)
16. 디모데후서 3:16
17. 베드로후서 1:3
18. "어떤 길은 사람이 보기에 바르나 필경은 사망의 길이니라" 잠언 16:25

들에게는 참 지혜가 부족함을 지적하면서 강조하기를, 그들이 가치 있다며 권하는 것을 하나님께서는 무가치하게 여기신다고 했다.[19] "…이 세상 지혜는 하나님께 어리석은 것이니…지혜 있는 자들의 생각을 헛것으로 아신다…"[20]고 말이다. 그리스도인이든 아니든 실제로 하나님을 두려워하는 마음이 없는 사람들은 자기 꾀에 갇혀 지혜의 기본조차 가질 수 없다.[21] 이러한 경고는 미국의 현재 상황을 보면 확인된다. 가정의 붕괴와 그에 따른 사회의 타락은 지난 몇 세대의 모습이었고, 이는 세상의 전문가들을 따른 결과였다. 다른 미국 사회와 마찬가지로 교회 안에 있는 가정들도 그러한 경향을 띠고 있다. 그것은 기독교 지도자들이 분별없이 세상의 전문가들에게 받은 지혜를 접목해 기독교화하여 교회에 전했기 때문이다.

우리는 풍성한 절대 진리와 경건한 지혜의 원천을 제공하는 하나님의 말씀 안에서만 자녀 훈련의 기본 원칙을 찾아야 할 것이다. 이 전제에 전적으로 동의하는 그리스도인들도 대부분은 그동안 자신들의 자녀양육 방식에 세상의 원칙이 스며들어 있었음을 인지하지 못할 것이다. 그러므로 현재 행하고 있는 자녀 훈련 원칙의 타당성을 성경적 원칙이라는 빛 가운데에서 점검하고 수정하는 것은 모든 부모에게 유익이 될 것이다.

---

19. 고린도전서 1:19-25
20. 고린도전서 3:19-20
21. 잠언 9:10, 1:7, 시편 111:10

일례로 세상의 전문가들은 만 2세 자녀에게서 반항심이 발견되지만, 그것은 모든 자녀가 자연적으로 지나는 '끔찍한 두 살'이라고 단언한다. 그러니 부모는 지나치게 걱정하지 말고 곧 다음 단계로 넘어가니 인내심을 가지고 기다리라고 한다. 자녀가 3세가 되어도 여전히 반항적이라 염려하는 부모에게도 그 아이는 그저 '무모한 세 살'이라는 단계를 거치고 있으니 걱정하지 말라고 한다. 자녀가 십 대 초반에도 여전히 고집이 세고 요구가 지나치면 '사춘기로 진입하는 단계'이니 결국엔 지나갈 것이라고 안내한다. 청소년기의 십 대들이 반항적이고 가족들로부터 독립적인 모습을 보이는 것이 당연하다는 현대의 개념을 믿으라고 한다. 부모는 너무 늦기 전에 십 대 자녀가 자기 몰두에서 빠져나올 것이라 희망하면서 자녀의 무례한 태도를 견뎌낼 뿐이다.

전문가들은 이러한 단계들이 자연스러운 것이며, 누구나 겪는 일이라고 부모들에게 말한다. 그러나 하나님의 말씀은 그 말도 안 되는 반항의 단계를 인정하지 않을 뿐만 아니라 반항을 막을 방법을 가르치고 있다. 전문가들은 이를 알지 못하고 그저 부모가 인내하기만을 기대하는 것이다. 대신에 그런 이론을 받아들이지 않고 성경의 원칙대로 자녀를 양육한 사람들은 자녀들이 그런 성장 단계를 거치지 않았다는 것을 분명히 보여주고 있다.

그러므로 자녀들의 성장 단계에 대한 개념을 만든 전문가들은 제대로 훈련받지 못한 자녀들만 연구했다고 결론지을 수 있다. 그들은 그러한 현상이 금세기에만 보편적으로 나타난 현상이며 미국 같이 잘 사는 나라들에서만 볼 수 있는 현상이라는 것을 간과하고 있다.

어떤 부모들은 성경적 원칙에 대해 듣고 받아들이기를 매우 어려워한다. 혹시 당신이 그렇다면, 왜 그런 갈등이 생기는지 스스로 이유를 따져 보기를 바란다. 성경이 뭔가 다른 것을 가르친다고 믿는 것인가? 인용된 히브리어의 의미에 대해 이의가 있는 것인가? 아니면 인간의 논리와 세상 원칙, 혹은 자기 경험을 더 확신하기 때문인가? 하나님의 백성으로서 우리는 하나님의 말씀을 배우고 적용하면서 성장해야 하며 우리의 확신은 하나님의 말씀에 바탕을 두어야 한다. 다른 전제에 기초한 자녀양육은 항상 실패할 수밖에 없다. 앞으로 책을 읽어 내려가면서 하나님의 말씀으로부터 오는 가르침은 마음에 새기고, 그 외의 것들은 다시 진지하게 생각해 보길 바란다.

5. 어린 시절 부정적인 경험과 그것의 대물림에 대한 두려움

어떤 부모들은 보상심리로 자녀 훈련에 접근한다. 자신이 겪었던 어린 시절의 잘못된 경험을 자녀의 삶에서 바로잡고 싶어 한다. 그러나 자신의 어린 시절의 좌절과 실패의 경험은 자녀양육에 있어 중요한 것을 볼 수 없게 하는 사각지대로 작용할 수 있다. 결과적으로 자녀 훈련에 관한 성경적 요소들을 무의식적으로 거부할 수도 있는데, 그것이 자신이 어린 시절에 견뎌야 했던 것과 너무나 비슷해 보이기 때문이다.

부모의 보상심리는 여러 가지 어린 시절의 상처에 기인한다.

○ 가난한 가정에서 자란 부모는 자신이 갖지 못했던 모든 것을 자녀들에게 주고 싶어 한다. 그러면서 왜 자녀가 자기중심적이고 감사할 줄 모르며 뭐든 당연하게 여기는 아이로 성장하는지 이해하지 못한다.

○ 어릴 때 놀이나 사회활동에 참여하지 못했던 부모는 자녀에게 학습을 강요하지 않고 스포츠와 오락에 지나치게 노출하는 경향이 있다. 그러고는 왜 자녀들이 그토록 게으르고 자기밖에 모르고 자기만족에만 집착하는지 의아해한다.

○ 매우 엄격하거나 학대하는 부모 밑에서 자랐다면 성경의 분명한 가르침에도 불구하고 자녀들을 지나치게 관대하게 키우려는 유혹을 받게 된다.

○ 부모에게 자기 생각을 말할 수 없었던 사람들은 자기 자녀에게 정반대로 접근하는 경향이 있다. 그러면 자녀가 건방지고 입만 살아 있는 사람으로 자라게 된다.

○ 부모에게서 지시만 받고 그 속에 숨겨진 지혜를 배운 적이 없는 사람은 자녀가 순종하기도 전에 모든 설명을 다 해버린다. 그런 자녀는 부모와 논쟁하지 않고는 순종하지 않게 되고 부모의 설명을 그저 언쟁 거리로 삼는 아이로 자라게 된다.

자녀를 제대로 훈련하지 못하는 것은 슬픈 일이다. 그러나 자신이 받은 상처 때문에 자녀에게 정반대로 열심을 내다가 아이들을 상하게 하는 것은 더욱 슬픈 일이다. 이들 역시 잘못된 훈련의 피해자였지만, 자기 부모의 실수를 되풀이하지 않는 것이 옳다. 그리고 자신이 경험했던 것들과 너무 유사하다는 이유만으로 성경적 훈련 원칙들을 거부하지 말아야 한다. 만약 부모가 성경적 원칙으로 훈련한 것처럼 보였다 해도 결과적으로 나쁜 열매가 맺혔다면 그것은 성경적이라고 할 수 없다. 하나님께서 그분의 말씀 속에 자녀 훈련에 필요한 꼭 맞는 원칙을 주셨고 그것을 제대로 수행한 부모는 실망할 일이 없기 때문이다. 오히려 그 부모들은 축복으로 보상받을 것이다.

6. 생존 지향적 양육 태도

어떤 부모는 어린 자녀를 훈련하는 법을 배우고 싶어서 이 책을 읽는다. 그러나 좀 더 큰 아이들을 둔 부모들은 그저 살아남기 위해 이 책을 읽기도 한다. 많은 엄마 아빠들이 자녀를 양육하면서 그저 생존하는 것을 목표로 삼는다.

아이들이 잠들었을 때가 하루 중 최고의 시간이라고 생각하는 당신은 소파에 몸을 던지며 '오늘도 살아남았다!'고 하면서 전율을 느낀다. 그러나 그 기쁨은 '아침에 일어나면 또 똑같은 일상이 반복되겠구나.'하고 생각하는 순간 사라진다.

생존 지향적 양육 태도는 자녀양육에 있어서 가장 진이 빠지는 태도이고 비생산적이다. 자녀가 아닌 우리 자신에 중점을 두는 행위이기 때문이다. 그것은 완전히 방어적인 태도이다. 훈련은 능동

적이어야 하고 자녀를 위한 목적을 가져야지, 우리 자신이 목적이
되어서는 안 된다.

이 책에서 최고의 가치를 뽑아내려면 주님이 우리의 생각을 능
동적으로 재설정해 주시도록 요청해야 한다. 부모는 자녀양육에
서 생존의 차원이 아닌, 새로운 목적을 가져야 한다. 그것은 성경으
로 자녀를 훈련하는 것이다. 솔로몬의 희망적인 말을 기억해 보자.

"네 자식을 징계하라 그리하면 그가 너를 평안하게 하겠고

또 네 마음에 기쁨을 주리라" (잠언 29:17)

성경으로 훈련된 자녀들은 그저 참아내야 할 대상이 아니다. 그
들은 부모에게 평화를 주고 부모의 영혼에 기쁨을 가져다주는 존
재이다. 제대로 훈련만 받는다면 자녀들은 실제로 우리에게 평화
와 기쁨을 가져다줄 것이다. 소모적인 감정싸움 대신에 우리를 격
려하고 높여 줄 것이다.

생존 지향적 양육 태도를 가진 부모는 자기 보호 차원의 양육에
서 돌아서서 성경적 훈련과 훈계에 집중할 때 훨씬 더 좋은 결과
를 기대할 수 있을 것이다.

7. 공식을 따르는 양육 태도

우리는 조급함과 편의주의가 만연한 시대에 살고 있다. 결과적
으로 우리는 상호의존, 결혼생활, 재정 문제 등 모든 문제에 쉬운

해답을 주는 지침서를 찾아 다닌다. 잡지들은 더 진실한 사랑, 더 짱짱한 복근, 더 큰 행복을 얻는 10가지 단계를 제시한다. 우리는 삶의 모든 영역에서 빠른 성공을 위한 단계적 원칙 및 방법에 의존하라고 길들어 왔다. 교회에서조차 성장, 더 나은 리더십, 더 많은 복음적 열매를 위해 애를 쓰며 전략을 짜고 있다.

많은 사람이 이 책을 읽는 이유도 최고의 양육 공식을 얻기 위함이라 볼 수 있지만, 안타깝게도 여기서는 그런 것을 얻기 힘들다. 아니, 오히려 '다행히도' 여기에 없다고 말하고 싶다.

자녀양육에 공식이 있다는 생각은 훈련에서 좋은 결과를 얻는 데에 가장 큰 걸림돌이 된다. 사실 특정 요소들을 적절하게 배합하고 체계적인 단계를 따르는 공식이라는 것은 때때로 정확한 결과물을 얻는데 -특히 과학, 원예학, 요리에서는- 꼭 필요한 것이다. 다만 인간의 마음과 관련된 문제에는 적용될 수 없다. 우리 자녀들은 자기 결정의 주체로서, 영향은 받을 수 있으나 제어할 수 있는 존재는 아니기 때문이다.

이 책의 뒤에서 논의할 예정이지만 행동은 제어할 수 있다. 하지만 행동의 제어와 마음에 영향을 주는 것을 혼동해서는 안 된다. 우리에게 자녀들이 결국 어떻게 될지를 제어할 힘이 있다고 생각한다면 우리는 위협적으로 될 수 있다. 자녀들을 공식에 꿰맞출 수 있는 수준 정도로 격하시키며 우리가 정한 양육 과정에 자녀들을 복종시키게 된다. 그런 일이 벌어지면 자녀들은 더는 사람이 아니고 물건이 된다. 그런 일이 벌어지면 그들의 마음에 영향을 끼치는 관계 자체가 무너지는 것이다. 안타깝게도 순종적인 기독교 자녀 중, 성인이 되어 방탕의 길로 간 사람들이 많다. 이는 부모가 사랑과 포용력으로 영향을 끼치기보다 권위로 제어하는 데에 마음을 쏟았기 때문이다.

이 책을 읽기 시작하면서 부모는 자녀가 영혼 없는 훈련용 동물이 아님을 마음에 새겨야 한다. 그들은 공식에 꿰맞출 수 있는 존재도, 보장된 결과물을 위해 특정한 과정을 거쳐야 하는 화합물도 아니다. 우리 자녀가 청소년기에 접어들수록 외부의 제어보다는 관계로 인해 더 많은 영향을 받음을 깨달아야 한다. 우리는 그들을 진심으로 인격체로 대해야 하고 구워낼 케이크 재료처럼 여겨서는 안 된다.[22]

양육 태도에 대한 이 책의 내용을 읽으면서 명심할 것은, 자녀들이 어떤 사람이 될지에 가장 큰 영향을 주는 것은 사랑이라는 점이다.

---

22. 『자녀양육의 위기 극복하기』(홈앤에듀) 제7장 '온전한 인격체인 우리 자녀들' 참조.

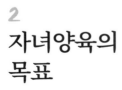

2
자녀양육의
목표

"인간 행동의 원칙을… 이해하기 위해서… 우리는 먼저 한 가지 기본 전제를 깔고 시작해야 한다. 그것은 모든 인간은 쾌락주의자(또는 나르시시스트)로 태어났고 쾌락 추구와 고통 회피의 욕구를 갖되, 그 두 가지를 가장 적은 노력을 들여 가장 잘 얻어낼 수 있는 행위에 참여하려는 본능적인 욕구를 가졌다는 사실이다." - 테리 쇼 박사Dr. Terry G. Shaw 23

우리는 모두 감정적이고 열정적인 존재들이다. 우리는 세상에

---

23. "학교에서 고군분투하는 청소년들" (테리 쇼 박사Ph. D. Terry G. Shaw, 미국신경정신학회ABPN, http://www.nbdaok.com/articles/1.htm.)

태어나면서 생존을 위해 필요한 것을 격렬하게 표현하도록 만들어졌다. "앙!" 하고 울면 엄마가 먹여 주고 또 "앙!" 하고 울면 기저귀를 갈아 준다. "앙!" 하고 울면 낮잠을 재워 준다. 아기는 강한 의지로 편안함과 생존을 유지한다. 더 크게 외칠수록 더 많은 욕구가 채워진다. 그러나 자라면서 필요를 위해서만 울부짖지 않는다. 쾌락도 추구하게 된다. 9개월이 되어 삼촌의 시계가 탐나면 달라고 붙들며 소리 지른다. 삼촌은 웃으면서 아기가 힘이 센 것에 놀라지만 쉽게 시계를 내어주지 않아 아기를 화나게 만든다. 만약 아이의 키가 2미터가 넘고 몸동작이 익숙했다면 삼촌을 때려눕히고 시계를 빼앗았을 것이다. 갓난아기를 살게 하는 생존 의지는 자라면서 만족할 줄 아는 의지로 바뀌어 간다.

우리는 인간 본성의 자기중심적 충동을 이해해야 한다. 태어나면서부터 우리는 모두 욕구에 따라 움직인다. 원하는 것을 원하는 시간에 얻으려 하고 원하지 않는 것은 거부한다. 그러므로 아이들은 아이스크림을 달라고 소리치다가 갑자기 양배추 냄새를 맡으려고 킁킁거린다. 본능적으로 기다리는 것을 싫어하고 즉각적인 만족감을 요구하는 것이다. 마음대로 되지 않으면 아예 바닥에 드러눕는다. 우리는 태어날 때부터 자신을 만족시키기를 원하고 자기 행동으로 인해 생길 결과에 대해 생각하기 싫어한다. 그냥 방치한다면 모든 아이의 욕구 충족 의지는 점점 커질 것이다.[24]

24.『허용적 양육의 맹점Born Liberal, Raised Right』(WND Books, 2008)의 p20에서 부분적으로 참고함.

제2장 자녀양육의 목표 **43**

요즘 우리 문화는 도덕적으로 엉망진창이다. 부모들의 기본적 임무가 자녀들의 자아도취적, 쾌락주의적 성향을 이겨내게 하는 것임을 알지 못하기 때문이다. 엄마와 아빠의 양육 목표가 불분명하다 보니 본의 아니게 자녀들의 자기중심적 본성을 강화하고 말았다.

내가 관찰한 바로는, 대부분의 그리스도인 부모들도 자녀양육에 있어서 명확한 도덕적, 감정적, 영적 목표가 없었다. 그들은 자녀들에게 주님과 그분의 길에 대해 말하지만, 명확히 정의된 양육의 목표는 부족했다. 그들은 자녀들이 하나님에 대해 알고 경건한 성품을 갖기를 바라지만 궁극적인 결과물이 어떠해야 하는지는 확신하지 못했다. 마치 후식을 만드는데 아이스크림 케이크를 만들지, 애플 파이를 만들지 모른 채 그저 달콤한 것만 계속 집어넣으면서 먹을 만한 결과물이 나오길 바라는 것과 같았다. 부모들은 자기 목표를 분명히 정의하고 그것을 성취할 계획을 마련하는 것이 필요하다. "목표물이 없으면 조준하여 맞출 수 없다."는 말이 맞다. 부모들은 자녀들의 성장을 위해 명확하게 정의된 목표가 있어야만 한다.

우리가 자녀양육을 위한 하나님의 목표를 성취하고 있는지 분명히 알기 위해서는 먼저 목표 자체를 설정해야 한다. 그리스도인 부모로서 우리의 가장 명확한 목표는 자녀가 성장하면서 그리스도와 친밀한 관계 가운데 하나님을 사랑하는 동기를 갖게 하는 것이다. 그다음 하나님의 가장 기본적인 목표는 에베소서 6:4에 잘

드러나 있다. 거기에 부모가 자녀에 관해 알아야 할 것이 있다. "…그들을 주의 교훈과 훈계로 양육하라." 그리스어로 '자녀를 양육한다'는 '열쇠를 쥐고 있다'는 뜻이다. 그 단어는 '에크트레포ektrepho'로서 '성숙해지도록 양육한다'는 뜻이다. 그러므로 훈련과 교육의 기본적인 목표는 자녀를 성숙하게 만드는 것이다. 그러기 위해서는 성숙함에 대한 명확한 정의가 필요하다.

성숙함이란?

성경 말씀을 바탕으로 잠언을 연구해 보니 '성숙함'이란 3가지의 특징, 즉 자기 절제,[25] 지혜,[26] 책임감[27]으로 나타난다. 이는 다음과 같이 설명할 수 있다.[28]

자기를 절제하는 사람은 다른 사람과 동일한 인간의 욕망을 모두 지니고 있지만 그것에 지배당하지 않는다. 자기를 절제할 줄 아는 자녀는 엄마가 한 번 부르면 바로 순종할 줄 아는 아이다. 자기 절제가 가능한 자녀는 남의 물건에 손대지 않고 아빠가 뒤돌아 있을 때 사탕을 훔치지 않는다. 그러한 자녀는 괴롭힘을 당해서 화가 나더라도 폭력으로 되갚지 않을 자제력을 가지고 있다. 결론적으로 말하면 자제력을 갖춘 자녀는 자기 자신에게 아닌 것은 "아니다", 옳은 것은 "맞다"라고 말할 수 있는 능력을 지녔다고 할 수

---

25. 잠언 29:11, 14:16, 21:20, 22:15, 26:11, 12:16, 23, 13:16, 29:20
26. 잠언 10:21, 29:15, 17:16, 18:2, 12:15
27. 잠언 17:16, 6:6, 24:30, 26:6, 26:16
28. 『허용적 양육의 맹점Born Liberal, Raised Right』(WND Books, 2008)의 제3장에서 발췌.

있다. 자제력 없이 성장하게 된 자녀는 성인으로 자라나 '커다란 아이'가 되고 쾌락, 재미, 오락 등에 빠져 주변 사람에게 손해를 끼치기도 한다. 무엇을 생각하고 느끼든 그것이 가장 중요하므로 자기 마음속에 떠오르는 대로 말하게 된다. 그게 옳든 그렇지 않든 상관없이 말이다. 또한 자기 욕구가 이끄는 대로 살아간다. 이러한 자기중심적 성향이 자녀를 교만하고 참을성 없고 징징대며 모든 것에 감사할 줄 모르고 무엇이든 당연하게 여기는 사람으로 만든다. 자기 욕구 충족이 최우선이다. 자제력 없는 사람은 타인에 대한 배려심이 부족하고, 그것은 건강한 가정과 공동체를 이루는 데 치명적인 단점이다.

지혜가 있다는 것은 똑똑한 것과는 다르다. 지적인 면은 선천적이다. 교육을 많이 받은 똑똑한 사람들이 날마다 어리석은 선택을 반복하기도 한다. 이성적인 사고력이 욕구와 충동에 의해 약해진다. 진짜 지혜가 있는 사람은 실수를 통해 배우고 올바른 결정을 하고 스트레스가 되는 문제도 분별력을 가지고 해결한다. 더욱 중요한 것은, 지혜로운 사람들은 욕구가 그들의 생각을 흐리게 하지 않기 때문에 이성적이라는 사실이다. 예를 들어, 결과는 생각하지도 않고 부도덕한 성적 경험을 갈망하고 거기서 만족을 추구하는 것은 지혜롭지 못한, 너무나 멍청한 짓이다. 또 술에 대한 욕망이 너무 커서 술을 숨기고 그런 행동을 감추기 위해 몰래 거짓말을 할 때, 심지어 술이 깨더라도 우리는 우리 주변의 모든 사람에게 영향을 미치는 어리석은 선택을 하게 된다. 복권이나 새 옷을 사고 싶은 충동을 참지 못하고 집세에 써야 할 비용을 써버리는 지혜롭지 못한 선택 역시, 우리 자신과 주변 사람들을 고통스럽게 한다. 자녀가 변덕이 죽 끓듯 욕구를 좇아 산다면 결코 성숙함에 필요한 지혜를 가질 수 없을 것이다. 사실 우리를 지배하는 것이 인생의 전망을 결정짓기 때문에 이런 식으로 양육된 자녀는 욕구 가득한 눈을 통해 삶을 바라보게 될 것이다. 자신을 통찰력 있고 지혜롭다고 생각하겠지만 그의 관점이 자기 욕구로 인해 삐뚤어져 있기 때문에 현실은 그 반대가 된다.

책임감 있는 사람은 자기 행동에 뒤따르는 책임을 받아들이는 사람이다. 자신의 실패에 대해 변명하거나 남을 탓하지 않는다. 자신의 실수로 인한 결과를 남이 책임져 주기를 바라지 않는다. 자기 책임은 자기가 지고 인생에 있어서 지불해야 할 모든 것을 스스로 갚는다. 책임감 있는 사람은 믿을 만하고 업무에 성실하다. 그러나 그러한 성실함과 신뢰성은 욕구에 지배당하지 않을 때 생긴다. 재미를 원하는 마음이 의무감보다 더 크면, 아이는 해야 할 일을 하지 않고 충동적으로 놀게 된다. 그런 아이는 자란 후 직장에서 업무능력이 낮을 수밖에 없다. 아이가 개인적인 의무 수행에 책임감이 없는데도 계속 기회를 주기만 하면, 자라서도 모든 사람이 자기를 당연히 봐줄 것으로 생각하게 된다. 이런 사람은 자기 행동의 결과에 책임지지 않으며 항상 자신은 피해자라고 생각한다. 자기 잘못은 전혀 없고 자신의 실패 원인을 항상 남에게서 찾는다. 자신의 선택과 삶의 태도의 결과에 전혀 책임이 없다고 생각한다.

자신이 노력하지 않은 것에도 권리를 주장하고, 남이 애써서 얻은 것을 자기 것인 양 여긴다.

그러므로 기본적인 양육의 목표는 이러한 자기 절제, 지혜, 책임감이라는 자질을 갖추도록 자녀를 성숙하게 만드는 것이고 이러한 자질을 삶에 반영하는 아이는 성인이 되어서도 준비된 사람이 될 것이다. 이와 같은 시민들을 가진 사회는 건전한 사회가 될 것이다. 지난 50년간 많은 부모가 이러한 성품을 갖추는 것을 자녀양육의 기본적인 목표로 삼지 않았기 때문에 자녀들이 성숙한 성인으로 자라지 못했다. 그들은 독립하면서 책임감 있는 성인으로 행동해야 했지만, 그들이 속한 관계, 직장, 사회에서 감정적으로나 도덕적으로나 미성숙한 행태를 보인다.

현대 미국의 대부분의 부모는 자녀가 나이가 들면서 저절로 성숙해질 거로 생각한다. 그 결과 자녀의 성숙함을 개발하기 위해 애쓰는 사람이 드물다. 실제로 대부분의 사람은 성숙함을 정의하는 것 자체에 어려움을 갖고 있으니, 성숙함을 효과적으로 개발할 능력이 없는 것은 당연한 일이다. 자녀들이 성숙해지길 바라는 부모 중 일부는 성숙함을 '독립심'과 혼동해서 미성숙한 자녀들에게 일찍부터 자율성을 부여한다. 미성숙한 사람에게 독립이 주어지면 성숙함의 척도인 자기 절제를 개발하지 못하고 오히려 더 방종하며 뒤로 퇴보하게 된다는 사실을 깨닫지 못한다. 그런 자녀들은 살아가는 요령을 터득하면서 어른들의 친구나 된 듯 떠들썩하게 말할 수 있지만 성숙하게 성장할 수는 없다. 그러므로 부모들은 성숙함이 무엇인지 분명히 이해하고 그 특성 안에서 자녀들을 양육하기 위해 의식적인 노력을 다해야 한다.

성숙함은 어떻게 생기는가?

히브리서는 성숙함에 이르는 열쇠에 관해 말한다. 그것은 그리스도가 성숙함에 이르고자 걸어가신 길에서 찾을 수 있다. 성숙함의 그리스어 단어는 '텔레이우teleioo'인데 그것은 종종 '완벽한', '전체의', 혹은 '성숙한'이라는 의미로 쓰인다.[29] 그리스도는 성숙함에 이르기 위하여 고난의 길을 걸어야 했다.

> "그러므로 만물이 그를 위하고 또한 그로 말미암은 이가 많은 아들들을 이끌어 영광에 들어가게 하시는 일에 그들의 구원의 창시자를 고난을 통하여 온전하게 하심이 합당하도다"
>
> (히브리서 2:10)

> "그가 아들이시면서도 받으신 고난으로 순종함을 배워서"
>
> (히브리서 5:8)

성숙함은 도전에 직면하여 극복하는 법을 배울 때 개발된다. 그

---

29. 그리스도께서 도덕적으로 완전하심을 알고 있을 것이다(베드로후서 3:14, 베드로전서 1:19, 히브리서 9:14). 그러나 그분을 묘사하기 위해 이 단어(텔레이우)를 사용할 때는 '흠 없음'이나 '타락하지 않음'의 의미가 아닌 '성숙함'의 의미로 사용된다.

것은 마치 험난한 길을 여행해야만 도달할 수 있는 목적지 같은 것이다. 쉬운 길을 택하는 여행자들은 결코 그 목적지에 도착할 수 없을 것이다. 실제로 인생에 있어서 쉬운 길을 따라가면 성숙함에 이르는 것이 아니라 오히려 반대로 가고 만다.

이러한 도전을 통한 성장의 원칙은 인생의 전반에 걸쳐 정확히 적용된다. 그래서 "도전하지 않는 운동선수는 변화하지 못하는 선수다."라는 말이 있는 것이다. 운동선수들은 대단한 적수를 만나거나 혹독한 연습에 직면할 때 더 강해지고 유능해진다. 이것이 바울 사도가 그리스도인의 성숙함을 잘 훈련된 운동선수가 받는 상에 비유한 이유이다.[30]

이와 마찬가지로, 우리 자녀들도 도전할 일에 직면하면 성숙함이 개발된다. 그들에게 고난을 피하게 하면 몸은 자랄지 모르지만, 영혼은 성숙해지지 않는다. 그러므로 그들이 브로콜리를 참고 먹으면서 혹은 자기 방 청소를 괴롭게 해내면서 무엇인가 배울 수 있음을 확신해야 한다. 그들은 자기 마음대로 하지 않아도 만족감을 얻을 수 있음을 배워야 한다.

부모가 자녀를 위한 도전 과제를 지정해 줄 때 자녀들은 리더십에 복종하는 것을 배움으로써 자기 절제와 자기 통제를 개발할 수 있다. 앞서 말했듯이, 성숙함은 기본적으로 자기 통제로부터 출발

---

30. "이기기를 다투는 자마다 모든 일에 절제하나니 그들은 썩을 승리자의 관을 얻고자 하되 우리는 썩지 아니할 것을 얻고자 하노라 그러므로 나는 달음질하기를 향방 없는 것 같이 아니하고 싸우기를 허공을 치는 것 같이 아니하며" 고린도전서 9:25-26

하고 순차적으로 지혜와 책임감의 성장을 촉진한다. 그러므로 자녀양육의 가장 기본적인 목적은 자녀의 자기 의지를 정복하는 것이다. 자녀가 태어났을 때부터 부모는 자녀가 자기 욕구는 부인하고 부모에게는 순종할 수 있도록 훈련해야 한다. 이것이 어린아이를 통제해야 하는 핵심적인 이유이다. 자기 욕구를 부인하고 부모의 통제에 순종하기를 배운 아이는 내면의 통제력을 얻는다. 아이들은 태어나면서부터 자기중심적이기 때문에 어릴 때부터 세상이 자기를 중심으로 돌아가지 않는다는 것을 배우도록 훈련받아야 한다. 그들은 부모와 사는 동안 모든 일이 항상 그들이 원하는 대로 돌아가지 않음을 배워야 한다. 18세기의 지혜로운 어머니로 유명한 수산나 웨슬리Susanna Wesley는 존 웨슬리John Wesley, 찰스 웨슬리Charles Wesley를 포함한 9명의 자녀를 키웠는데 다음과 같은 말을 남겼다.

"자녀의 고집을 꺾으려고 애쓰는 부모는 영혼을 살리는 일에 하나님과 동역하는 것이다. 아이들이 제멋대로 자라게 두는 부모는 악마의 일을 하는 것이고 종교를 무능하게 하며 구원을 못 받게 하는 것이고, 자녀의 영과 몸이 영원히 저주받도록 자신의 모든 것을 쏟아붓는 것이다." 31

---

31. 『존 웨슬리John Wesley의 저널』(Moody, 시카고) p.106

어릴 때 고집이 꺾여보지 않은 자녀는 원하는 것을 원하는 때에 당연히 가져야 하고 원하지 않는 것은 참을 필요가 없다고 믿게 된다. 원하는 것을 갖지 못할 때마다 빼앗겼다고 생각하게 되고 청소년기가 될 때까지 무엇을 누리든 당연하다는 생각에 사로잡혀 책임감 따위는 전혀 안중에 없게 된다. 버릇없게 자란 자녀가 자주 분노하는 것은 자기가 마땅히 받아야 할 것을 받지 못했다고 생각하기 때문이다. 궁극적으로 그는 '피해자'라는 생각을 갖게 된다. 자기 잘못은 하나도 없으며 문제의 원인은 항상 타인이라고 생각한다.

대부분의 부모, 심지어 그리스도인 부모도 성숙함이 저절로 생기는 것이라고 믿는다. 자녀를 사랑하는 것으로 만족하고 교회에 데려가고 행복한 어린 시절의 추억을 만들어 주기 위해 노력한다. 그런 행동은 자녀들이 성숙해지도록 돕는 것이 아니며 오히려 부지불식간에 자녀를 망치고 있다고 생각하는 게 맞다. 모든 자녀는 큰 문제가 생기지 않는 한 성장하지만 성숙함을 위해 다듬어지는 사람만이 성숙해지는 것이다. 그러므로 부모로서 우리는 자녀들이 성숙해지도록 열심히, 부지런히 애써야 할 것이다.

미성숙함이란?

성숙함의 정의를 더 명확히 하기 위해서는 미성숙함에 대해 알아야 한다. 태어나서 몇 년 동안 자기 고집이 꺾이지 않은 자녀는 성숙해지는 과정에 차질이 생긴다. 나이와 상관없이 쾌락에 지배당하는 강한 자기 고집은 미성숙함의 척도가 된다. 슬프게도 쾌락주의는 요즘 대부분의 아이가 가진 특징이다. 그리스도인의 가정에서도 마찬가지이다. 아이를 사랑하는 부모로서 자녀를 양육하는 동안, 자녀의 자기만족과 쾌락을 강화하는 것들을 찾아내고 그것들을 제거하는 일이 특별히 중요하다.

미성숙함의 징후는 무엇인가?

미성숙함은 자아도취와 쾌락주의로 간단히 특징지을 수 있다. 자아도취는 간단히 정의하면 지나친 자만감으로서 자아도취, 자기 중심성, 과도한 자기애를 특징으로 한다. 타인을 향한 희생적 사랑을 불가능하게 하는 것이 자기중심적 세계관이다. 쾌락주의는 쾌락과 자기만족과 자신의 성공만을 추구하는 태도이다. 쾌락주의자들은 쾌락을 빼앗기는 데에 지나친 반감이 있는데 심지어 그것을 고통이라고 여긴다. 자아도취자와 쾌락주의자의 주요한 차이점이 있다면, 쾌락주의자는 쾌락을 위해서 살고 자아도취자는 쾌락을 자기 권리라고 믿는다는 점이다. 이제 미성숙함의 특징을 열거해 보겠다. 이러한 징후가 우리 자녀들에게는 없는지 살펴보기를 바란다.

1. 자기 절제가 부족하다.

- 자신의 욕구를 떨쳐 내지 못하고 제멋대로 행동한다.
- 자기가 좋아하는 일은 적당히 하고 멈추지 못한다. 절제하지 못하고

자주 선을 넘는다.

- 분노, 욕정, 폭식, 교만함, 탐심 등 욕구에 의해 좌지우지된다. 욕구 채우기에만 급급하다.

- 하고 싶은 게 무엇이든 꼭 해야 하고 혹은 무엇이든 원하는 것을 가져야만 직성이 풀린다.

- 자기만족이 인생에서 최우선이고, 타인은 그다음이다.

2. 자기 생각(이익)에만 골몰한다.

- 자기 멋대로 행동하는 사람들은 자기중심성에 지배되어 세상이 자신을 중심으로 돌아간다고 생각한다. 자기중심적으로 삶을 해석한다.

- 자기중심적인 자녀들이 부모에게 질문하며 접근할 때는 보통 자신이 원하는 것을 말할 의도로 그렇게 한다. 타인의 행복은 그들의 관심사가 아니다.

- 타인을 생각할 수도 있지만 자신이 만족한 후에만 한다.

- 자기 소비적 성향의 아이들은 갖고 싶은 것을 얻기 위해 지속해서 부모를 조르고 들볶는다. 분명히 거절했는데도 끈질기게 요청한다.

- 개인적인 결정을 할 때 자기 삶이니 자기가 하겠다고 권리를 주장한다.

- 자기에게 주어진 모든 것이 당연하다고 생각하며 타인의 감정에 개의치 않고 감사할 줄 모른다. 쉽게 만족하는 법이 없다.

- 행복해하는 일이 드물다. 대부분의 시간을 불평하고 푸념하는 데 보낸다. 시종일관 불만이 가득하다.

- 앞에 놓인 음식이나 선물이 마음에 들지 않는다.

- 쾌락주의적이고 재미나 자기 욕구 채우기에 몰두한다.

- 삶이 흥미진진하기를 바란다. 오락을 요구한다. 자주 지루해한다.

- 제멋대로 할 수 있기를 기대한다. 바라는 대로 되지 않으면 노골적으로 짜증을 부린다.

- 인내심이 없다. 남들의 즉각적인 관심을 바란다. 기다리지 못한다.

3. 지혜가 부족하다.

- 욕구가 그들을 지배하며 모든 결정, 행동, 반응에 영향을 끼친다. 충동적이고 분별력이 부족하다.

- 매우 똑똑해도 어리석은 선택을 하는 경우가 있다. 욕구와 집착으로 인해 이성이 둔해져서 그렇다.

- 지속해서 돈을 낭비한다. (혹은 오롯이 자기한테 몰아 쓰려고 저축하는 경우도 있다.)

- 실수를 통해 배우는 것이 없다. 같은 실수로 인해 지속해서 문제에 빠진다.

- 동생들이 무례하게 굴고 공격했을 때 어린아이처럼 똑같이 복수한다.

- 문제가 생겼을 때 '머리를 모래 속에 박는' 어리석은 행위를 하고 마치 문제가 없어진 것처럼 행동한다.

- 혼자서는 지혜로운 결정을 하지 못한다. 자기만족을 따르는 충동 때문에 명석한 사고를 할 수 없다.

4. 무책임하다.

- 실수를 저질렀을 때 습관적으로 발뺌을 하며 책임을 전가한다.
- 자신은 한 번도 잘못한 적이 없다고 생각한다. 마음속으로 항상 자신을 타인의 실패로 인한 피해자라고 생각한다. 다른 사람이나 상황을 탓한다.
- 규칙 위반으로 잡혔을 때 벌칙을 받는 것을 자기 선택의 결과로 보지 않고 자기를 붙잡은 사람이나 자신을 넘겨준 사람에게 책임을 돌린다.
- 자기가 분노하는 것조차 남의 탓으로 치부한다.
- 벌칙이 요구되는 일이나 상황에 분개한다.
- 성인이면서도 충동적으로 행동한다.
- 게으르고 집안일을 할 때 습관적으로 대충하며 일을 안 하려고 이리저리 뺀다.
- 타인, 특히 형제자매를 섬기는 기회를 무시한다.
- 남을 섬기겠다는 생각을 잘 하지 않는다.
- 집안일이 할당되었을 때 짜증스럽게 투덜거린다. 임무를 수행하기 전후나 하는 중에 사라져 버린다. 가능한 한 안 하려고 한다.
- 할당된 임무가 끝나고 난 후 "더 할 일 없어요?"라고 묻는 일이 없다.

어떤 부모는 위와 같은 내용을 읽고 흥미를 느끼며 자기 아이는 잘하고 있다고 할 것이다. 그러나 낙담하며 반응하는 사람도 있을 것이다. 자녀들이 바른 방향으로 가고 있다고 생각했으나 지금 보니 길에서 벗어난 것이다. 그러나 부모들은 낙담해서는 안 된다.

제때 고쳐 주시는 주님께 감사드리자. 이제 시작하면 된다. 성숙함으로 가기 위한 노력은 절대 헛되지 않다.

성숙함을 목표로 삼기

앞서 말한 전제를 잊지 말자. 성숙함과 미성숙함에 대한 올바른 이해가 효과적인 양육의 기초가 된다고 했다. 양육 목표에 대한 명확한 이해 없이는 부모로서 결정을 내릴 때 참고할 기준이 없기 때문이다. 부모로서 결정한 바를 평가하는 기준은 간단하다. 활동이든 조직이든, 오락이든 관계이든 그것이 자녀를 성숙하게 했느냐, 미성숙에 머물게 했느냐를 보는 것이다.

문제는 우리가 목표를 잘못 설정하는 것이다. 행복하고 만족스러운 어린 시절을 목표로 하면 결과적으로 우리는 자아도취와 그에 필연적으로 따라오는 미성숙함을 키워주게 된다. 그렇게 그들이 십 대가 되면 자기밖에 모르는 요즘의 평범한 대부분의 십 대들과 똑같아진다. 대다수의 부모가 자녀를 망치고 있으니 미국 사회는 미성숙하고 만족 지향적인 십 대들로 가득 차 버렸다. 교육 전문가라는 사람들은 십 대의 반항과 자기 몰두가 21세기에 나타난 현상이고 우리나라와 같이 잘 사는 나라에서만 발견되는 독특한 현상임을 깨닫지 못한 채, 그러한 태도는 성인이 되는 과정에서 나타나는 자연스럽고 한시적인 단계일 뿐이라고 결론지었다. 부모들은 또 그것을 당연하게 여기고 받아들인다. 대부분의 십 대들이 성장은 하지만, 성숙한 성인이 되는 사람은 그중 극소수라는 것이 슬픈 현실이다.

부모로서 우리 대부분이 자녀들을 사랑함에도 불구하고, 그들을 기쁘게 해주고 그들의 애정을 얻으려는 노력이 오히려 그들에게 해가 되고 있다. 버릇없는 자녀들은 성인이 되어 겪게 될 많은 도전에 준비될 수 없다. 부모가 자녀에게 각자의 행복감이 가장 중요한 것이라는 메시지를 주었기 때문이다. 그들이 성인이 되어 인생의 어려운 도전을 만나게 되면, 누군가 다른 사람이 자신을 구해주는 게 당연하다고 여기게 된다. 그들은 취업하는 데에 필요한 자기 훈련이 부족하고, 자기중심적인 태도로 인해 결혼생활에 갈등을 겪는다. 그렇게 결혼생활에 실패하고는 자신은 잘못이 없고 배우자의 단점으로 인한 피해자일 뿐이라고 생각한다.

자녀들이 아직 어릴 때, 앞으로 직면하게 될 역경에 대비할 수 있도록 준비시켜야 한다. 그러면 참된 성취감은 재미와 오락에 빠지고 제멋대로 행동하는 데서 오는 것이 아니라 책임감과 섬김에서 오게 됨을 알게 될 것이다. 그들은 분명한 경계와 사랑으로 이루어진 가정으로부터 안정감을 발견하고 행복감을 얻게 될 것이다. 장담할 수 있다.

삶이 우리에게 가르치는 것은?

성인이 되고 지금까지 살아온 우리는 삶이 얼마나 힘든 것인지 겪어서 잘 알고 있다. 모든 일이 우리가 바라는 대로 되지 않고 원하는 것을 항상 가질 수도 없다. 우리 자녀들은 현실의 세상에서 마주하게 될 상황들을 청소년기에 준비해야 한다. 그들은 자기가 원하는 모든 것을 가질 수 없고 기대 이하의 상황을 견뎌내야 한다. 제대로 성숙하기 위해서 자녀들은 아직 어릴 때부터 저항 없이 부모에게 순종하도록 훈련받아야 하고 양배추 먹기나 장난감 치우기 등 여러 가지 인생의 어려움 앞에서 살아남는 법을 배워야 한다. 부모의 도움을 받아 '그리스도에 대해서는 살고 자신에 대해 죽는'[32] 법을 배우는 것은 빠르면 빠를수록 좋다. 그렇지 않으면 십 대가 되어 자신을 소진하고 반항적이 되며 하나님에게서 멀어질 것이다. 우리가 부모로서 신실하게 올바른 것을 행하기를 소망해 본다.

---

32. 골로새서 3:5, 로마서 12:1, 8:13, 6:6-8, 13, 고린도전서 9:26-27, 갈라디아서 5:24, 디도서 2:12,
     에베소서 4:22, 마태복음 16:24-26, 누가복음 14:26

3
통제력을 갖춘
가정

미국에서 가장 인상 깊었던 것이 무엇인지 원저 공에게 묻자
그가 답했다. "미국의 부모들이 자녀들에게 복종하는 태도가
매우 인상적이었습니다." [33]

요즘 어떤 부모들은 자녀를 자기 통제 하에 두는 것을 두려워한다. 남을 통제하는 것이 심리적으로 나쁘다고 느끼기 때문이다. '통제하는 행위'가 '학대하는 행위'로 간주 될 수 있다고 생각한다. 부모들은 자녀들에게 뭔가 하라고 요구하면, 그들이 뒤틀린 자아를

---

33. 「룩 매거진Look Magazine」 1957년 3월 5일자

가지고 성장해서 치료를 받아야 하고 부모에 대해 불만이 가득한 책을 쓰고, TV 토크쇼에 나가 떠들어댈까 봐 두려워한다.

　그리스도인 부모들은 자녀들이 복종하도록 가르치는 것이 그들에게 해를 끼칠 것이라는 두려움을 버려야 한다. 자녀들은 부모를 공경하고 순종해야 한다.[34]

> "자녀들아 주 안에서 너희 부모에게 순종하라 이것이 옳으니
> 라 네 아버지와 어머니를 공경하라 이것은 약속이 있는 첫 계
> 명이니 이로써 네가 잘되고 땅에서 장수하리라"
>
> (에베소서 6:1~3)

　하나님께서는 순종하는 자녀들에게 해가 아니라 축복을 약속하셨다. 다른 모든 계명과 마찬가지로 그것을 시행할 책임이 부모에게 있다. 그러니 자녀에게 확실한 통제를 하고 순종하도록 훈련하는 것은 부모의 임무이다.

　자녀들에게 순종을 요구하는 것이 해가 될까 봐 두려워할 필요가 없음을 알기 바란다. 리더십을 강하게 발휘할 때 자녀들에게 동의를 구할 필요가 없다. 하나님의 가르침이 우리에게 있지 않은가. 자녀를 통제 속에 두는 것은 성경적 개념이고 선한 열매를 맺는 지혜로운 일이다.

---

34. 출애굽기 20:12, 신명기 5:16, 에베소서 6:1-3

통제 가능한 자녀

부모의 통제 속에 있는 자녀는 자신의 의지를 부모에게 항복한 것이다. 그런 자녀는 부모가 리더십이고 자신은 따르는 자임을 받아들인다. 부모가 말하면 즉시 좋은 태도로 순종한다. 부모가 보고 있지 않을 때도 순종한다. 그런 자녀는 자기 통제력을 가지고 있으므로 건방진 말대꾸나 불평하는 일 없이 순종할 수 있다.

순종하는 자녀는 좋은 직원으로 비유할 수 있다. 좋은 직원은 상사를 존중하고 회사 규범을 준수하는 사람이다. 그는 회의할 때 겸손하게 손을 들어 의견을 내고 상사가 잘못 생각하거나 지혜롭지 않다고 여겨도 말대꾸하지 않는다. 제시간에 나타나서 일을 시작하고 누가 보든 안 보든 부지런히 일한다. 좋은 직원은 사장의 권위를 인정한다.

성경 속의 가장 좋은 복종의 예는 하늘에 계신 아버지의 뜻을 존중하고 복종하는 본을 보여주신 하나님의 아들이다. 예수께서는 십자가에 달리시기 전 십자가의 고난을 피하길 원하셨다. 그는 하늘에 계신 아버지께 뜻을 돌이켜 달라고 간청하셨다. "…아버지여, 만일 아버지의 뜻이거든 이 잔을 내게서 옮기시옵소서 그러나 내 원대로 마시옵고 아버지의 원대로 되기를 원하나이다…"[35] 예수께서는 아버지의 마음을 바꾸려고 하시면서도 아버지께서 결정하신 것을 받아들이겠다는 확실한 순종을 표현하셨다. 올바른

---

35. 누가복음 22:42

행동으로 균형이 잘 잡힌 자녀가 있다면 그것은 부모가 억눌렀기 때문이 아니라 자녀 스스로 자기 뜻을 부모에게 복종하기로 선택했기 때문이다. 이 점을 예수께서 우리에게 보여주셨다.

예수께서는 공생애 시절에 하늘에 계신 아버지께서 지시하실 때 순종하기를 미루거나 대충 응하지 않으시고 무엇이든 하라고 하신 대로 순종하셨다. "…아버지께서 명하신 대로 행하는 것을…"[36]에서처럼 말이다. 부모의 통제 하에 있는 자녀는 즉시 순종하되, 지시된 대로 정확하게 행동한다. 예수께서 본을 보이신 바와 같이, 해야 하는 대로 행동하는 것이다. "…내가 스스로 아무 것도 하지 아니하고 오직 아버지께서 가르치신 대로 이런 것을 말하는…"[37]이라고 하신 것과 같다.

부모의 통제 속에 있는 자녀의 태도와 마음은 "엄마가 무슨 말을 해도… 내가 원하는 것 말고 엄마 아빠가 나한테 원하시는 것이 중요해요… 내가 아니고 엄마 아빠가 나를 책임지고 있으니까요."라고 말한다. 부모의 통제 속에 있는 자녀는 부모가 리더십이며 자신은 거기에 따르는 자임을 훈련과 지시를 통해 배운다.

그런 자녀는 저녁 식사 때 한번 부르면 즉시 나타나고 심지어 "뭐 도울 것 없어요?"라고 묻는다. 부모의 통제 속에 있는 자녀는 조용히 자리에 가서 누우라고 지시하면 "네, 엄마" "네, 아빠"라고 말하고 별말 없이 침대로 향한다. 자기 의견을 말할 권리가

---

36. 요한복음 14:31b
37. 요한복음 8:28b, 요한복음 12:50b

있는 협력하는 리더십이 아닌, 따르는 자로서의 자기 역할을 받아들이는 것이다.

어떤 부모는 이 글을 읽고 자녀의 그런 바람직한 태도는 그저 희망 사항일 뿐이라고 생각할 것이다. 그러나 나는 이것이 가능할 뿐 아니라 현실이 되어야 한다고 말하고 싶다. 그렇지 않으면 당신의 자녀들은 자아도취에 빠진, 무엇이든 당연히 여기고 고마워할 줄 모르는 전형적인 십 대로 전락하게 될 것이다. 자녀들이 자기 몰두에 빠진, 입만 살아 있는 괴물로 자라나게 내버려 둘 것인가?

부모의 통제권 세우기

가정에서 부모의 통제권을 세우는 것은 자녀들의 삶에 있어서 부모의 권위를 인식하고 존중하도록 훈련해야 한다는 것을 뜻한다. 부모는 자녀들과 리더십을 공유하지 않으며 집안의 운영권도 자녀들과 나누지 말아야 한다. 부모의 통제 속에 있는 자녀는 부모가 리더십이며 자신들은 따르는 자임을 인지한다. 자녀들이 여러 가지 이유를 묻지 않고 지속해서 부모의 권위에 순종하도록 부모가 훈련하는 것은 매우 중요하다.

훈련에 있어서 통제력이 중요한 이유

1. 부모의 권위에 즉각적인 순종을 하는 것은 위험한 상황에서 안전을 확보하기 위해 일찍부터 배워 놓아야 한다. 유아들이 찻길에 겁 없이 뛰어들고 뜨거운 레인지에 손을 대거나 낯선 개를 좇

아가기 전에 부모의 지시에 따르도록 가르쳐야 한다. 우리 자녀가 안전하기를 바란다면 우리가 말할 때마다 즉각 순종하도록 훈련해야 한다. 그렇지 않으면 소리를 질러야만 순종할 것이다.

2. 어떤 훈련이든 최고의 효과를 내기 위해서는 훈련받는 사람의 의지가 훈련하는 사람에게 통제되어야 한다. 훈련받는 사람이 저항하는데도 그냥 내버려 두면 모두가 힘들어지고 배움의 효과도 없어진다. 자기 고집이 센 자녀가 십 대가 된 후에도 여전히 반항적이라면 앞으로도 자기 인생의 결정에 있어서 결코 부모의 권위를 받아들이지 않을 것이다.

3. 자녀를 통제하는 것이 필요한 이유는, 그래야만 자녀를 성숙하게 만드는 자기 훈련이 되기 때문이다. 자녀가 확실한 경계선 안에서 행동하도록 요구하고 지속적, 일관적인 징계로 규범을 강화하면 자신을 억제하고 바른 것을 받아들이는 능력이 생긴다. 외부에서 가한 통제가 내부의 통제를 가져오는 것이다. 영화 《가라데 키드Karate Kid》[38]에서의 '왁스를 바르고… 왁스를 지우고…' 하던 영상을 기억해 보기 바란다.

4. 자녀들에게는 명확한 경계가 필요하다. 훈련이나 개인적으로

---

38. *역주 : 1985년도에 개봉된 미국 영화. 주인공이 가라데를 배우고자 찾아갔으나 자동차에 왁스를 바르고 지우고 하며 순종하는 법부터 가르친 상황을 말함.

해야 할 일, 가정 내의 결정에 대해 자기 뜻대로 고집 피우거나 징징거리지 못하게 해야 한다. 그것은 가정의 운영권을 허락하는 행위와 다름없기 때문이다. 가정 운영권은 하나님께서 그들의 작은 어깨에 부여하신 임무가 아니다.

5. 가정에서 부모가 결정해야 할 일들에 자녀들이 관여하고 자기 뜻대로 고집을 부리는 것은 자녀들에게도 행복한 경험이 아니다. 그렇게 되면 그들은 더 언쟁하게 되고 형제자매와 갈등을 일으킬 소지가 크다. 일관되게 순종을 요구하면 오히려 스트레스는 없어지고 자녀들이 안정감을 느끼고 평안하게 된다.

6. 집에서 떼쓰며 제멋대로 구는 자녀는 밖에 나가서 만나는 선생님, 사장, 경찰 등을 포함한 더 큰 권위에 복종하기 어려워한다. 경찰에 불응하다가 테이저건에 맞는 사람들이 꽤 있는데 '어릴 때 부모에게 순종하기를 배웠더라면 어땠을까?' 하는 생각이 든다. 좋은 의도일지라도 자녀들이 부모의 리더십에 저항하도록 내버려 두는 것은 오히려 해가 될 수도 있다.

7. 자기 통제를 위해 자녀들을 훈련해야 하는 가장 큰 이유는, 인간 사회의 권위에 복종하는 것을 배운 자녀는 성인이 되어 하나님의 권위에 복종하는 것이 더 쉽기 때문이다. 그리스도께 믿음을 고백했으나 여전히 순종하지 않고 그분의 권위에 자신을 내어

드리지 않는 성인은 권위에 즉각 복종하도록 배우지 못하고 자랐을 가능성이 매우 높다. 순종을 요구 받지 않은 것은 무의식중에 권위에 저항하도록 훈련 받은 것이나 다름없다.

가정을 통제한다는 것은 부모가 과도하게 권위적으로 자녀들을 지배한다는 뜻이 아니다. 제대로 훈련받은 자녀들은 복종하는 것을 두려워하지 않는다. "널 책임지고 있는 건 나야!"라고 매번 주장하는 고압적인 부모가 아닌, 심사숙고 끝에 계획을 세운 뒤 사랑으로 훈련에 임하는 부모로부터 그들은 안정감, 평안, 자기 절제를 얻는다. 준비된 양육자들은 마음에 평안함이 있다. 그들은 그저 통제가 안 되는 자녀들을 우리에 가두려고만 하지 않기 때문이다. 그들이 자신감이 있는 이유는 명확하게 정의된 목표와 그 목표를 이루기 위한 계획이 있으며 그것에 책임감을 느끼고 임하기 때문이다. 자신 있는 리더십이 없다면, 부모는 자녀가 이끄는 대로 따라가게 된다.

자녀에게 끌려다니는 가정

자녀에게 끌려다니는 가정은 자녀들이 모든 결정에 영향을 주는 주체가 되는 가정을 말한다. 그런 가정의 부모는 자신들이 가장 현명한 결정이라고 생각한 바에 따라 자유롭게 행동하지 못하고 주로 자녀를 가장 행복하게 해주는 방향으로 행동한다. 자녀에게 끌려가는 가정에서는 대부분의 가정사에 자녀의 의견을 듣는 것이 불가피하다고 느낀다. 결과적으로 그런 가정의 자녀들은 자신을 양육 주체의 일부로 생각하게 된다. 불행하게도 자녀의 자아 도취적, 쾌락주의적 성향은 부모가 지속해서 자녀의 비위를 맞추고 버릇없는 응석받이 행동을 받아줄 때 더 커진다.

자녀에게 끌려다니는 가정에서 부모들은 이렇게 말한다.

"집에서 저녁 식사로 이런 걸 만들 수 없어요. 아이들이 절대 먹지 않을 거예요."

"두 가지 음식을 만들어요. 하나는 저와 남편을 위해서고 하나는 아이들을 위한 특별식이죠."

"저와 아내는 씨즐러라는 식당을 좋아하는데 거기 못 갑니다. 아이들이 맥도널드 놀이터를 좋아해서요."

"그 가족을 초대할 수 없어요. 그 집 애들이 너무 어려서 우리 애들이 싫어할 거예요."

"못 가요. 아이들이 지루해할 거예요."

"우린 도무지 애들을 맡기고 나갈 수가 없어요. 돌봐 주시는 분한테 우리 애들이 폐를 끼쳐요."

"예배에 애들을 데려갈 수 없어요. 가만히 있지를 못해요."

"출석할 수가 없어요. 우리 아기 공주가 그런 상황에서 잘해 낼 수 없을 거예요."

"다른 교회를 찾아봐야겠어요. 우리 아이가 같은 반 남자애 한 명과 안 맞는 것 같아요."

"선생님을 바꾸든지 학교를 바꾸든지 해야겠어요. 귀여운 우리 아이가 선생님이랑 잘 안 맞아요."

"우리 아이가 안 하려고 해요." 혹은 "우리 아이가 참지 못해요." 라고 하는 부모는 자기 권위를 포기하고 자녀에게 가정을 맡긴 것이나 다름없다. 그들은 자녀들에게 비토권[39]을 부여했고 그렇게 함으로써 그들에게 끌려다니고 있다. 자녀들과 자기 권위를 나눠 가진 부모는 두말할 필요 없이 양육 자체가 매우 버겁고 열매가 없을 것이다.

권위를 자녀와 나누게 되는 몇 가지 이유

○ 민주주의적 양육이라고 불리는 것을 연습 중이라고 여긴다. 이런 접근의 바탕에는 자녀들도 사람이기 때문에 자기 의견과 기호가 있고, 자신에게 영향을 주는 모든 결정에 권리가 있다는 생각이 짙게 깔려 있다. 이러한 생각은 분명히 잘못되었다. 성숙해지기 위해, 또 모든 일에 발언권을 주지 않는 '진짜 인생'을 준비하기 위해 자녀들은 부모의 통제에 자신을 복종시킴으로써 자기 통제를 배울 필요가 있다. 자녀들은 자기가 원하는 것이 꼭 이루어지는 것은 아니라는 것과 자기 의견을 내지 못하거나 뜻대로 되지 않을 때도 견디는 법을 배워야 한다. 태어나서

---

39. *역주 : veto권은 거부권이라고 쓸 수 있는데, 어떤 회의에서 의결된 내용에 대해 당사자와 관련된 제3자가 이의 발효를 거부할 수 있는 권리임.

첫 5년간은 형성 단계로서 원하는 것을 얻지 못하는 고통을 견뎌야 한다. 인생의 초반기는 따르는 법을 배우는 시기이지, 이끄는 시기가 아니다.

○ 그들은 은혜를 잘못 이해하고 있다. 많은 선의의 부모들이 부모의 리더십에 지속적인 순종을 요구하지 않는 것이 자녀들을 돕는 일이라고 생각한다. 그들은 자녀들의 감정과 기호를 존중한다고 하면서 유동적인 경계선을 세워 놓는다. 그러면 부모가 권위를 행사하려 할 때마다 자녀의 저항에 휘말리게 된다. 그 과정에서 자녀들이 권위에 반항하도록 알게 모르게 부추기게 되고 고집만 키워주게 된다. 그러한 부모는 권위를 발휘하지 못함으로써 궁극적으로 자녀가 성숙해지는 것을 방해하게 된다.

○ 어떤 부모는 양육할 때 자녀 중심적인 태도를 취한다. 자녀들의 자아도취적, 쾌락주의적 성향에 재갈을 물리는 대신에 그들에게 행복하고 만족스러운 어린 시절을 마련해 줌으로써 의도치 않게 그들이 더욱 자기 자신에 몰두하게 만든다. 이러한 부모는 모든 것을 자녀의 기분과 그들이 바라는 것에 맞추어서 결정한다. 자녀가 행복을 누리게 하고 싶기 때문에 부모들의 목표는 자녀들이 마주치게 될 도전을 최소화하는 것, 삶을 가능한 한 재미있고 즐겁게 만들어 주는 것에 맞추어져 있다. 이런 종류의 부모는 자녀들을 기쁘게 해 주려고 온갖 노력을 하지만,

자녀들이 고마워하거나 만족하는 일은 거의 없다. 이는 자녀들에게 자기가 우주의 중심이라는 메시지를 주는 것과 다름없어서 무엇이든 자기에게는 당연한 일이지 감사할 일이라고는 생각하지 않게 된다. 재미 중심의 양육 태도는 자녀들을 버릇없게 만들고 응석만 받아주므로 그들은 자라면서 모든 것이 자기중심으로 돌아가길 바라게 된다.

○ 현대의 부모들이 권위를 내려놓는 가장 주요한 이유는 그들이 정서적으로 불안정하고 자꾸 자녀의 동의를 구하기 때문이다. 그들은 자녀들을 행복하게 만들고 실망하게 하지 않을 방법을 강구하려 한다. 자녀의 사랑을 원하기 때문이다. 그러나 자녀의 사랑에 대한 욕구는 종종 정반대의 효과를 가져와 자녀들에게 비굴하게 되고 만다. 그 결과 정서적으로 불안정한 부모들은 자녀들에게 위협을 당하고 강한 리더십을 발휘하지 못하게 된다.

정서적으로 불안정한 부모들의 특징

정서적으로 불안정한 부모는 정치인들과 비슷하다. 그들은 선거인들의 동의를 필요로 하기 때문에 인기를 유지할 수 있는 방향으로 말하고 행동한다. 선거로 뽑힌 정치인들처럼 자녀에게 끌려다니는 부모들이 제대로 리더십을 발휘하지 못하는 이유는 자녀들을 기쁘게 하는 방향으로 줏대 없이 판단, 결정, 행동하려고 애쓰기 때문이다. 그들이 자녀에 대한 사랑을 확신하는 길은 단 하나, 자녀들을 기쁘게 하는 것뿐이다. 그들은 자녀를 사랑하면서도, 자녀를 위해 최선이라고 믿는 바를 하지 않는 것이다.

정서적으로 불안정한 부모들은 자녀들에게 영양가 있는 음식을 먹이고 싶지만, 아이들이 조르기 때문에 종종 불량식품을 허락한다. 이러한 부모들은 자녀들이 크리스마스에 원하는 것을 다 사줄 능력이 없으면서도 나중에 불평불만이 없도록 빚을 내서라도 사준다. 자녀에게 끌려다니는 부모들은 자녀의 변덕과 욕구와 불만에 좌지우지된다. 자녀가 어려서 리더십을 따르는 법을 배워야 할 때 부모가 그들에게 끌려다님으로써 오히려 해를 끼치는 것이다.

정서적으로 불안정한 부모들은,

- 자녀의 동의가 필요하다.
- 자녀가 화를 낼까 봐 두려워한다.
- 마음속으로 "나를 미워하지 마."라고 말한다.
- 명령할 때 대부분 "됐어?"라고 마무리한다.
- 명령할 때 필요 이상의 논쟁을 하면서 순종하게 하려 애쓴다.
- 자녀가 보채면 화를 참지 못하고 자녀를 설득해서 이끌려고 한다.
- 반항하는 것을 체벌하지 않고 다른 것으로 주위를 환기하거나 다른 즐길 거리를 제공한다.
- 징계할 때 징계할 수밖에 없는 이유를 장황하게 설명하고 변명하면서 자녀의 허가와 동의를 구한다. 자녀의 애정을 얻기 위해 이해 받으려고 전전긍긍한다.

- 엉덩이를 살짝 때린 후에 즉시 문질러 주면서 성급하게 사랑을 퍼붓는다. 거절당할까 봐 두렵기 때문이다.

- 체벌을 행한 뒤 거절당할까 봐 두려워하며 잃어버린 사랑을 되찾기 위해 보상 거리를 준다.

- 가정에서 결정된 사안에 자녀가 자유롭게 자기 의견, 불만, 평가 등을 표현하도록 내버려 둔다.

자녀의 존중을 받아야 할 필요성

어른인 우리도 존중하지 않는 사람에게서는 잘 배울 수 없다. 목사님이나 사장님이나 배우자에게도 마찬가지이다. 같은 이유로 자녀들이 우리를 존중하지 않는다면 훈련에 복종하지 않을 것이다. 자녀에게 끌려다니는 가정의 부모는 이미 존중하는 마음을 잃었으니 되찾아야만 한다.

권위를 되찾고 자녀의 존중을 얻는 방법

권위를 되찾고 자녀들의 존중을 얻기 위해 존중에 대한 주제에 전체 장을 할애하고 있다. 여기서는 양육의 통제력에 관해 간단히 살펴보려고 한다.

○ 존중을 얻기 위해 부모는 자기 말에 자녀들이 순종하게 해야 한다. 가정의 책임자인 부모는 명령을 내릴 때 한 번에 차분하고 명확하게 해야 하며, 자녀들은 순종해야 한다. 자녀를 협박만

하고 제대로 훈련하지 않으면 자녀의 존중을 얻을 수 없고 비웃음만 사게 된다. 부모는 존중을 얻기 위해 모든 불순종에 대해 일관적인 징계를 내려야 한다.

○ 기본적으로 그들의 애정이 아닌 그들의 존중을 목표로 해야 한다. 자녀의 사랑을 갈구하는 부모는 정서적으로 불안정하기 때문에 양육이 순탄할 수 없다. 정서적으로 불안정한 부모들은 자기 기분을 좋게 하려고 자녀의 사랑과 동의를 구하게 되며 강한 리더십을 발휘할 수 없다. 자녀들의 호의를 얻으려 하다가 꼭 필요한 엄한 훈련과 징계를 놓치는 것이다. 그때 자녀들은 무의식적으로 부모가 자신의 동의를 구하고 있음을 감지하고 자신이 부모에게 힘을 쓸 수 있음을 은근히 즐긴다. 정서적으로 불안정한 부모의 자녀들은 부모에게 지나치게 불손하게 행동한다.

○ 잃어버렸던 존중을 얻기 위해서는 권위를 단번에 온전하게 찾아야 한다. 자녀와 권위를 나눠 가진 부모는 이따금 권위를 행사하려고 시도하지만, 자녀 때문에 분노만 하게 될 것이다.

○ 잃어버린 존중을 회복하려면 자녀가 부모와 언쟁하게 해서는 안 되며 무례함, 버릇없음, 모욕적인 언사를 허용해서는 안 된다. 자녀와의 말싸움이 습관이 되었다면 이미 권위를 잃어버렸

다고 볼 수 있다. 친구에게 하듯 만만하게 대하도록 두었으니 권위를 내세우려 해도 아이가 콧방귀를 뀌는 것이다.

○ 존중을 얻기 위해서는 '캠프 상담 선생님 신드롬'에 주의해야 한다. 자녀와 친구처럼 지내려는 부모는 캠프 상담 선생님의 전형적인 모습과 같다. 그들은 아이들에게 가까이 가려 하지만 권위를 내세우는 순간 제대로 받아들여지지 않는다. 친구처럼 되기를 원하는 부모가 권위를 내세우면 자녀들이 어이없어한다. '친근하게 대하면 결국 방자해진다'는 말이 있듯 말이다. 편부모는 자신의 마음을 나눌 짝이 없기 때문에 특히 이런 유혹에 더 빠지기 쉽다.[40]

○ 큰 몸집과 권위를 이용해 자녀에게 장난을 쳐서는 안 된다. 특히 아버지들은 이 부분으로 갈등이 있을 것이다. 아이랑 똑같이 장난을 치고 싶다면, 나중에 권위가 떨어져 신뢰와 존중을 잃는다 해도 마음이 상하지 않기를 바란다.

부모들이여, 우리가 가정을 맡은 사람이라는 점을 기억하라. 우리가 권위를 행사한다고 해서 사과할 필요는 없다. 우리는 자녀들에게 일일이 설명할 의무가 없고 양육법에 대해서도 그들의 동의

---

40. 친구가 되는 것과 신뢰를 얻음으로써 마음을 사는 것을 혼동해서는 안 된다. 자녀들은 우리를 사랑하는 마음과 우리 권위에 대한 존중으로 움직여야 한다. 제 15장에서 이에 대해 더 다루어 본다.

를 구할 필요가 없다. 우리가 동의를 구하는 듯한 뉘앙스를 풍기는 한 우리는 그들의 태도를 제대로 통제할 수 없고 그들은 자기들 마음대로 하려 들 것이다. 그러면 우리는 그들을 성숙한 모습으로 키우지 못할 것이다. 무엇보다도 자녀들이 커가면서 오히려 가정에 스트레스가 더 늘어갈 것이다.

통제력을 바로 세우기 위한 열쇠

1. 마음속에 자녀들을 복종시키겠다는 목표를 세운다. 훈련의 목표는 자녀가 성숙해지도록 키우는 것임을 결코 잊어서는 안 된다. 다시 말해 자녀들이 자기의 욕구를 거부할 능력을 키워 주는 것이다.

2. 즉각적인 순종을 요구한다. 지시는 단 한 번만, 조용히, 단호하게 말하고 좋은 태도로 즉각적인 순종을 하도록 요구한다. 순종하지 않으면 어떤 귀결이 있을지 가르친다.

3. 이유를 묻지 않고 순종하도록 가르쳐야 한다. 부모가 명령하는 배경에는 여러 가지 이유가 있음을 말해 줌으로써 자녀에게 도덕적으로 사고하는 능력을 키워 주는 것이 필수적이지만 자녀가 이유를 먼저 이해하는 것에 앞서 순종하기를 먼저 배우는 것이 중요하다. 이유를 모르고 순종하기를 배우는 자녀는 내적 통제력과 순종하는 마음을 키울 수 있고, 그로 인해 부모의 가르

침에 마음이 열리게 된다.

자녀가 이유를 묻지 않고 순종해야 하는 이유

지난 반세기 동안 부모라는 이유 하나만으로 자녀에게 순종을 요구해야 한다는 관점은 사라져버리고 말았다. 부모들은 모든 지시에 장황한 설명을 곁들여 자녀가 순종하도록 설득하는 습관이 생겼다. 그러자 자녀들은 권위에 즉각 순종하지 않고 가정뿐 아니라 학교와 직장에서도 모든 명령에 습관적으로 반감부터 갖는 세대가 되었다. 자녀들은 이유를 불문하고 부모에게 순종하기를 배워야 한다. 그 이유는 다음과 같다.

○ 권위가 있는 사람들은 자신이 통솔하고 있는 이들에게 일일이 설명할 의무가 없다. 실제로 그들이 통제력을 잃었다고 보는 첫 징후는 자신이 관리하는 사람들에게 지속해서 자신의 입장을 설명할 필요를 느낄 때이다. 그러므로 자녀들이 어릴 때부터 이것이 어떤 교육적 가치가 있는지 증명하면서까지 순종하라고 설득하지 않아도 된다.

○ 당신의 목표가 자녀가 순종하도록 설득하는 것이라면 당신의 자녀는 당신의 권위에 순종하지 않을 것이다. 그렇게 되면 자녀는 합리적, 논리적이라고 생각하는 것에만 순종할 것이다. 그럴 때 자기 통제는 연습이 될 수도 없고 배울 수도 없다.

순종의 이유를 알려줄 시기

자녀가 설득 없이도 지속해서 순종하는 모습을 보일 때야 비로소 부모의 명령 뒤에 있는 지혜를 배울 준비가 된 것이다. 즉 부모가 순종할 이유에 대해 가끔 간단히 알려줄 때가 되었음을 의미한다. 그리고 자녀가 자라면서 이유를 알려 주지 않았음에도 여전히 순종하는 모습을 보인다면 더 많은 지혜를 배울 준비가 된 것이다.

부모의 목표는 자녀를 엄마의 제자로 만드는 것이 아니라 잘 개발된 성품과 올바른 행동을 위한 동기로 스스로 자신을 다스릴 줄 아는 사람이 되도록 훈련하는 것이다. 그러한 사람이 되려면 부모가 명령하는 이유를 이따금 알려 주어야 한다. 그러나 항상 그럴 필요는 없다. 성장한 자녀들에게 종종 이유를 알려 주지 않고 순종을 요구하면 자녀는 이유를 불문하고 권위에 순종하는 법을 배우게 된다.

자녀들에게 주의를 줄 때,

"저쪽에 가서 놀아라. 아기가 자고 있는데 깰 수도 있어."

 * 바람직한 대답 : "네, 엄마."

 * 부적절한 대답 : "조용히 할게요."

"여기서 놀았지만 깨지 않았잖아요."

"저쪽에 가서 노는 건 싫어요."

"지금 깰 시간인데 뭘."

"지금 한창 재미있게 놀고 있었는데…"

공손하게 대답하도록 자녀를 가르치는 방법은 제10장 '존중하는 사람으로 양육하기'에서 더 깊이 다루겠다.

언쟁 없이 이유 설명하기

자녀들이 자기 인생에서 스스로 결정을 잘할 수 있도록 가르쳐야 한다. 그러나 명령하면서 간단하게 이유를 알려주는 것과 자세한 설명을 하는 것은 다르다.

많은 부모가 순종이 요구되는 시점에 뜻하지 않게 자녀와 언쟁에 휘말리는 경우가 생긴다. 그때 자녀들이 당신의 말에 의문을 제기하도록 내버려 두어서는 안 된다. 이 방침은 아주 어려서부터 정해 놓고 실천하기를 권하고 싶다. 이미 설득과 언쟁이 있어야만 순종하는 데에 길든 자녀를 다시 훈련하는 것은 더 어렵기 때문이다. 자녀에게 양육의 방향성을 명확히 해야겠지만 언쟁에 끌어들여서는 안 된다.

부모가 주의를 주면서 간단히 훈육의 말을 할 때 아이들은 이전에 배워 놓은 경건의 모습이 떠올라야 할 것이다. 아니면 '지금 당장은 아니더라도 나중에 자세히 설명해 주시겠지!' 하는 태도를 가져야 한다.

예를 들어 "좀 조용히 놀아. 다른 애들이 소리가 나서 힘들어하지 않니."라는 말을 들은 자녀는 "네 이웃을 네 몸과 같이 사랑하라"는 말씀이 떠오르면서 부모의 뜻에 따라 행동하겠다는 마음이 들어야 하는 것이다. 이런 상황이 처음이어서 부모가 무슨 말을 하는지 당장 이해하지 못하더라도 두말없이 순종해야 하고 그에 대한 부연 설명은 나중에 부모와 다시 이야기하는 시간을 가지면 된다.

자기 고집을 꺾고 겸손히 순종하기를 배운 적 없는 아이라면?

이 책을 읽는 부모의 자녀 중 다수는 어려서부터 한 번도 온전히 자기 뜻을 꺾어 복종해 본 적이 없을지도 모른다. 그런 자녀들은 자기 고집으로 가득하고 말끝마다 대꾸한다. 그들이 처음부터 자기 부인을 배우지 못했다고 해서 너무 늦은 것은 아니다. 그들에게 필요한 핵심은 자기 고집을 꺾는 것이므로 그들은 처음부터 다시 시작하는 마음으로 언쟁 없이 순종하기를 배우면 된다.

- 이 책을 다 읽은 후 자녀들에게 다가가서 그들이 성숙한 성인으로 성장하도록 제대로 가르치지 못한 점을 사과한다.
- 이유를 묻지 않고 부모의 양육 방향을 겸손히 받아들이는 법을 배우도록 설득한다.
- 조용하고 겸손하게 순종하는 법을 배우는 시간을 갖는다(6~8주 정도).[41] 그 동안 자녀는 이유를 묻지 않고 모든 명령에 순종하고 어떤 의견도 말하지 않는다.
- 모든 명령에 "네 엄마", "네 아빠"라고만 반응해야 한다. 예외적인 상황일 때만 그들이 의견을 말할 수 있다.

---

41. 20세의 반항적인 젊은이가 6주간의 군훈련소에서 "네"라고 대답하며 침대정리를 완벽하게 할 수 있다면 10세의 자녀가 같은 기간 안에 공손해지는 법을 배우지 못할 리가 없다.

- 예외적인 상황이란 자녀들의 능력 이상을 요구하는 명령이나 정보가 부족한 상황에서 명령을 내리는 것이다. 예를 들어 아버지와 어머니가 각각 상반된 명령을 내렸거나, 어떤 장소로 갈 교통편이 없거나, 식사를 준비할 재료가 충분치 않거나, 세제가 없어서 빨래할 수 없는 상황 등을 의미한다.

- 그 기간 그들이 지속해서 즉각 기쁜 마음으로 순종한다면 명령의 이유를 설명해 주겠다고 말하라.

- 그러나 명령에 담긴 지혜를 설명해 줄 때는 논쟁하던 과거의 모습처럼 해서는 안 됨을 명심하라. 설명은 간단해야 하고 가르침의 시간에 언쟁은 허락되지 않는다.

- 정해진 기간이 끝나가는데도 무조건 순종하는 것으로 판단되지 않으면 기간을 연장하고 자기 통제를 얻을 때까지 계속 훈련한다.

자녀들이 자라면서 이유를 불문하고 권위에 순종하는 모습이 보이면 순종의 이유에 대해 더 많은 이야기를 나눌 수 있다.

부모의 마음을 바꾸는 공손한 방법

원칙적으로 양육을 위한 모든 명령에 자녀가 토를 달아서는 안 된다. 그러나 겸손하고 공손한 자녀들은 때때로 양육의 결정 사항에 대해 의견을 낼 기회가 있어야 한다. 부모가 자녀들의 의견을 받아들일 수 있는 경우는 그들이 매우 공손한 태도를 취할 때이다. 자녀들은 목소리를 높이거나 건방진 말대꾸나 분노에 찬 반대의견으로 대답하는 식의, 부모를 공경하지 않는 행위는 절대 허락되지 않는다. 그럴 때 부모는 대화를 바로 중단하여 그러한 불손함을 간과하지 않도록 신경 써야 한다. 자녀들이 부모와 대화할 때 스스로 조절할 수 있도록 초기에 가르치지 않는다면 요즘의 통제 불가한 십 대들처럼 적대적으로 될 것이고 모든 관계에서 자기 절제가 부족해질 것이다. 다시 말해 자녀들이 의견을 말할 기회는 있어야겠지만 부모를 존중하는 태도일 때에만 가능하다. 공손하게 의견을 개진하는 것에 대해서는 제10장에서 더 다루어 보겠다.

이유를 묻는 자녀들에게 반응하는 방법

자녀 훈련의 근본적인 원칙은 양육에 필요한 명령을 내릴 때 "왜요?"라고 묻도록 내버려 두지 말라는 것이다. 거기에는 두 가지의 기본적인 이유가 있다.

- 그렇게 물음으로써 양육의 권위에 대해 저항감을 보이고 즉각 순종하기를 미루기 때문이다.

- 명령에 설명을 요구하는 것 자체가 존중하는 태도가 아니다. 양육자의 지시에 대한 적절한 반응은 "네 아빠", "네 엄마", "제가 말해도 돼요?" 이어야 하고 혹은 "왜 그런지 물어도 돼요?"도 가능하다. 그러나 그냥 "왜요?"는 절대 안 된다.

부모가 논리적으로 설명해 주기를 바라는 것이 잘못은 아니다.

호기심은 자연스러운 것이고 자녀들은 부모가 명령하는 배경을 알게 됨으로써 도덕적 가치관을 확립할 수 있다. 그러나 "왜요?" 라고 너무 빨리 묻는 것은 존중하는 태도가 아니다. 그러한 도전적 태도는 부모가 당연히 설명해야만 한다는 태도로 느껴진다. 이유를 대라고 조르는 자녀에게 그 이유를 말해 줌으로써 바라던 바를 성취하게 해서는 안 된다. 더 공손하게 질문하는 방법을 생각해 보도록 요구하는 식으로 대응해야 한다. 그렇게 하고 나서 순종하면 순종할 이유를 알려주겠다고 말하면 된다.

성경 속 욥의 이야기를 생각해 보자. 그는 고통스러운 시험 내내 고통을 허락한 하나님의 권한에 도전하면서 부당하다고 호소했다. 하나님께서는 욥에게 시험을 허락하신 이유를 설명해 주셨을 수도 있지만 그분은 그렇게 하지 않으셨다. 욥이 이유를 알려 달라고 하는 태도가 적절하지 않았을 수도 있다.[42] 결국 욥이 겸손하게 자신을 낮추고 자신의 교만함을 회개한 후에도[43] 하나님께서는 대답해 주지 않으셨다. 우리는 부모로서 하나님의 본을 따라야 하고 자녀들의 불손한 태도에 끌려다니지 말아야 한다.

습관적으로 이유를 따져 묻는 아이들이 그런 경향을 보이는 까닭은 항상 부모가 순종해야 할 이유를 대었고 거기서부터 대화를 시작했기 때문이다. 언쟁에 들어가게 됨으로써 부모들은 화가 나

---

42. 욥처럼 의로운 사람도 하나님을 바라보지 않고 자신과 자신이 처한 문제를 바라보았을 때 공손하지 않은 모습이 될 수 있다.

43. 욥기 42:1-6

서 지시한 바를 논리적으로 설득하려 하거나 그냥 단순히 "말했으니까 해."라고 말하고 만다. 당신이 부모의 권위를 가졌으니까 그들이 순종해야 한다는 것이다. 문제는 자녀들이 어릴 때 이미 부모의 권위를 세워야 했고 후에는 그것에 대해 언급할 필요가 없다는 것이다. 당신의 권위를 자주 상기시킨다는 사실은 권위가 확실히 서지 않았기 때문에 강조하고 있다는 반증이다. 잠언 26:4~5[44]의 말씀에 비추어 대화의 내용을 살펴보도록 한다. (제6장 '징계로 양육하기'에서 더 다루어 보겠다.)

호기심인가 회피인가?

일반적으로 자녀가 "왜요?"라고 묻는 이유는 지혜를 얻고 싶어서가 아니고 부모의 논리적 설명에 토를 달아서 순종하지 않으려는 것이다. 부모의 명령에 공손히 질문하는 자녀들은 부모의 지혜로운 설명을 들을 기회를 가져야 하지만 그 또한 순종한 뒤에야 허락되는 일이다. 그들이 순종하기도 전에 대화가 전개되면 반드시 언쟁에 들어가게 되어 있다. 그들을 가르치는 바람직한 표어는 '순종 먼저, 질문은 나중에'이다.

---

44. "미련한 자의 어리석은 것을 따라 대답하지 말라 두렵건대 너도 그와 같을까 하노라 미련한 자에게는 그의 어리석음을 따라 대답하라 두렵건대 그가 스스로 지혜롭게 여길까 하노라" 잠언 26:4-5

4

양육의
4단계

"내가 어렸을 때에는 말하는 것이 어린 아이와 같고 깨닫는 것이 어린 아이와 같고 생각하는 것이 어린 아이와 같다가 장성한 사람이 되어서는 어린 아이의 일을 버렸노라."

(고린도전서 13:11)

성경은 그리스도의 제자들을 하나님의 가정에 태어난 자녀로 표현한다. 그들은 어린 아기로 시작하여 성숙해진다. 우리는 영아로부터 성인이 될 때까지의 대략적인 자녀양육의 틀에 대해 그리스도인의 제자도와 성장에 관한 성경의 모델로부터 영감을 얻을 수 있다. 이를 전제로 하여 장기적인 자녀 훈련 전략을 짜는 데

도움이 될 전체적인 시각을 가질 수 있을 것이다. 그 틀에 따르면 양육은 통제기, 훈련과 교육기, 지도기, 관계 형성기라는 네 단계를 거친다.

1. 통제기 : 0~4세

예수께서는 그리스도인의 삶은 자기를 부인하고 자기 십자가를 지고 예수를 따름으로써 시작된다고 가르치셨다.[45] 다시 말해 그리스도인으로서 영아기는 우리 자신의 의지를 버리고 그리스도의 통제에 우리 삶을 복종시키는 시기이다.[46] 영아기의 그리스도인들이 그리스도의 권위에 굴복함으로써 신앙생활을 시작하듯이, 우리 자녀들도 우리의 권위에 굴복하는 삶을 시작할 필요가 있다.

그래서 지금까지 이 양육의 첫 번째 과정, 즉 통제의 시기에 관해 그토록 이야기해온 것이다. 몇 가지 기본적인 개념을 살펴보자.

태어나서 처음 몇 년 동안은 우리의 자녀들도 우리처럼 자기 의지를 갖추고 있기 때문에 외부의 권위를 받아들이도록 지적과 체벌로써 훈련받아야 한다. 부모로서 우리의 책임은 그들이 우주의 중심이 아니라는 것과 자기만족을 위한 행위가 주변의 모든 사람을 움직이는 동력이 될 수 없음을 가르침으로써 그들을 실제 삶에

---

45. 마태복음 16:24-26, 10:37-38
46. 로마서 12:1, 누가복음 22:42, 14:26-27

적응시키는 것이다. 그렇게 되면 당신의 강하고 지속적인 리더십 덕분에 아이들이 가정사의 여러 문제를 결정해야 하는 스트레스에서 벗어나 마냥 행복하게 따르고 있음을 보게 될 것이다. 인생의 처음 몇 년은 자녀들이 독립심과 의사결정 능력을 개발하는 시기가 아니다. 계획 세우는 것을 배울 때도 아니다. 자기를 부인하는 법을 배우고, 엄마 아빠의 계획에 협조하는 시기이다. 그들은 외부의 통제에 복종하면서 내부의 통제력도 얻게 될 것이다.

어떤 부모는 자녀가 아직 어리긴 하지만 순종할 준비가 되어있다고 단언하곤 한다. 그러나 통제력을 갖춘다는 것은 그 이상의 의미가 있다. 어린 자녀를 제대로 통제한다는 것은 그들의 삶을 온전히 이끌어가려는 책임감을 느끼는 것을 의미한다.

부모는 자녀를 위해 모든 결정을 함으로써 자녀들이 부모의 리더십을 받아들이는 것에 익숙해지도록 해야 한다. 이것은, 처음 몇 년간은 그들의 기호를 묻지 말라는 것이다. 자녀에게 어떤 음식을 먹일지, 어떤 책을 읽힐지, 어떤 옷을 입힐지 결정해서 시켜야 한다. 물론, 이미 3세가 된 자녀는 처음에는 말을 듣지 않을 수 있다. 지금까지 왕자처럼 받들어주고 자기 마음대로 해왔을 것이다. 그래서 처음부터 시작하는 것이 3세에 시작하는 것보다 당연히 훨씬 쉽다.

어린 자녀에게 정확한 리더십을 발휘하고자 한다면 자신을 돌아보아야 한다. '자녀에게 끌려다니는 가정'을 다룬 장(제3장)을 다시 펼쳐보라. 본인이 거기에 열거된 내용으로 말하고 있지 않은가?[47]

　고개를 숙이고 "네, 주님" 하며 예수께 배우고자 준비된 성도들처럼,[48] 우리의 어린 자녀들은 지속적인 복종을 보임으로써 도덕적 교육에 준비되어 있음을 보여야 한다. 그러므로 그들이 태어나서 처음 몇 년 동안은 자신을 부인하고 부모에게 순종하도록 가르치는 데에 시간을 들여야 한다. 자녀들의 지혜가 자라려면 몇 년 더 기다려야 하지만 처음 이 몇 년은 자기 통제를 길러야 하는 시기이다. 부모의 리더십에 의지하는 법을 배우는 것은 자녀들에게 자기 훈련이 되는 것이다. 언젠가는 또 아이를 낳아 키워야 하는 그들에게 꼭 필요한 일이기도 하다.

2. 훈련과 교육기 : 4~12세

　부모에게 즉시, "네 엄마", "네 아빠"라 답하며 순종하는 것을 배우고 나면 그들은 성숙함의 기본 요소를 갖추고 지혜와 가치와 책임감을 배울 준비가 된 것이다. 이제는 무엇보다 마음을 다해 하나님을 사랑하고 이웃을 내 몸과 같이 사랑하는 것을 가르칠 때가 되었다는 의미이다. 또한 부모가 더 이상 그들을 위해 모든 결정을 내리는 것이 아니라, 점차 그들이 스스로 결정을 내리고 선택의 결과에 책임을 지도록 허락하기 시작해야 한다는 의미이다. 이것이 우리 자녀들을 성숙하게 만드는 과정이다.

---

47. 67p
48. 누가복음 14:33, 6:46, 디도서 2:12

본성적으로 자녀를 무심하게 방임하는 경향의 부모라면 자녀 훈련을 미루는 행위와 맞서 싸워야 한다. 쓰레기 버리기나 세금 내는 것을 미루는 것은 결과적으로 그렇게 큰 영향을 끼치지 않지만, 어린 자녀들을 가르치고 훈련하지 않는 것은 영원히 후회할 행동이 된다. 성숙함은 나이가 들면서 자연적으로 생기는 것이 아님을 기억해야 한다. 자녀들을 주님 안에서 부지런히 훈련하고 교육해야만 그 수준에 이르게 할 수 있다.[49] 성숙함은 다른 훈련된 아이들과 함께 시간을 보낸다고 해서 삼투압 현상같이 자연스럽게 흡수되는 것이 아니다. 그것은 적극적으로 개입하는 부모[50]의 의식적인 노력이 요구되는 일이다. 우리가 그들에게 주어야 할 것은 단순한 지침이 아닌 제자도이다.

예수께서 사도들에게 말씀하시기를, 그저 교회에 참석하는 수준이 아니라 그분을 따르는 모든 사람은 제자가 되어야 한다고 말씀하셨다.[51] 제자는 학생과는 다르다. 학생은 교육받는 사람이지만 제자는 훈련받는 사람이다. 학생은 가르침을 받지만 배우지 못할 수도 있다. 그러나, 제자는 배우고 자기 선생을 닮아간다. 자녀가 청소년이 되기 전에 지혜롭고 책임감 있고 남을 생각할 줄 아는 사람이 되도록 자녀들을 제자로 훈련하고 그들 안에 가치관을 심어주기 위해 노력해야 한다.[52] 이를 위해 우리는 자녀들을 교육

---

49. 에베소서 6:4
50. 신명기 6:6-9
51. 마태복음 28:19
52. 골로새서 3:16

하고 본을 보이는 일에 성실해야 한다.

자녀를 교육하는 것은 단순히 그들이 규칙을 어길 때 훈계하는 것만이 아니다. 자녀들이 잘못했을 때는 훈계와 징계가 필요하지만, 정작 문제를 일으켰을 때는 깊이 있는 교육에 마음이 열려 있지 않다. 그럴 때 자녀들 대부분은 매우 방어적이고 자기를 지키려고 한다. 교육을 위한 가장 좋은 시간은 사건이 벌어진 시점이 아니다. 예수께서는 가장 좋은 교육은 수동적이 아니고 능동적이라는 것을 보여주셨다. 그분은 분명하게 자신의 인생에서 그 예를 보여주셨는데, 복음서를 보면 공생애의 대부분의 시간을 따로 떼어 제자들을 교육하는 데 보내셨음을 알 수 있다.

자녀를 교육한다는 것은 순종을 요구해야 할 때마다 순종해야할 이유를 설명해 주는 것이 아니다. 자녀들은 명령의 배경에서 지혜를 배워야 하지만 순종이 필요한 바로 그 순간은 심층적인 교육을 할 때가 아니다. 각 명령을 수행하게 하려고 온갖 이유를 들어 설명하는 부모는 자신의 권위에 대해 확신이 없기 때문에 명령에 따르도록 설득하고 있음을 인지해야 한다. 저항하는 자녀를 설득해서 순종하게 하려고 하면 할수록 자녀는 자신이 부모와 동등한 위치에 있다고 여기게 된다. 따져 묻기 좋아하고 건방진 자녀들이 그런 태도를 취하는 이유는 부모가 자신의 지시가 정당하다는 것을 설명하며 시작하기 때문이다. 어린 자녀는 부모의 명령을 받을 때 그에 따르는 지혜도 받아야 하지만, 그것이 새로운 개념인 경우에는 당장 줄 것이 아니다. 그들이 순종한 후에 혹은 나중에 기도하는 중에 교육 시간을 따로 내어야 효과적이다.

예수께서 본을 보여주신 것처럼, 가장 효과적인 훈련은 교육을 위해 따로 떼어 놓은 시간에 가능하다. 이를 위해 교리와 삶의 적용에 대한 정기적인 성경 중심의 교육이 필요하다. 내가 자녀 교육이라는 주제에 대해 책을 쓴 적은 없으나「자녀 훈련으로 들어가는 성경적 통찰Biblical Insights Into Child Training」이라는 시리즈가 CD로 나와 있다. 그 CD시리즈를 다른 분들도 꼭 들으셨으면 좋겠다. 우리는 자녀를 제자로 삼는 일에 성경적으로 접근해야 할 것이다.

3. 지도기 : 12~19세

사도 바울은 그리스도인들을 자식처럼 사랑했고 각 사람의 행동에 따라 다르게 대했다. 고린도 교회의 성도들처럼 미성숙한 자들에게는 어린아이를 다루는 아버지처럼 단호하게 대했다.[53] 더 성숙한 데살로니가 교회의 성도들에게는 상냥한 아버지처럼,[54] 젖 먹이는 어머니처럼[55] 부드러운 언어로 그들을 격려하면서 말했다.[56] 그는 평소에 사람들에게 그리 엄하지 않았고 코치처럼 곁에 다가왔다. 그가 그리스도인들을 경기에 임하는 운동선수[57]로 여긴 것을 생각하면 그리 놀라운 일은 아니다. 우리는 바울이 교회를

---

53. 고린도전서 3:1-3, 4:15, 21, 6:5, 15:34, 고린도후서 10:9-11
54. 데살로니가전서 2:11
55. 데살로니가전서 2:7
56. 데살로니가전서 1:2-7, 3:6-9
57. 사도행전 20:24, 고린도전서 9:24-27, 갈라디아서 2:2, 7, 디모데후서 2:5, 4:7, 히브리서 12:1, 빌립보서 2:16

양육하는 모습을 통해 십 대들을 양육하는 방법을 배울 수 있다.

잠언을 공부해 보면 솔로몬 또한 자신의 십 대 자녀에게 이렇게 접근했다는 것을 알 수 있다. 그는 자녀들에게 계명을 주었지만[58] 자기 행동이 어떤 결과를 낳는지 스스로 분별하여 말하고 행동함으로써 동기부여가 되기를 바랐다. 그는 아버지로서 또 왕으로서 그들에게 명령하고 제재할 권위를 가졌지만, 그들이 올바른 행동을 선택해야 할 젊은이들임을 알았기에 그들을 코치하고자 한 것이다. 위협적으로 대하거나 징벌로 협박하는 것이 십 대들을 가지런히 일렬로 세울 수 있을지는 모르겠지만, 솔로몬의 예로 미루어 보아 그런 태도가 현재의 청소년들을 공손하게 만드는 데는 그리 효과적이라 볼 수 없다.

십 대를 코치하는 방법에 대한 두 가지 생각을 나눠 본다.

○ 십 대를 코치한다는 것은, 그들을 대할 때 어린아이 대하듯 하는 것이 아니라 존중하는 마음으로 그들을 젊은이로서 대해야 한다는 것이다. 습관적으로 엄하게 꾸짖는 것은 이미 자신의 실패에 대해 괴로워하는 사람을 더 낙담하게 만들 수 있다. 효과적으로 꾸짖겠다고 "부끄러운 줄 알아라."고 말하는 것은 그들의 시선을 부족한 자기 자신에게 집중하게 만들어 낙담시킨다. 십대들은 아직 매우 어린 어른일 뿐이다. 그들을 있는 그대로 대해야

---

58. 잠언 2:1, 3:1, 7:1-2

한다. 그들을 훈계하되 나의 권위자가 내게 해주기를 바라는 방식대로 훈계해야 한다. 잘못된 행동에 대하여 징계하되 인격체로서 존중하는 범위 내에서 해야 한다.

○ 십 대가 영적인 목표와 실천적인 목표를 분명하게 인지하도록 도와주어야 하고 선수를 믿어 주는 코치처럼 그들이 목표를 이루는 데 실패할 때는 격려해 주어야 한다. 코치들은 선수들을 훈계하는 것이 당연하지만, 매번 그들의 동기가 몹시 나쁘리라 생각하지 않도록 조심해야 한다. 운동선수의 코치처럼 아이들을 지도하는 부모들은 자녀들과 관계는 돈독해지고 자신을 되돌아보는 일은 많아지는 선한 결과를 얻을 수 있을 것이다.

4. 관계 형성기 : ~ 20세 이상 (혹은 16세 이상일 수도 있음)

예수께서 사역 말기에 제자들을 향해 "이제부터는 너희를 종이라 하지 아니하리니 종은 주인이 하는 것을 알지 못함이라 너희를 친구라 하였노니 내가 내 아버지께 들은 것을 다 너희에게 알게 하였음이라"[59]라고 말씀하셨다. 예수께서는 3년이 넘는 기간을 하나님 아버지께서 제자들에게 나누어 주라고 하신 것을 가르치며 보내셨다. 처음에는 그들을 종으로 보셨지만, 그들을 의로 잘 다듬어 주신 후에는 친구로 여겨 주셨다. 제자도의 정점은 우정이다. 대부

---

59. 요한복음 15:15

분의 부모는 자녀들에게 이런 동일한 소망이 있다.

자녀를 훈련하고 가르치는 목표는 그들이 성숙해지는 것이다. 만약 우리가 그런 복을 받았다면 그들을 집에서 떠나보내기 오래 전부터 성인으로 준비시키고 자신을 다스릴 수 있도록 해야 한다. 그들은 스스로 그리스도와 함께 걷고 매일 성경을 읽기 위해 계획을 세울 줄 알아야 한다. 잘 훈련된 십 대는 20세에는 온전히 우정의 관계에 진입할 수 있다. 어떤 아이들은 더 이른 나이에도 가능하다. 그러한 단계에 진입한 아이들에 대해서는 '잘 키웠다'는 만족감만이 아니라 그들과 우정을 나누는 일도 누릴 수 있을 것이다. 그저 인간적으로 친근하고 격의 없는 친구 관계가 아닌 호감과 존중과 관심으로 이루어진 관계 말이다.

5

잘못된
훈계

"과거에는 부모가 자녀를 이끌었지, 부모가 끌려다니지는 않
았다." [60]

　다음 장에서 훈계에 대한 성경적인 접근에 대해 다루기 전에 먼
저 성경적이지 않고 열매 없는 훈계 방법에 대해 몇 가지 짚고 넘
어가고자 한다. 나의 멘토인 릭 퓨게이트[61]의 세미나 내용을 참고
하여 다음의 몇 가지를 제시해 본다.

---

60. 『14,000 경구모음집』(맥켄지E.C. Mackenzie, Bakerhouse Book House)
61. 세미나 「자녀 훈련에 관한 성경의 지침What the Bible Says About Child Training」(성경연구재단, 1996, 릭
　　퓨게이트J. Richard Fugate)를 참조함.

잘못된 훈계의 예시 : 실패할 수밖에 없는 방법

1. 훈계를 잔소리처럼 반복적으로 말하고 위협하기

요즘의 부모들은 훈계할 때마다 자녀의 협조를 구하는 경우가 많다. 하지만 날마다 훈계를 반복해야 하므로 낙담할 수밖에 없다. 그리고 자주 이렇게 말한다. "내가 몇 번이나 말해야 하니!" (그러면 아이는 '모르겠는데요. 뭐 세어 보죠.' 하고 생각한다) "더는 말 안 한다!" (그러면 아이는 '그러시겠죠. 아직 얼굴은 벌게지지 않았으면서 뭘' 하고 생각한다) 혹은 부모가 "백번도 더 말했어!" 할 수도 있다. (이게 진짜 문제인 것은 그렇게 많이 말했는데도 결과가 이 모양이냐는 말이다!) 대체 어떤 문구를 사용해야 말을 듣겠는가?

훈계를 반복해야만 말을 듣는 자녀가 있는가? 좋은 소식이 있다. 자녀가 세 번째 혹은 백번째 말해서 듣는다 해도 어쨌든, 그들에게 순종할 능력이 있다는 뜻이다.

또 자녀를 훈계한 후, 꾹 참고 기다려 보았는지 곰곰이 생각해 보면 좋겠다. 그들은 실제로 순종할 능력이 있다. 부모가 과연 심각하게 요구하는 것인지를 지켜보는 것뿐이다. 계속 잔소리만 하고 체벌은 하지 않기 때문에 자녀들이 들을 이유가 없는 것이다.

계속 잔소리만 하면 비록 그 강도가 세지더라도 자녀들은 계속 무시하게 될 것이다. 결과적으로는 말을 듣지 않도록 훈련하는 셈이다. 이제부터 한 번만 조용히 말할 것이라고 선언하고 순종하지 않는 경우에는 분명한 제재가 따를 것이라 경고함으로써 오늘이라도 변화가 일어나도록 하자. 이런 작은 연습 하나가 큰 변화를 가져올 것임을 확신한다.

자녀를 양육할 때는 앞으로도 계속 잔소리를 해야 할 것 같아서 짜증이 나는 법이다. 그러나 우리가 명심할 것은 자녀들은 훈련받은 그대로 행동하고 있다는 것이다. 자녀들에게 화가 나겠지만, 그건 우리가 이런 식으로 잘못된 훈계를 해왔기 때문이다.

1) 이도 저도 아닌 애매한 표현

처음부터 단호하게 순종을 요구하지 않는 것은 이 명령이 진지한 것이 아니라고 자녀들에게 비칠 수 있다. 다시 말해 진지할 때까지 기다려도 좋다는 신호로 여겨질 수도 있다는 말이다.

● 예를 들어 다음과 같은 말들이 그러하다.

"내가 분명히 말했다!"

"그 눈빛 뭐야?"

"한 대 맞고 할래?"

"좋아! 이리 와서 한 대 맞자!"

"아빠 오신다. 어디 두고 보자!"

"그런 식으로 한다 이거지? 이리 와 봐!"

"그리로 가면 너 혼날 줄 알아!"

"내가 일어나야 말을 듣겠지?"

- 목소리가 거칠어지고 눈이 가늘어지고 이름을 성까지 붙여서 부른다.
- 주먹을 불끈 쥐고 천천히, 똑똑히 말한다.
- 얼굴이 붉으락푸르락하고 눈알이 불거지고 불분명하게 발음하고 쉰 소리도 난다. (아이들은 무슨 말인지 알 수가 없을 것이다)
- 목소리가 날카로워지고 째지는 소리가 난다.
- 목에 힘줄이 선다.
- 벌컥 화를 내며 소리 지르기 시작한다. "결국 이러는구나! 그래서 기분 좋니? 아주 갈 데까지 가는구나!"

2) 거칠고 큰 목소리

이 지점에서 어떤 부모는 '우리 애들을 몰라서 그런다.', '목소리를 높이지 않으면 안 된다.' 할 수도 있다. 그러나 그들은 그런 부드럽고 조용한 말을 들어 본 적이 없는 것이다. 그 말은 '부드러운 지적에 반응한 적이 없다.'는 말이다. 다행히도 그 점을 바꾸는 것은 어렵지 않다.

사람은 자기가 믿는 만큼 반응하는 것이 인생의 진리이다. 그동안 부드럽게 말했을 때는 부모의 말을 안 들었다면 자녀에게 믿음을 주지 않았다는 뜻이 된다. 양치기 소년처럼 자녀에게 신뢰감을 잃은 것이다.

큰소리를 내면 자녀들이 큰소리에만 반응하도록 길든다. 큰소리나 엄한 어조로 하는 명령에만 반응한다는 사실은 모든 명령을 진지하게 받아들이지 않았다는 뜻이다. 그러나 감사하게 이제부터라도 자녀들이 조용히 단번에 모든 지적을 받아들이도록 훈련할 수 있을 것이다.

3) 지시를 반복하는 행위

아직 이 점을 받아들이기 어렵다면 이런 생각을 해보기를 권한다. 지시를 계속 반복하는 행위는 그저 경고하는 것뿐이다. 경고할 때마다 지시를 내린 의미는 퇴색될 것이다. 의미가 퇴색되면 훈련에 필요한 공경심을 잃게 된다.

- 경고만 하는 것은 저들의 죄에 공범자가 되는 것이다. 즉각적인 체벌을 하지 않는 것은 자녀들의 불순종을 돕고 부추기는 일이다.
- 단번에 지시하지 못하고 계속 반복하는 것은 버릇없게 기르는 행태이다. 그러면 자녀들은 계속 우리에게 의존하며 매번 책임감을 일깨워 주어야 되는 상황이 된다. (제8장에서 더 다뤄 볼 예정이다.)

4) 협박하는 행위

효과적이지 않은 양육의 모습은 단번에 지시하지 못하고 자녀들에게 끌려다니는 모습 외에도 협박하는 행위로도 나타난다. 소수의 부모는 체벌할 때 약간의 희열을 느끼면서 계속 무섭게 으름장을 놓고 자녀들이 명령에 순종하도록 괴롭히는 버릇이 있다. 이런 지독한 부모들은 그들을 훈련하는 게 아니라 협박하는 것이다. 곧 벌을 받을 것이라고 심각하게 경고하는 것은 훈육하면서 한바탕 소란을 피우는 것보다 더 평화로워 보일 수 있다.

부모가 체벌하는 어려움을 무릅쓰는 것보다 협박하는 것이 더 쉬운 건 사실이다. 그러나 '쉽다.'는 말을 주의 깊게 살펴보도록 하자. 협박하는 행위는 게으른 양육 태도이다. 모든 일을 중단하고 자녀의 문제를 제대로 처리하고자 한다면 '어려움을 무릅쓰고라도 제대로 하겠다.'는 메시지가 된다. 그러면 자녀들은 잠재의식에서 자신들이 부모에게 매우 소중한 존재임을 인식하게 된다.

게다가 우리가 자녀들의 잘못을 처리하는 것을 미루고 미루다가 결국 진짜로 체벌하게 되면 억눌렸던 분노가 폭발하게 된다. 분노한 상태로 양육하면 일을 그르치고 만다.

5) 협박의 예시들

"이런저런 걸 안 하면 큰일 날 줄 알아!"

"하라는 대로 안 하면 가만 안 둬!"

"매 좀 맞고 싶구나? 이리 와." (발을 여러 번 구른다) "좋아. 지금 매 든다. 좋아. 지금 매 들었어. 할 거야, 안 할 거야? 지금 맞을 줄 알아!"

"자, 지금 열 센다! 하나 둘 셋 넷… 여덟 여덟 반 아홉 아홉 반 열. 어? 안 했다 이거지?"

"알겠어. 그럼 너 두고 간다. 안녕!" (속이 빤히 보이는 거짓말)

"그런 식으로 하면 여기 디즈니랜드에 두고 갈 거야. 저기 It's a

small world[62]에 널 가둘 거고 그럼 넌 그 안에서 평생 있는 거지. 저기 노래 부르는 애들이 다 어디서 왔게? 하도 말썽을 부려서 다 부모가 놓고 간 애들이야." (지나친 거짓말)

부모에게 대들면 어떤 일이 벌어질지 모른다고 협박하는 시점은 이미 체벌이 필요한 때이다. (다음 장에서 체벌에 관해 더 이야기하겠다.)

일생에 한 번은 반드시 있어야 할 경고와 협박은 위의 것들과 엄연히 다름을 명확히 설명하겠다. 자녀가 아직 유아일 때 잘못하면 어떻게 되는지 한번 경고해 준다. 그러고 나서 정확히 체벌에 임하면 아이들은 그 경험치로 인해 항상 상황을 심각하게 받아들이게 된다. 그러면 협박이나 경고가 더 이상 필요 없게 되는 것이다.

※ 주의점

자녀들이 아직 첫 명령에 순종하는 버릇이 들지 않은 상태에서 버럭 화부터 내서는 안 된다. 그들은 아직 훈련 중일 수도 있고, 아니면 우리가 그들을 결과적으로 불순종하도록 훈련한 것일 수도 있다. 그런 경우엔 부모가 반복해서 잔소리하는 습관부터 고치는 것이 필요하다. 두 경우 다 인내심이 필요한 것은 마찬가지이다. 자녀들은 아직 훈련 중이다.

---

62.   *역주 : 디즈니랜드의 놀이기구 중 하나. 전세계 여러 나라의 인형들이 각 나라의 배경에서 It's a small world 라는 노래를 부르는 모습을 배를 타고 관람하는 기구임.

2. 순종을 위한 미끼 던지기

사전에 조건을 다는 것과 사후에 보상을 주는 것은 차이가 있다. 사전에 조건을 다는 행위는 당연히 해야 하는 일에 동기를 유발하도록 뇌물을 주는 행위이다. 이것은 힘 없는 자가 힘 있는 자에게 호의를 사기 위해 노력하는 것과 마찬가지다. 반면에 보상을 주는 것은 일반적으로 배운 기술이나 좋은 습관을 강화하거나 임무를 잘 수행했다고 격려하는 차원에서 사용된다. 선행에 대해서도 보상을 주기는 하지만 조건부로 즉 보상을 바라는 동기로 선행할 수 있기 때문에 바람직하지 않다.

보상은 예고 없이 이따금 사용될 때 가장 효과적이다. (보상에 대한 더 깊은 이해를 위해 제6장 안의 소제목인 '고집인가? 무능인가?'를 살펴보면 좋겠다)

● 자신의 권위에 대해 간과하는 부모는 자녀에게 사전에 조건을 달아 순종하게 한다.

"지금 1달러 주고, 갔다 오면 1달러 더 줄게."

"카트 안에 얌전히 있으면 계산할 때 뭐 사주마."

"낮잠 자면 네가 좋아하는 책 읽어 줄게."

"이 야채를 먹으면 디저트로 케이크 줄게."

"가만히 앉아서 웃으면서 사진 찍으면 끝나고 아이스크림 사준다. 그러니 가만히 앉아 있어! 배스킨라빈스 사줄 거야. 알겠니, 아가?"

- 이렇게 조건을 달아 순종하게 하면?
  - 부모의 말만으로는 순종을 끌어내기에 부족하다.
  - 부모가 아닌 그들이 주도하는 행위로 변질한다.
  - 부모가 자녀의 자비를 구하는 행위이다.
  - 부모가 공경하고 존중해야 할 가치가 없는 사람으로 여겨진다.

- 조건을 달지 않는다고 해서 말로 하는 칭찬까지 중단하지 않도록 주의해야 한다.

  "…뇌물이 사람의 명철을 망하게 하느니라"[63]라고 한 솔로몬의 지혜를 생각해 보기 바란다. 자녀를 잘 키워 보겠다는 노력이 있는데 오히려 자녀를 망친다면 무슨 소용이 있겠는가.

3. 변명의 기회 주기

자녀들은 불순종에는 어떤 이유도 합당하지 않다는 사실을 배워야 한다(물론 비상 상황에서는 예외다). 그들의 반항을 대면하는 경우, 변명의 여지를 주어서는 안 된다. 자녀가 훈련이 잘되어 있다면 변명하려고도 하지 않을 것이다.

- 순종하지 않은 것에 대해 변명하도록 내버려 두는 부모는 자녀가 불순종의 결과를 피하도록 허락하는 것이나 마찬가지이다. 심지어 무의식적으로 잘못된 행동을 하도록 부추기는 행동일 수도 있다.

---

63. 전도서 7:7

- 습관적으로 변명하게 놔두면 자신이 피해자라는 생각으로 발전하게 되어 결국에는 어떤 일에도 자기 잘못은 없다고 여기게 된다.

- 자녀를 나쁘게 생각하고 싶지 않은 부모는 어떤 일이 있었는지 알아보기도 전에 변명거리부터 생각해 준다.

  - 학교에서 문제를 일으켜도 선생님이 잘못도 없는 자신을 혼냈다는 자녀의 말을 검증 없이 믿는다.

  - 그들이 변명하기도 전에, 부모가 자녀에게 죄가 없다고 단정하고 알리바이를 제공한다.

- 잘못된 행동을 한 자녀에게 곧바로 "왜 이런 일을 했냐?"고 부모가 묻는 것은, 적절한 이유가 있다면 체벌을 면할 수도 있다고 생각하도록 만든다.

- 먼저 자녀의 잘못을 짚어 주고 책임을 지도록 한 후에 이유를 물어야 한다(부모들은 그 행동이 의도적이었는지, 혹은 우연히 그렇게 된 것인지 확인할 필요가 있다. 더 깊은 내용은 다음 장에서 다루도록 한다).

- 자녀를 마주한 후에 그 행동에 어떤 불가피한 원인이 있었다면 공손히 설명할 기회를 준다.

"네, 여동생을 밀었지만 다치게 할 의도는 없었어요. 차에 치일까 봐 저쪽으로 밀어낸 거예요."

"네, 일어나서 보니 쟤가 팔이 침대에 끼어 있었던 거예요."

"네, 아빠. 할 말이 있는데요, 죄송해요. 하지만 엄마가 차에서 내려서 아빠한테 뭐 더 필요한 게 없으시냐고 물어보라고 하셨어요."

변명하도록 내버려 두는 이유는 다음과 같다.

- 부모가 자녀의 입장에서 생각하여 자비가 필요하다고 생각한다.
- 너무 바빠서 제대로 된 훈육을 하기 어렵다.
- 자녀의 본성을 간과하고 그들이 조종하는 대로 끌려간다.
- 자녀가 훌륭하다고 믿고 싶다. 다른 것을 탓하거나 책임을 회피하게 해주고 싶어 한다.
- 언쟁 중에 누구 말을 믿어야 할지 모르며, 말 그대로 어떻게 해야 할지 몰라 변명하는 것을 받아들이고 그저 경고만으로 끝낸다.
- 갈등하는 것이 싫고 변명을 받아 주는 것이 문제 해결의 가장 쉬운 길이라고 생각한다.
- 게을러서 자녀의 필요보다 자신의 편안함을 먼저 생각한다.

4. 속이기 혹은 조종하기

자녀 훈련의 목표는 자기 고집을 내려놓게 하는 것이기 때문에 부모들은 어떤 상황에서도 자녀의 고집을 꺾어야 한다. 순간적인 속임수로 자녀들이 얼떨결에 협조하게 만들 수는 있지만, 자녀의 의지 자체가 복종한 것은 아니기 때문에 언젠가는 그런 속임수에 속지 않게 될 것이고 그러고 나면 결국 본인의 고집대로만 하려는 아이가 되어 부모의 양육 자체를 거부할 것이다.

다음은 우리가 종종 하는 속임수의 예시들이다.

- 권위가 충분치 않은 부모는 장난감을 정리하게 하기 위해 놀이 형식으

로 재미를 유발하여 장난감을 정리하게 한다.

- 온갖 호들갑을 떨며 우스운 짓을 해서 방으로 들어가게 한다.

- 자녀들이 밖에 나가서 놀고 싶어 하지 않을 때 두 가지 선택지를 준다. 예를 들어 "밖에 스스로 나갈래? 아니면 안아 줄 테니 나갈래?" (아이 자신의 힘으로 순종하며 걸어서 나가게 해야 하고 속여서 응하게 해서는 안 된다.)

- 방에 들어가서 자라고 직접적으로 명령하는 대신 "뭐 들고 갈래? 곰 인형? 아니면 이 인형?"이라고 물으며 조종한다. 자러 가겠다고 동의하지 않았지만, 인형들로 혼란스럽게 해서 재빨리 잠자러 가게 하는 행위이다.

- 협조하지 않을 때 순종하게 하려고 경쟁을 붙인다. 예를 들어 시간 내에 방 청소를 하게 시키는 것과 같은 경쟁 등이다. (그렇다고 교육할 때 시간제한을 두는 것 자체가 나쁘다는 것은 아니다.)

5. 시선 돌리기

순간적으로 시선을 돌리는 것은 아이의 의지를 굴복시키는 데 전혀 도움이 되지 않는다. 단지 그 순간의 긴장을 분산시킬 뿐이다. 시선을 돌리는 것은 산만하거나 화난 아이를 진정시키는 데에 빠른 방법이지만 의지를 굴복시키는 훈련의 대안이 될 수는 없다. 예를 들어,

- 주먹을 휘두르며 떼를 쓰던 3세 아이는 부모가 호들갑스럽게 창밖을

가리키며 "저게 뭘까?" 하며 소리를 높이면, 자신이 화가 났다는 것을 순간적으로 잊을 수 있다. 그런 시선 돌리기가 얼마나 효과적으로 작동했는지 모르지만, 아이의 의지를 굽힌 것은 아니다. 전혀 소용없는 일이다.

-   짜증을 부리며 화를 내는 아이를 장난감이나 다른 것으로 쉽게 달랠 수 있겠지만, 그런 장난감은 그들의 고집을 꺾는 데 도움이 된 것이 아니다. 오히려 그 행동에 대한 보상이 되기 때문에 다음에 계속 그런 행동을 하라고 부추기는 것밖에 되지 않는다.

다른 것으로 시선 돌리기가 가능한 경우는 비행기, 버스, 잠수함 등 공공장소에서 당신의 아이가 잘못된 행동으로 타인에게 피해를 입히는 경우뿐이다. 언제든 가능하다면 아무도 없는 조용한 장소로 가서 훈계받아야 타인에게 폐가 되지 않는다. 그런 상황이 벌어지지 않기 위해서 사적인 공간인 집안에서 미리 훈련해야 한다.

6
징계로
양육하기

"무릇 징계가 당시에는 즐거워 보이지 않고 슬퍼 보이나 후
에 그로 말미암아 연단 받은 자들은 의와 평강의 열매를 맺느
니라"(히브리서 12:11)

양육에 있어서 가장 고통스러운 것 중 하나는 자녀를 징계해야
한다는 것이다. 어린 시절에는 부모님의 "징계하는 우리가 받는
너희보다 더 아프다."는 말이 믿기지 않았지만, 우리도 부모가 되
고 나서야 그 말의 뜻을 알게 되었다. 징계하는 것이 즐겁지 않지
만 어쩔 수 없이 해야 한다.

많은 부모가 징계하기를 꺼리는 이유가 자녀가 우는 것을 보고

싶지 않기 때문이 아니라 자신의 행위가 100퍼센트 맞는 일인가 확신할 수 없기 때문이다. 즉 징계하는 것이 스트레스로 다가오는 이유는 의심과 두려움과 죄책감이 수반되기 때문이다.

다행히도 하나님께서 성경 말씀으로 언제 징계가 필요한지, 어떻게 징계해야 하는지에 대한 기본 원칙을 주셨다. 이러한 원칙을 이해하고 적용하는 부모는 마음속에도, 가정 안에서도 평안함이 있을 것이다.

하나님의 징계법

"또 아비들아 너희 자녀를 노엽게 하지 말고 오직 주의 교훈과 훈계로 양육하라" (에베소서 6:4)

에베소서 6:4에 따르면, 자녀들은 주님 안에서 '교훈과 훈계'로 양육되어 성숙해진다고 말하고 있다. 여기서 '훈계'라고 번역된 '훈련 training'의 그리스어는 '파이데이아paideia'인데, 그 뜻은 '교정이나 체벌이나 처벌로 이루어지는 징계적 교육'이다.

'교정'은 자녀가 잘못된 행동을 한 것을 발견했을 때, 잘못된 것을 수정하기 위해 의견을 나누는 행위이다. 지적은 양육의 기초이다. '체벌'은 반항적인 행동이나 태도에 대응하여 실제로 벌을 내림으로써 바른 행동을 하도록 유도하는 자녀양육의 방법이다. 이것은 회초리를 사용하는 부정적 강화 방법이다.

기억해야 할 것은, 체벌로 인해 죄가 사라지는 것이 아니라는 것이다. 엉덩이를 한 대 맞았다고 해서 자녀의 잘못된 행동에 면죄부가 주어지는 것은 아니다. 체벌은 그러한 행동이나 태도를 반복하지 않도록 유도하는 부정적인 강화 수단일 뿐이다.

'처벌'은 체벌과 비슷하지만 잘못된 행동에 당연한 대가를 치르는 것을 포함한다. 처벌은 무심코 행한 불순종에 대해 주어진다.

무심코 행한 불순종과 진짜 반항의 차이점

이스라엘의 율법에서 하나님께서는 두 가지의 범죄를 구분하셨다. 의도적인 범죄와 우연히 행한 범죄이다. 그리고 각각 다른 처벌을 내리셨다. 예를 들어 민수기 35:11~28에서는 누군가 사람을 죽이면 그도 죽임을 당해야 한다. 죽음에는 죽음으로 보상하는 것이다. 그러나 악의 없이 우연히 사람을 죽게 했다면 '도피성'으로 도망쳐서 자기를 살려준 대제사장이 죽기 전까지는 가족들과 함께 살 수 있었다. 의도적으로 사람을 죽인 자는[64] 율법을 위배한 것이므로 그에 해당하는 동일한 신체적 징벌, 즉 죽음을 감내해야 했다. 그에 반해 우연히 율법을 위배하게 된 자는 자신이 한 일에 대해 다른 방식으로 책임을 물어야 했다. 결과는 같아도 의도가 다른 범죄에는 각각 다른 처벌이 행해졌다.

성경적인 자녀양육은 하나님께서 유대인들의 시민법에 정하신

---

64. 민수기 35:20

선례를 따른다. 자녀가 의도적으로 부모에게 반항하여 잘못을 저지른 때에는 권위에 반항한 것이므로 체벌받아 마땅하다. 그러나 무심코 행한 불순종에 대해서는 의도치 않은 잘못에 대한 죄책이 있으므로, 그에 상응하는 처벌을 받는다. 다음은 두 가지 종류의 잘못된 행동, 즉 반항과 무심코 행한 불순종의 차이점이다.

- 반항 : 권위에 대한 의도적인 도전. 삶의 중요한 결정에 부모의 권위를 받아들이지 않겠다는 마음 상태를 나타냄.
- 무심코 행한 불순종 : 부주의했거나 훈련 부족에서 비롯된 행동.

성경에서 반항하는 아이를 어떻게 체벌하라고 하는가?

성경에서는 체벌이 반항적인 자녀에 대한 하나님의 적절한 대응이라고 명시하고 있다. 잠언의 말씀을 읽어 보자.

> "아이를 훈계하지 아니하려고 하지 말라 채찍으로 그를 때릴지라도 그가 죽지 아니하리라 네가 그를 채찍으로 때리면 그의 영혼을 스올에서 구원하리라"
>
> (잠언 23:13~14) *강조한 부분을 더 주의 깊게 살피자.

하나님께서는 부모들에게 말씀하시기를, 자녀의 엉덩이 때리기를 주저하지 말라고 하셨다. 그것이 영혼을 구하는 일이기 때문이다. 히브리어로 '때리다'라는 단어는 '나카nakah'인데, 그 뜻은 '때리다' 혹은 '찰싹 때리다'이다. 부모들은 자녀들을 훈련할 때 엉덩이를 찰싹 때리되 도구를 사용하는 것이 바람직하다.

성경 말씀에 따르면 엉덩이를 찰싹 때리는 행위는 손으로 해서는 안 되고 회초리를 사용해야 한다고 쓰여 있다. 히브리어로 회초리를 '쉐벳shebet'이라고 하는데 그 뜻은 잔가지 혹은 낭창낭창한 가지이다. 즉 피부를 상하게 하는 두툼한 도구가 아니라 살짝 자극하는 정도의 가벼운 것이다. 손으로 때리는 것을 반드시 피해야 하는 이유는 상처를 낼 수 있기 때문이다. 손으로 때리게 되면 부모가 다정하게 다가설 때마저도 자녀는 움찔하며 피하게 될 수 있다.

잠언 전체를 관통하는 하나님의 강조점은 엄격한 양육에서 '회초리의 중요성'이다.

> "아이의 마음에는 미련한 것이 얽혔으나 징계하는 채찍이 이를 멀리 쫓아내리라" (잠언 22:15)

> "채찍과 꾸지람이 지혜를 주거늘 임의로 행하게 버려 둔 자식은 어미를 욕되게 하느니라" (잠언 29:15)

'미련함' 혹은 '어리석음'으로 번역되는 히브리어 단어, '케실keciyl'과 '이벨렛ivveleth'은 어린아이의 '미성숙함' 혹은 '어리석음'을 의미하지 않는다. 그것은 '정직하지 못함', '저항', '반항'이라는 뜻이다. '케실keciyl'의 어원은 '뚱뚱함'인데, 어리석음은 뚱뚱해지는 것,

즉 '자신으로 부풀어 오른 상태'를 의미하게 된다. 회초리는 모든 아이 안에 작동하고 있는 자기 고집과 반항심을 복종시키기 위해 하나님이 선택하신 도구이다. 회초리는 순종을 가르치는 신속하고 단순한 방법이다. 체벌은 순간적으로 일어나고 고통 또한 금세 잊히지만, 영향력은 오래 지속된다. 고통이 부정적인 것만은 아니다. 아이가 자신의 욕구를 부인하도록 길들이고 그로 인해 성숙해지는 데 필수적인 자기 절제를 배우게 하는 긍정적인 역할을 한다.

"아이를 너무 사랑해서 때릴 수 없다"는 부모들에게

"매를 아끼는 자는 그의 자식을 미워함이라 자식을 사랑하는 자는 근실히 징계하느니라" (잠언 13:24)

"소망이 있을 때 네 아들을 징계하라 그의 부르짖음으로 인하여 네 혼은 용서하지 말지니라" (잠언 19:18, 한글 킹제임스성경)

회초리를 드는 것은 쉬운 일이 아니다. 다정한 부모가 되고 싶은데 자녀들을 아프게 해야 하기 때문이다. 하나님께서 부모들에게 보호 본능을 주셨지만, 회초리를 들지 않는 안일한 마음은 자녀를 미워하는 마음과 다르지 않다고 경고하신다.[65] 아이들이 반

---

65. 잠언 13:24

드시 배워야 할 것을 배우지 못하게 하는 행위는 그들에게 해가 되기 때문이다. 어떤 부모들은 자녀들이 우는 것을 보는게 너무 가슴 아파서, 혹은 자녀의 거부감이 두려워서 때리지 않는다고 한다.

이런 사랑은 건강한 사랑이 아니다. 자녀들이 인생을 살면서 겪어야 할 불편함이나 고통으로부터 보호만 하려고 한다면 무슨 소용이 있겠는가. 사실 이렇게 회초리를 들지 않는 것은 자기중심적인 사랑이고 유약한 양육 태도로 자녀들을 방종하게 만드는 행위이다. 그런 '친절한' 양육 태도는 자녀들에게 매우 해롭다.

예를 들어 아이가 치과 가기를 무서워한다고 치자. 그런 아이에게는 치과 진료 예약 자체가 공포를 일으킨다. 아이가 무서워하는 것이 걱정되어서 이가 썩었는데도 적절한 치료를 해주지 않고 방치한다면 오히려 자녀에게 해를 끼치는 것이다. 그런 부모는 맛없는 야채 같은 음식을 면제해 주고 아이들이 좋아하는 불량식품만 줄곧 먹어도 가만 놔둘 것이다. 성경에서는 그런 부모의 태도가 자녀에게서 좋은 것을 빼앗는, 적극적으로 아이를 미워하는 것이라고 말한다.

진정한 배려와 사랑을 가진 부모는 자녀가 우는 것을 보는 고통을 감내하고 장기적으로 자녀에게 가장 좋은 것을 위해 행동한다. 회초리 들기를 주저하는 부모는 스트레스를 받지 않고 자녀의 거절을 피하려고 그러는 것이다. 반면에 일관적으로 자녀에게 회초리를 드는 부모는 자기에 대하여 죽고 자녀를 위하여 옳은 일을 하고자 하는 자기희생적인 사랑을 보여주는 것이다. 잠언 3:11~12

를 참고해 보자.

> "내 아들아 여호와의 징계를 경히 여기지 말라 그 꾸지람을
> 싫어하지 말라 대저 여호와께서 그 사랑하시는 자를 징계하
> 시기를 마치 아비가 그 기뻐하는 아들을 징계함 같이 하시
> 느니라"

자녀를 사랑하고 기뻐하는 아버지는 신실하게 자녀를 징계한다
고 하나님은 말씀하신다. 하나님이 우리를 사랑하시는 중요한 증
거물은 그분의 징계이다. 히브리서 12:5~9절을 보자.

> "또 마치 자녀들에게 했던 것과 같이 너희에게 권면하신 말
> 씀을 잊었으니, 곧 '내 아들아, 주의 징계를 경시하지 말고, 책
> 망을 받을 때에 낙심하지 말라. 주께서 그의 사랑하시는 자를
> 징계하시고, 그가 받으시는 아들마다 매질하시느니라'고 하
> 신 것이라. 너희가 징계를 견디어 내면 하나님께서는 너희를
> 아들들로 대우하실 것이니, 아버지가 징계하지 않는 아들이
> 어디 있느냐? 모든 사람들이 참여하는 징계를 너희가 받지 않
> 는다면 너희는 사생아요, 친아들이 아니니라. 또 우리 육신의
> 아버지가 우리를 징계하여도 존중하였거늘 영들의 아버지께
> 는 더욱 복종하며 살아야 하지 않겠느냐?"
>
> (한글킹제임스성경, 강조한 부분을 더 중점적으로 살피자.)

6~8절에 의하면 부모의 사랑의 증거는 징계하려는 의지이고, 매질하지 않는 자녀는 아들이나 딸이라고 부르지 않는다고 하나님께서 말씀하신다.

사랑의 하나님은 고통과 고난을 이겨내는 것이 모든 믿는 자들에게 필요한 성숙의 과정이라고 하셨다.[66] 그러므로 우리는 자녀들이 회초리 교육을 통해 자제심을 배울 수 있다고 하시는 그분의 판단을 신뢰하는 것이다. 신체적 처벌을 폐지하는 사회일수록 자기 인생을 탕진해버리는 훈련되지 못한 청년들을 양산하는데, 그런 청년들에게는 자유를 절제하면서 누릴 수 있는 삶의 안정감이 없다. 성매매와 약물과 어린이 포르노로 유명한 스웨덴과 덴마크는 세계에서 첫 번째로 체벌을 법으로 금지한 나라이다. 체벌을 금지한 이후 20년간 그 나라들이 전 세계에서 가장 높은 십 대 자살률을 기록한 것은 전혀 놀랄 일이 아니다. 회초리를 영영 치워버린 행위는 문명화된 사회의 표시가 아니고 도덕적 타락의 표시이다.

체벌과 학대의 차이점

최근 부모 중에는 체벌이 학대로 발전할 수 있고 감정적으로 유해하며 폭력을 야기할 수 있다고 걱정하는 경우가 꽤 있다. 성경적인 체벌은 선한 열매를 맺는다. 그러나 불행하게도 하나님의 가

---

66. 로마서 5:3-5, 야고보서 1:2-4, 스가랴 13:9, 베드로전서 1:6-7, 4:1, 히브리서 12:7, 10, 11

이드라인을 모든 사람이 잘 따라가는 것은 아니기 때문에, 이렇게 우려하는 것도 이해할 만하다.

성경에 기초를 두고 사랑을 담아 행하는 체벌과 아동 학대의 차이점을 생각해 보자.

- 체벌은 기본적으로 감정적으로 침착하고 제어된 상태에서 엉덩이를 찰싹 때리는 행위이다.

- 학대는 분노한 채 제어가 되지 않은 상태에서 때리는 행위이며, 엉덩이만 아니라 신체의 다른 부위에도 손을 댄다. 이런 체벌은 잘못된 행동을 바로잡을 수는 있겠지만, 아이가 진심으로 뉘우치는 것이 아니라 공포로 인해 복종하게 된다.

- 체벌은 가늘고 가벼운 도구로 엉덩이에만 시행한다.

- 학대는 자녀의 몸을 흔들거나 주먹이나 손에 쥘 수 있는 물건으로 때리는 것이다.

- 체벌은 사랑의 행위이며 계획된 행위이다.

- 학대는 분노를 품은 반응이다. 부모가 화를 내어 자녀의 마음속에 폭력을 만들어내고 그리하여 자녀들 또한 타인에게 폭력적으로 화를 내도록 만든다. (사랑의 체벌로 양육된 아이들이 폭력적이지 않은 이유는 자기 절제를 할 줄 알고 분노에 지배되지 않으며 모든 사람에게 상냥하게 행동하도록 훈련받았기 때문이다.)

- 체벌은 규칙을 어기는 즉시 부모가 동요하지 않은 상태에서 시행한다.

- 학대는 부모가 신속한 체벌을 하지 않아서 생기는 결과이다. 즉 자녀

가 지속해서 반항하도록 내버려 두다가 화가 나서야 반응하는 것이다. 회초리가 반항에 대한 즉각적 대응이 아니라 마지막 수단으로 사용되는 것은 잘못된 일이다.

- 체벌은 사랑으로 시행하는 건설적인 행위이다.
- 학대는 상처를 주는 저속한 언어폭력도 포함한다. 체벌을 수반하지만, 그것은 그저 수단일 뿐이다.
- 체벌로 인해 부모와 자녀의 관계는 더욱 돈독해진다.
- 학대로 인해 부모와 자녀는 멀어진다.

체벌을 멈추는 시점

많은 부모가 체벌을 시행하지만, 자녀들의 의지를 굴복시켰는지 판단이 서지 않아 좌절할 때가 있다. 그 이유는 체벌이 온전히 이루어지지 않았기 때문이다. 반항적인 행동에 대하여 체벌하긴 했지만, 목적을 이루기 전에 끝냈기 때문이다.

체벌의 목표

1. 부모의 권위 인정
2. 자기 행동에 책임지는 자세
3. 스스로 야기한 결과를 받아들이는 자세

체벌 이후에도 계속되는 반항의 조짐

- 회개하는 태도와 뉘우침이 명백히 보이지 않는다.

- 잘못을 인정하고 책임을 지려고 하지 않는다. 여전히 남을 탓하거나 변명한다. 제9장에 나열한 방어 기제들을 사용한다.

- 자기 연민에 빠져 있고 자신이 피해자라고 주장한다.

- 체벌 시간 내내 발길질하거나 몸부림친다. (상대적으로 큰 아이들에게 적용된다. 아주 어린 아이들은 회초리 맞는 일에 익숙하지 않기 때문에 몸을 가만히 둘 수 없다.)

- 훈계받고 난 후 부모를 안아 주는 것을 거부한다.

- 훈계하지 않는 부모 쪽에 도움을 청하는 것처럼 소리 지른다. 예를 들어 아빠가 훈계할 때 엄마를 부른다.

- 과장되게 오래, 크게 울부짖는다. (고통이나 슬픔이 아니라 분노를 표출한다.)

- 집을 나가겠다고 협박하고 부모에게 욕하고 버릇없는 태도로 물건을 던지고 투덜거리며 집안을 한바탕 뒤집어 놓는 등 야단법석을 떨며 분을 낸다.

- 뾰로통해 있거나 입을 삐죽거리거나 예를 들어 "이런 데서 회초리를 드는 건 아니다!"라며 부모를 비난하면서 죄책감이 들게 한다.

- "너무해요."라든가 "극혐!"이라든가 "하나도 안 아프네."라든가 "조만간 집을 나갈 거야!" 하며 비아냥거린다.

- 기도 중에 회개하는 모습을 보이지 않고 피해 입힌 사람에게 사과하지 않는다.

체벌은 아이가 뉘우치고 자기 행동에 책임질 때까지 끝내서는 안 된다. 고집을 완전히 꺾었을 때야 제대로 완성된 것이다. 만약 체벌 시간 이후에 자녀가 겸손하게 뉘우치는 모습이 보이지 않으면 체벌이 먹히지 않은 것이므로 재차 시행되어야 한다. 그렇게 단호하게 하면 세 번째 체벌이 필요한 경우는 거의 없을 것이다.[67]

많은 부모가 고집 세고 반항적인 십 대들과 전쟁을 치르고 있다. 그들이 사춘기 이전에 완전한 체벌을 경험하지 못했기 때문이다. 체벌을 시도하긴 했지만, 고집을 완전히 꺾지 못해서 점점 더 완고해졌을 것이다. 의도와는 다르게 왕고집 십 대들을 키워낸 것이다.

아직 유아기인 자녀에게 체벌을 시작하는 부모들이 체벌의 각 과정을 잘 수행하면 4~5세만 되어도 아이들의 고집을 완전히 꺾을 수 있다. 이후에는 이따금 회초리만 들어도 충분했다고 많은 사람이 증언하고 있다.

체벌을 부르는 행동이나 태도

어떤 아이든 알면서도 불순종하거나 혹 의도적으로 불순종하는 것은 반항이기 때문에 체벌이 필요하다.

반항적인 행동의 결과 때문이 아니라 반항하는 행동 자체 때문에 체벌이 필요한 것임을 알아야 한다. 예를 들어 자녀가 방에 들어가서 아기를 깨운 결과 때문이 아니라, 말을 듣지 않고 방에 들어간 것 자체가 문제라는 것이다. 만지지 말라고 했음에도 케이크

---

67. 때때로 체벌 후에 즉각적으로 뉘우치는 모습을 보이지 않는 아이들이 있다고 한다. 그런 아이들은 몇 분 동안 혼자 생각할 시간을 주었고 결국에는 진심으로 뉘우쳤다고 부모들이 증언했다.

를 건드린 그 행위보다 의도적으로 순종하지 않은 점에 주목하는
것이 중요하다.

반항하는 행동이란?

- 행동이나 태도가 부모의 권위를 직접적으로 거스르는 행위
- 부모의 의지에 반하여 자기 고집을 부리는 행위
- 부모가 자기 삶에 개입하는 것을 거부하는 행위

  반항적인 자녀는 "내 인생의 주인은 나니까 결정은 내가 할 거예요."
  라는 투로 말한다.

1. 적극적인 반항 [68]

1) 알면서도 순종하지 않는 행위

- 명령이나 규칙에 의도적이고 의식적으로 순종하지 않는 행위
- 예시 : "이리 와라." 했지만 움직이지 않을 때

    "어서 자!" 했지만 일어나 앉을 때

    "그 옷이 아니야!" 했지만 그 옷을 입을 때

2) 반항적인 언사들

- 건방진 태도나 말대꾸
- 불순종은 보통 "아냐!"라는 말로 시작한다. 때로는 "꺼져요", "제길",

---

68. 세미나 「자녀 훈련에 관한 성경의 지침What the Bible Says About Child Training」(성경연구재단, 1996, 릭
    퓨게이트J. Richard Fugate)를 참조함.

"아 진짜!", "그러든가" 등등 더한 소리도 내뱉는다.

- 결정할 권위가 부모에게 있음을 받아들이지 않고 부정적인 대답으로 일관한다.
- 부모가 결정을 내리고, 의논이 끝났다는 말을 듣고도 끊임없이 의견을 피력한다.
- 말대꾸에 부모가 지친 상태이다.

3) 부모에게 신체적 위해를 가하는 행위

- 분노 표출에 거침이 없다. 유아들은 때리거나 물거나 발로 차기도 한다. 큰아이들은 침을 뱉기도 하고 십 대는 큰 덩치로 심각하게 위협하기도 한다.

4) 짜증 내는 행위

- 자기 뜻대로 되지 않는다고 노발대발한다.
- 유아들은 숨을 멈춰 몸이 굳거나 축 처지거나 통제 불가할 정도로 울어 젖히거나 주저앉아 땅바닥을 주먹으로 때리기도 한다.
- 나이를 불문하고 발 구르기, 엉엉 울기, 고함치기, 물건 던지기, 때리기, 노려보기, 문 쾅 닫기 등으로 분노를 표현하기도 한다.

5) 철저히 무시하는 행위

- 부모가 주의를 주었는데도 아무 말도 못 들은 것처럼 하던 일을 계속 한다.

- 식탁 밑으로 경고받거나 가만히 있으라고 눈치를 주었음에도 외면하거나 태연히 하던 짓을 계속한다. (이러한 반항하는 태도에 눈감는 부모들은 심지어 그런 행동은 피곤해서 혹은 분위기 때문에 그러는 것이라고 변명해주면서 그냥 넘어간다.)

6) 부모가 주도하는 행동을 거부하는 행위

- 부모가 주도적으로 행동하면서 아이의 참여를 권하지만, 아이가 협조하기를 거부한다.
- 부모가 손을 벌려 아이를 만지거나 안아 주려고 하나 몸을 뺀다.
- 함께 걸으면서 부모가 아이의 손을 잡으려고 하는데 아이가 끝까지 손을 뿌리친다.
- 부모가 무릎 위에 아이를 앉혔을 때 내려가겠다고 한다. 공손히 내려가겠다고 말할 수 있지만 그것도 부모가 판단했을 때 잘 참고 있을 때에야 내려 준다.
- 유아들이 부모에게 안겨 있을 때 내려가려 발버둥친다.
- 길에서 걸어가다가 빨리 오라고 했을 때 축 늘어져 있거나 도망친다.
- 아이의 손에 있는 것을 잡으려고 하는데 빼앗기지 않으려고 꽉 잡는다. (그 물건을 부모의 손에 순순히 내어놓도록 해야 한다. 칼이나 성냥이나 드릴이나 면도기 등의 위험한 물건이 아닌 이상 힘으로 빼앗아서는 안 된다.)
- 어린이용 의자에 앉힌 유아가 빠져나오려고 몸을 뒤튼다.
- 부모가 해놓은 대로 두지 않고 제 마음대로 한다. 예를 들어 음악 소리

를 줄였는데 다시 크게 키우든지 불을 껐는데 다시 켜든지 갖다 놓은 것을 다시 가져오든지 하는 행동 말이다.

2. 그 외의 소극적인 반항

소극적인 반항은 대체로 적극적인 반항보다 의도적이지 않고 계획적이지 않다. '계획적인 행동'이기보다는 '반항적인 반응'이라고 볼 수 있다. 소극적인 반항을 보이는 아이들은 자신의 반항기를 잘 인지하지 못하는데 그렇기 때문에 부모가 그것이 반항이라는 것을 인식시켜 주는 것이 더 힘들 수 있다.

1) 지속해서 잊어버리는 행위

- 아이들은 자주 당연히 잊어버린다. 그러나 이 또한 반항하는 태도라고 할 수 있다.

- 알람을 맞추어 놓고 축구 연습하러 가는 것은 기억하지만, 습관적으로 쓰레기를 가지고 나오는 것은 잊어버리는 모습, 하고 싶은 것만 기억하는 태도이다. 동기가 부여되면 잊어버리지 않고 할 수 있다.

- 재미있는 TV 스케줄을 꿰고 있거나 재미있는 만화의 업데이트는 정확히 알고 찾아보지만, 숙제를 하거나 침대 정리하는 일은 자꾸 잊어버린다.

- 어린아이들은 본인에게 정말 중요한 많은 것을 잊어버린다.

2) 순종하는 척하는 행위

- 겉으로는 순종하지만, 반항적인 태도를 보인다. 샐쭉하거나 투덜거리

거나 칭얼거리거나 입을 삐죽 내밀거나 문을 쾅 닫고 가거나 노려보거나 말을 안 하거나 물건을 툭툭 던진다.

- 그저 해야 하니까 순종한다.
- 부모의 지시를 따라 행동하지만 하는 내내 말이 많거나 투덜거리거나 찡찡거린다. 예를 들어 세 살 먹은 아들을 씻기는데 씻는 내내 "씻는 거 싫어. 난 씻는 거 싫어!"라고 말하도록 내버려 두는 것이다.

3) 자기가 하고 싶을 때 순종하는 행위

- 부를 때 바로 가지 않는다. 천천히 간다.
- 누가 더 센지 보여주려고 바로 순종하지 않고 지켜본다.
- 하지 말라는 말을 듣고는 한 번 더 한다.
- "이것 좀 마시고요." 혹은 "조금 있다 갈게요."라든지 말하면서 자기가 주도하려 한다.

4) 해야 할 일을 하되 방법을 자기가 정하는 행위

- 집안일을 하지만 부모가 정해 놓은 기준에 맞추지 않는다. 예를 들어 설거지는 하지만 깨끗하게 안 한다든가 침대 정리를 하되 깔끔하게 하지 않는 등의 행동이다.
- 어린이용 의자에 앉으라고 했는데 쪼그리고 앉는다.

5) 순종해야 할 때 가 버리는 행위

- 부모가 아직 말하고 있거나 말을 잠시 멈춘 상태인데 방에서 나가 버

린다.

- 가라고 하지 않았는데 조금씩 문 쪽으로 간다. (소극적인 반항으로 여기는 이유는 때때로 아이들은 자기들이 무슨 짓을 하는지 인식하지 못하기 때문이다.)

6) 벌을 받지 않으려고 거짓말하는 행위

- 사전에 계획한 거짓말은 적극적인 반항이지만 처벌받지 않으려고 한 거짓말은 무의식적인 반응이므로 수동적인 반항이라고 할 수 있다.
- 자기들이 저지른 일에서 벗어나려고 거짓말해서 처벌을 피하려는 일들이 많다. 이런 반항의 형태에도 체벌하는 것이 중요하다.
- 잘못한 일에 대해 진실을 말하도록 자녀들을 훈련하기 위해 이러한 방법을 제시한다. 즉 거짓말을 하려고 할 때 거짓말하면 두 배로 벌을 받게 된다고 말하는 것이다. 거짓말하고 싶은 유혹은 이해할 수 있지만 절대 그래서는 안 되고 진실을 말해야 함을 알려줘야 한다.

7) 말하지 않았으나 알고 있는 규칙을 어기는 행위

- 어떤 규칙은 말로 규정되지 않은 경우가 있고 어떤 행동은 특정하여 금지되지 않은 경우가 있다. 하지만 아이들은 잘 알고 있다. 때로는 부모를 기쁘게 하는 것을 알면서도 모른 척하는 경우도 있다. 그들이 들켰을 때 보이는 행동은 양심에 찔림을 드러낸다.
- 정당화하는 행동을 한다. 예를 들어 혼날 걸 알면서도 차고에서 아빠의 드릴을 가져다가 친구들에게 보여주면서 "아빠가 써도 된다고 하

셨어."하며 스스로 정당화한다. 그러나 엄마가 다가오면 깜짝 놀라 숨기는 것이다.

- 집안의 규칙을 바꿀 수 있다고 생각하는 아이들도 있다. 언젠가 그 규칙을 어긴 것을 아빠가 알고도 아무 말도 하지 않았기 때문이다. 그들이 하는 행동에 아빠가 무심했던 것이 규칙을 바꾸어도 된다는 뜻은 아니라는 걸 알면서도 자기가 편한 대로 아빠의 침묵을 허락이라고 받아들인다.

- 화장실에서 두루마리 휴지를 풀어내는 것을 들킨 아기에게 특정하게 그 행동을 하지 말라는 말은 하지 않았지만, 엄마가 가까이 오는 것을 보고 눈물을 보이고 손이 빨라지는 것은 그 행동이 잘못된 것임을 알고 있다는 증거이다.

체벌 외에는 다른 대안이 없을까?

서문에서 잠시 언급했듯이, 양육 방식에 천편일률적인 잣대를 제시하고 싶지 않다. 모든 자녀가 똑같지 않고 상황 역시 다 다르기 때문에 우리는 모든 자녀의 행동에 반응하는 방법을 지극히 단순화하여 적용할 수 없다.

일반적으로 우리는 자녀들이 고집을 꺾도록 훈련하기 위해 체벌을 사용해야 한다. 특히 아주 어린 아이들은 더욱 그러하다. 말씀이 제시하는 지혜가 너무나 분명하기 때문에 우리는 체벌 자체가 불편하지만 다른 '창의적인 대안'을 찾는 행위를 피하는 것이 좋다.

그러나 우리가 성경을 따르고 그 안에 기록된 모든 원칙에 유의하면서 성경의 지혜를 적용할 때에 관용성도 있어야 한다는 것을 기억해야 한다. 잠언의 말씀들은 "살인하지 말라" 혹은 "간음하지 말라" 등의 절대적인 도덕적 명령을 제시하지 않고 인생에 있어서 일반적인 가이드라인을 지혜롭게 제시한다. 예를 들어 보육원에서 학대받은 경험이 있는 아이를 입양했다면 전형적인 체벌에 반응하기 어려울 것이다. 다른 체벌 방법이 오히려 효력이 있거나 방어적 감정 상태(RAD)[69]에서 끌어낼 수 있다. 혹은 부모의 전폭적인 사랑과 포용이 자신의 연약함을 극복하는 데에 도움이 될 수 있다. 내가 말하고자 하는 요점은 체벌이 큰 효력이 없는 상황이라면 머리를 써야 한다는 것이다. 다른 방법이 필요한 아이에게 계속 체벌만을 고집해서는 안 된다.

평소에 특별한 문제 없이 잘 순종해왔던 아이가 특수한 상황에서 반항했을 때는 체벌이 과연 필요한지 생각해 봐야 한다. 무엇인가 시작하기 전에 부모는 결정해야 한다. 우리 아이가 반항적인 기질이 있나? 아니면 무슨 다른 일이 있어서 이런 반항기가 나타난 것은 아닌가?

다음은 그동안 잘해 오던 아이가 반항하게 된 몇 가지 예시들이다. 이런 경우에는 마음을 살펴 줘야지, 체벌로 다가가서는 안 된다.

---

69. 반응적 애착 장애Reactive Attachment Disorder : 유아기의 학대나 트라우마로 인해 얻게 된 성격적 장애.

1) 폭력을 야기한 경우

그동안 잘해 오던 아들이 여동생을 때린 일이 있었는데, 알고 보니 여동생이 지속해서 약을 올려서 결국 폭발한 상황이었다. 폭력은 다정함과 사랑이라는 가족의 규칙을 위반한 것이기는 하지만 이런 상황에서는 무조건 아이를 체벌하기보다는 둘의 관계를 개선하는 데 집중하는 것이 좋겠다. 특히 오빠가 다섯 살 이상 연상이면 더욱 그렇다. 하나님께서 자녀를 노엽게 하고 낙심하게 하는[70] 일에 대해 부모들에게 경고하신 것은 이러한 때를 위해 말씀하신 것이다.

2) 관계가 좋지 않은 경우

자녀와 관계가 좋지 않으면서 규칙만 강조하는 것은 정말 끔찍한 일이다. 부모와 자식 간에 신뢰 관계가 무너져 있거나 유대관계가 아예 없다면 자녀는 부모의 지혜를 기꺼이 받아들일 수도 없고 어떤 징계로도 선한 것을 얻을 수 없다. 자동으로 체벌부터 해야 하는 상황이 되기 전에 부모가 자녀와 신뢰 관계를 유지하고 있는지 생각해 보기를 권한다. 10세 아이의 반항이 규칙에 대한 반항이 아닌 자신을 노엽게 하거나 마음에 상처를 준 부모에 대한 대항일 수도 있지 않은가? 만약 아이의 행동이 노엽게 한 부모 때문이라면 양육하는 데에 문제가 있지 않았는지 살펴보는 것이 좋겠

---

70. "아비들아 너희 자녀를 노엽게 하지 말지니 낙심할까 함이라" 골로새서 3:21, 에베소서 6:4

다. 만약 그런 상황이라면 제15장의 '자녀를 노엽게 하지 말라'를 읽어 보도록 하자.

3) 마음의 상처인 경우

아이들도 나이와 상관없이 마음의 고통과 스트레스로 씨름하고 있다. 그러나 아이들이 힘든 하루를 보냈다고 해서 자신의 소유물이나 다른 사람에게 화를 내도 되는 것은 아니다. 이런 경우에 부모는 잘 판단해야 한다. 체벌이 아이의 낙담한 마음을 고칠 수 있을지, 아니면 부모의 위로가 더 깊은 필요를 채워 줄지 말이다. 당연히 아이들은 자기가 한 일엔 책임을 지고 잘못을 고쳐야 한다. 통제 불능의 행동은 결코 용납될 수 없다는 것을 분명히 배워야 한다. 그러나 아이의 힘든 마음을 살펴주는 것 역시 꼭 필요하다.

반항하는 아이, 위협하는 부모 : 체벌하겠다고 위협만 하는 것의 위험성

앞의 장에서 금방이라도 자녀를 때릴 것처럼 위협하지 말라고 당부했다. 이 점을 깊이 이해하는 것이 매우 중요하기 때문에 여기서 계속 다루고자 한다.

아이들은 어려서부터 부모의 말을 명심해야 한다는 것과 의도적인 반항을 했을 때는 체벌을 받아야한다는 것을 지속해서 배워야 한다. 어린 자녀에게 그렇게 가르쳐 놓고도 벌준다는 경고만 무수히 많이 하는 부모는 자기 말을 심각하게 받아들이지 않아도 된다는 메시지를 암묵적으로 던지는 셈이다. 말뿐인 경고는 그 순간에는 반항을 막을 수 있을지 모르겠지만, 궁극적으로는 부모의 말뿐 아니라 부모 자체를 존중하지 않게 될 것이다.

부모는 체벌하겠다는 경고로 아이의 반항을 바로잡으려고 한다. 그러나 부모의 뜻을 거역하고 자기 고집대로 하려는 아이는 경고가 아니라 체벌을 받아야 한다. 곧 벌을 받게 될 거라는 위협을 반복하면서 잘못된 행동을 바로잡으려 애쓰겠지만, 그것은 결국 공허한 말 잔치일 뿐 고집을 꺾어 순종시키지는 못하는 것이다.

부모에게 절대적으로 순종해야 한다고 아이에게 일찍부터 여러 번 말해주는 것이 필요하다. 명확한 규칙을 충분히 알려준 후에는, 부모에게 순종했는지 책임을 물을 수 있고 더 이상 경고할 것 없이 규칙 위반에 대해 처벌할 수 있을 것이다.

무심코 행한 불순종을 판별하는 법

의도적으로 반항하여 체벌이 필요한 상황과 무심코 불순종한 상황은 매우 큰 차이가 있다.

근본적으로 무심코 행한 불순종은,
- 규칙이나 부모의 명령을 우연히 지키지 않은 행위다.
- 의도적이거나 반항적이지 않고 계획된 행동이 아니다.
- 대부분 무심하거나 충동적이거나 부주의하거나 무책임한 행동 혹은

실수일 수도 있다.[71]

● 주의를 주거나 간단한 처벌로 바로잡을 수 있는 행위다.

서툴러서 우유를 쏟은 것과 여동생을 조준해서 쏟은 것은 엄연히 다르다. 둘 다 징계해야 하지만 같은 징계는 아니다.

무심코 행한 불순종에 대한 징계

무심코 행한 불순종이라면 가장 효과적인 징계는 저지른 일과 관련된 것이 좋다. 그런 식으로 징계를 내려야 징계를 통해서 마땅히 배워야 할 교훈을 강하게 새길 수 있다.

덜 효과적인 징계는 잘못된 행동과 전혀 관련이 없는 것이다. 예를 들어 아이가 벌써 두 번이나 아무 생각 없이 자전거를 두고 왔다면, 자기 물건을 잘 관리하도록 어떤 식으로 가르칠 수 있을까? 나가 노는 것을 금지한다고 가르칠 수 있을까? 생각할 시간 주기, 구석에 앉혀 두기, 벌금 내기, 반성문 쓰기 등의 방법은 잘못한 일과 직접적인 관련이 없기 때문에 효과적인 징계가 아니다.

자전거를 아무데나 버려두고 온 것은 자기 물건에 책임감이 없는 행위이므로 책임감을 배울 필요가 있다. 자전거에 대해 책임감을 갖도록 하는 징계는 당분간 자전거를 타지 못하게 하는 것이다. 자전거를 타고 싶다면 자전거를 잘 관리해야 한다는 것을 배

---

71. 실수일 경우에는 지시된 바를 잊어버리거나 서툴러서 한 행위를 아울러 말한다.

우는 시간이다. 동시에 자전거를 타지 못하고 방치해 둔 기간 동안, 자전거에 녹이 슬면 본인 스스로 녹을 제거하도록 하는 식의 징계이다.

자녀가 현관문 닫는 것을 자꾸 잊어버리거나 항상 쾅 소리를 내며 닫는다면 어떻게 해야 할까? 집에 들어와 문을 살짝 닫는 것을 5분 동안 연습시키는 방법을 제안한다. 단, 일부러 한 일이 아니므로 부모가 화가 난 상태가 아님을 분명히 말해 주면 좋겠다.

고려해야 할 몇 가지 전형적인 징계와 원칙

1. 특권의 상실

자녀들이 무엇을 하거나 어떤 것을 가질 수 있도록 부모가 허락해 주는 것은 그들이 주장할 권리가 아니고 사랑으로 주어진 특권이다. 감사하지 않고 무책임하게 행동하면 특권은 취소된다. 자녀들에게 미리 그런 상황이 되면 어떤 징계가 있을지 알려주도록 한다.

- 장난감이나 옷을 아무 데나 자꾸 버려두고 오면 일정 기간 혹은 아예 빼앗아 버린다.

- 큰아이들이 해야 할 일에 게으르거나 무책임하다면 반복적으로 집안일을 시키거나 더 많은 일을 부여하거나 식사하지 못하게 한다.[72] 집안

---

72. "…누구든 일하기 싫어하거든 먹지도 말게 하라…" 데살로니가후서 3:10b

일을 다 마무리하지 않거나 무책임하다고[73] 판단되면 친구와 만나기로 한 시간이 되어도 끝낼 때까지 절대 나가도록 허락하지 말라. 팀 경기에 나가기로 했어도[74] 불가하다. 무책임은 남에게 상처를 줄 수 있음을 반드시 깨달아야 한다. 이런 종류의 벌칙을 받으면 아이들은 대부분 그런 무책임한 행동을 반복하지 않는다.

- 운전면허증을 딸 수 있는 나이가 되면 운전은 책임감 있는 사람에게 부여되는 특권임을 강조한다. 무책임한 행동을 범할 때마다 운전면허에 도전할 시기를 한 달씩 늦추는 것도 방법이다.

- 저녁 식사를 지나치게 천천히 먹거나 메뉴를 불평하면 먹던 것을 빼앗고 다음 날 아침에 그 먹던 것을 아침 식사로 준다. (이 방법이 가장 효과적이었다는 말을 많이 들었다.)

- 외식할 때 주문해 준 메뉴에 감사하지 않으면 주문을 취소하고 물만 먹게 한다. (좀 심하다고 생각하겠지만 이런 징계를 한 아이에게 시행했더니 다른 아이들이 배워서 이후로 줄곧 감사하는 태도를 보였다고 한다. 이런 징계가 있음을 아이들에게 미리 인지시켜 두는 것이 좋겠다.)

- 이미 끝난 이야기라고 말했는데도 계속해달라고 조르거나 들볶는다면 - 들어주고 싶은 생각이 들더라도 - 그런 행동 때문에라도 절대로 허락할 수 없다는 것을 알게 해야 한다.

---

73. 마무리 짓지 못한 임무가 무책임 때문인 경우에만 해당된다. 지나치게 많은 일을 할당해 주었을 때는 제외한다.
74. 결승전인 경우는 제외한다.

- 공손하게 말을 시작하지 않으면 얼마간은 말할 기회를 주지 않는다.

2. 문제가 생긴 부분에 대한 해결

- 배상 - 잃어버리거나 부순 물건에 대한 배상은 너무 어려서 용돈이 없는 아이의 경우에는 부모가 함께 매장으로 가서 동일한 물건을 구매하는 데에 도움을 주도록 한다.

- 수선 - 고장 나거나 망가진 물건을 수선할 때도 아이가 너무 어려서 할 수 없다면 대신해 주되 자신의 무책임한 행동이 어떤 영향을 끼치는지 알려주고 감사하는 마음을 갖게 한다.

- 복구 - 시간이 걸리더라도 엉망이 된 것을 원상복구하도록 한다. 혼자 할 수 없다면 어느 정도는 도와주어도 괜찮다.

3. 자신이 어떤 부분에서 문제를 일으켰는지 성경 속에서 찾아 써 보도록 하고 회개하는 마음을 적도록 한다.

4. 문제가 된 일들에 비례해서 징계를 정하되 반복된 위반사항에 대해서는 반항한 것으로 여겨 처리한다.

고집인가? 무능인가?

자녀가 항상 산만하게 굴면서 제시간에 임무를 끝내지 못하면 부모는 어떻게 해야 할까? 계속 연필로 툭툭 소리를 내어 주변에 민폐를 주는 아이라면? 배변 훈련을 안 하려는 아이는 어떻게 하면 좋을까? 일반적으로 이런 종류의 행동은 반항이라고 볼수는 없다. 그러므로 체벌로 고쳐지지 않는다. 사실 반항하는 행동이 아니면 체벌하는 것이 아이를 화나게 하고 혼란스럽게 할뿐이다.

해야 할 일을 끝내지 못하거나 배변 훈련을 할 생각조차 안 하는 아이들은 아직 그것을 수행할 능력이 없어서 그럴 수 있음을 인지해야 할 것이다. 아이들은 어리고 경험이 없으니 배울 것이 많다. 그러므로 부모들은 문제가 생겼을 때 '고집'의 문제인지 '능력'의 문제인지 판단해야 한다.

상황마다 방법을 달리해야

고집의 문제는 아이가 의도적으로 부모의 리더십을 거부하는 것이다. 그들은 행동이나 태도로 "내 일에 결정할 권한을 주지 않겠다."고 표현한다. 그런 반항기는 한 번도 굴복해본 적 없는 고집의 표현이라고 할 수 있다. 그러나 때때로 큰아이들이 그렇다면 뿌리 깊은 분노나 부모와의 깨진 관계에서 나타나는 반항일 수도 있다. 이 부분에 대해서는 제17장의 '하나님과 이웃을 사랑하는 자녀로 양육하기'에서 다루어 보겠다

무능의 문제라면 간단히 말해서, 지시받은 사항을 해낼 신체적 능력이나 정신적 능력이 부족한 상태를 말한다. 예를 들어 "1시간 이내에 방을 치우라."는 말을 들었지만 산만하고 집중력이 없어서 시간 내에 하지 못할 수도 있다. 체벌의 위협만으로는 이들

의 능력을 끌어올릴 수 없기 때문에 격려하면서 보상을 해 주는 것이 필요하다.

이전에 이야기했듯이, 아이들의 반항기를 없애고 협조를 구하기 위해 사전에 보상을 걸어서는 안 된다.[75] 그러나 성경 말씀에 입각해서 볼 때 임무를 충실히 이행했을 때나 새로운 것을 배울 때는 보상을 해 주는 것이 적절하다.[76]

사전에 조건을 거는 것과 사후에 보상해 주는 것은 분명한 차이가 있다. 사전에 보상을 거는 행위는 도덕적인 임무, 즉 당연히 해야 할 일이고 또 할 수 있는 일을 수행하게 하려는 유인책이지만, 사후의 보상은 도덕적인 것과는 별개로, 해야 할 일을 잘해 낼 수 있도록 격려하기 위해 주는 것이다. 집중력이 떨어져 임무를 잘 수행하지 못하는 것으로 보일 때, 잘 마무리하면 보상을 해 주겠다고 제안해 보는 것도 좋겠다.

보상의 내용은 예를 들어 다음과 같다.

- 제시간에 배변을 잘했다고 간식을 주는 것, 열심히 할 때 잠시 쉬게 해 주는 것, 잃어버린 열쇠를 찾아주었을 때 용돈을 주는 것 등의 즉각적이고 소소한 즐거움을 주는 행위

- 장난감, 연장, 바깥 놀이 등 '잘했어요' 스티커가 모였을 때 줄 수 있는

---

75. 출애굽기 23:8, 전도서 7:7b
76. "그 주인이 이르되 잘하였도다 착하고 충성된 종아 네가 적은 일에 충성하였으매 내가 많은 것을 네게 맡기리니 네 주인의 즐거움에 참여할지어다 하고" 마태복음 25:21 (누가복음 16:10, 19:17, 고린도전서 3:8, 요한이서 1:8 참조)

상. 냉장고 등에 스티커 판을 부착하고 얼마나 잘하고 있는지 볼 수 있
게 표시

● 수동 잔디 깎기로 잘 깎으면 전동 깎기를 사용하게 하거나, 책임감 있
게 의무를 수행하면 운전면허증을 따게 하는 등의, 더 많은 특권을 갖
게 하는 행위

자녀들을 징계할 때 매우 중요한 것은 그들이 부모의 사랑 속에
서 안정감을 누리도록 하는 것이다. 내가 대략 기술한 단계를 따
르며 순종하는 자녀로 훈련하는 것은 가능할 것이다. 그러나 그 목
표가 행동을 통제하는 것만이 되어서는 안 되고 그들의 마음에 영
향을 끼쳐야 한다. 그렇다면 어떻게 마음에 영향을 끼칠 수 있을
까? 그들이 부모의 사랑을 느낄 수 있어야 가능하다. 지금까지 배
운 대로 징계를 시작하기 전에 이 책 전체를 읽어보되, 특히 자녀
의 마음에 영향을 끼치는 것에 대해 기술한 제17장을 꼼꼼히 읽
어보길 권한다.

7
잘못된
양육 방법

"체벌을 통해 자녀의 고집을 꺾지 못하는 부모들이 많다. 그
들이 엉뚱한 방식으로 체벌을 강화하기에만 급급하기 때문
이다."

자녀양육의 첫 번째 목표는 자녀의 고집을 꺾는 것이고 체벌은
그 목표를 이루기 위한 기본적인 하나님의 방법이다. 그러나 아무
리 신중하게 체벌을 한다고 해도 자녀의 고집을 꺾을 수 없을 때
가 많다. 자녀들은 실제로 날마다 고집이 세지는 것처럼 보인다.
그런 아이들은 의도적으로 불순종할 뿐 아니라 제멋대로 하는 행
태를 보이고, 가정은 아이들에게 끌려다니는 모습이 되어간다. 이

런 문제에 직면한 부모들은 비록 훈육 차원에서 체벌을 실천하고는 있지만, 본의 아니게 자녀들의 자기 방종을 조장하고 고집을 더 강화하기도 한다.

다음은 부모가 부지불식간에 자녀의 자기애를 강화하고 개인의 행복이 최우선이라는 메시지를 전달하는 여러 가지 미묘한 상황 및 그에 대한 예시와 세부 지침이다. 혹시 우리가 이러한 행동을 하는 것은 아닌지 잘 점검해 보자.

1. 자녀의 삶에 나타나는 장애물들을 제거해주고 불쾌한 상황을 피하게 해주려는 경우

- 자녀에게 즉각적으로 만족감을 느끼게 해주고 싶은 유혹에 저항해야 한다. 그들은 기다림을 배워야 한다.

- 대화할 때 불쑥 끼어들지 못하게 한다. 아무 때나 대화에 끼어들게 하면 자기들이 우주의 중심이며 타인의 말과 행동보다 자기들이 원하는 것이 더 중요하다고 여기게 된다.

- 자녀들이 부른다고 모든 것을 멈추고 달려가지 않는다. 위험 상황이 아닌 한 오히려 그들이 부모에게 오게 한다.

- 자녀들이 심심하다고 불평할 때, 곧바로 놀거리를 제공하지 말아야 한다. (심심하다는 불평에 좋은 반응은 "심심하다니 잘됐구나. 더 크면 인생에 심심한 일이 많다는 걸 알게 될 거야. 지금 그 심심함을 견디는 데 익숙해져야 해."이다.)

- 계획했던 가족 행사를 취소해도 괜찮다. 아이들이 실망할까 봐 두려워

할 필요가 없다. 가족 구성원 모두에게 가장 좋은 방향으로 계획을 세우고 또 변경하도록 한다. 성숙함은 실망을 통해 더욱 깊어지게 되는 법이다.

- 빵 껍질이 단단하다고 투덜거려도 잘라 주면 안 된다.
- 집안일을 매일 함께하도록 한다.
- 자기보다 더 어린아이가 손님으로 왔을 때는 친절하게 응대하도록 한다.
- 일을 대충 마무리하거나 방을 지저분하게 두지 않도록 한다.
- 사고 싶은 것은 자기 돈으로 사게 하고, 그 선택에 책임을 지도록 한다.

2. 먹고 싶은 대로 먹게 하는 경우

- 가능한 한 모든 욕구를 채워 주려는 마음을 제어해야 한다. 자녀들은 살면서 자기가 원하는 것을 다 가질 수 없다. 좋은 것을 빼앗겨 본 일이 없는 아이는 안타깝게도 삶의 여러 가지 시험을 견디지 못하는 성인으로 자라난다.

- 즐거움을 빼앗지 않되 최신 장난감, 옷 등을 다 사 줘야겠다는 생각은 하지 않길 바란다.

- 온갖 오락과 재미를 찾는 욕구를 끊임없이 만족시켜주는 것은 오히려 미성숙을 조장한다.

- TV, 음악 듣기, DVD 만화, 게임 등 '현실 도피'를 하게 하는 여러 가지 채널을 차단하라.

- 뭔가 요구할 때 "하고 싶어요." 보다 "해도 될까요?"라고 묻도록 가르친다.

- 유아들이 아무 때나 손쉽게 간식을 먹을 수 있도록 꺼내 놓지 않는다.
- 인생은 레저와 레크리에이션으로 가득한 것이 아니다. 원하는 스포츠 프로그램이나 동아리에 다 가입해주지는 않는다.

3. 절제되지 않은 자기표현과 열정을 발산하도록 내버려 두는 경우

- 소통에 절제가 없어서는 안 된다. 자기 절제를 하며 대화하도록 한다. 예를 들어 징징거리고 투덜거리거나 소리를 지르고 욕을 하는 행동들은 자제시킨다.
- 가족들에게 삐쳐서 입을 삐죽거리는 행동을 내버려 두지 않는다.
- 말하고 싶은 대로 말하게 두면 듣는 사람보다 자기 마음이 더 중요하다고 생각하게 된다.
- 베개를 때리면서 자기 분을 표출하도록 두면 안 된다. (어떤 물건에 분노를 표출하도록 두면 자신이 마치 억압된 감정의 피해자라고 착각하거나 마음이 삐뚤어지게 된다. 분노 표출을 자제 시키면 경건함을 가르칠 수 있다. 아이들은 자기 제어와 용서가 분노에 대한 경건한 반응임을 배워야 한다.)

- 자녀들이 화가 났을 때, 통제 불가능한 상태로 계속 울게 내버려 두지 말라.
- 자기가 좋아하지 않는 선물을 받았어도 불평하면 안 된다. 감사함을 표현하는 것뿐만 아니라 진짜 감사하도록 가르쳐야 한다. 선물을 주는 행위는 주는 사람이 사랑을 표현한 것이다. 선물은 생일 선물, 크리스마스 선물, 모든 먹거리와 옷가지, 집과 따뜻한 침대 등 자신이 산 것

이 아닌 은혜로 받은 것이기 때문이다.

- 아기들이 파괴적인 성향을 표출하도록 허용해서는 안 된다. 아이들에게 새 잡지를 숨길 필요가 없다. 대신 찢어도 상관없는 오래된 잡지를 주고 그것을 조심스럽게 다루도록 가르쳐야 한다.

- 크레용으로 벽과 가구에 색칠하도록 두어서는 안 된다. 종이에만 색칠한다고 해서 아이들의 창의성이 감소하지 않는다.

4. 아이가 어린 데도 가족의 결정에 영향을 미치도록 허락하는 경우

- 아이들은 부모의 리더십에 협조하는 것을 배움으로써 겸손함과 자기절제를 키울 수 있다. 모든 가정사를 결정할 때 의견을 말할 수 있게 허락된 아이들은 자신을 과대평가하는 마음이 생긴다. 요즘 부모들이 자녀들의 자기애를 조장하는 가장 흔한 모습이다.

- 집안 대소사 결정에 아이에게 권리를 주지 않는다. 때에 따라 자녀들이 제시한 의견을 부분적으로 반영해 줄 수는 있다. 하지만 집안 모든 일에 아이들이 자신의 생각을 주장할 수는 없음을 알려줄 필요가 있다. 가정은 민주주의가 지배하는 곳이 아니다. 아이들은 부모가 결정한 바를 받아들임으로써 남을 배려하는 것을 배운다.

- 어느 식당에 갈 것인가, 어디로 여행 갈 것인가, 차 안에서 어떤 음악을 들을 것인가, 부모가 저녁에 외출할 것인가, 저녁에 무엇을 먹을 것인가, 어떤 교회에 나갈 것인가 등의 문제를 결정하는 데 아이들의 의견은 그리 중요하지 않다. 만약 의견을 내고 싶어 한다면 듣기는 하되 최종 결정은 부모가 하고 그들에게 통고하는 것이 좋다.

5. 어릴 때부터 자녀들이 너무 많은 결정을 하는 경우

- 태어나서 5년간은 자녀들이 선호하는 것을 물을 필요가 없다. 무엇을 먹을지 무엇을 입을지,[77] 쉬는 시간을 어떻게 보낼지 등은 부모가 결정해 주어야 한다. 이런 원칙을 무시하는 것은 아이들을 고집스럽게 만들고 자기애를 강화하는 가장 확실한 길이 될 것이다. 오늘날 자기애로 똘똘 뭉친 괴물 같은 십 대들의 대부분은 인생의 첫 5년이 자제력을 기르는 데 쓰여야 한다는 것을 모르는, 선의로 가득한 엄마들의 작품이다.

- 하루의 일과를 스스로 결정하도록 허락하는 것이 해로워 보이지는 않지만, 지나치게 많은 자치권을 허락하면 아이들은 자기 임의로 행동해도 된다는 메시지로 오해할 수 있다.

- 4세 아이의 적절한 성장을 위해서는 부모의 강한 리더십이 필요하다. 일과 중 아이가 어떤 옷을 입고 어떤 장난감을 가지고 놀지, 어떤 음료수를 먹고 어느 방에서 놀지, 엄마가 어떤 책을 읽어 줄지, 엄마가 책 읽어 줄 때 어느 쪽에 앉을지 등을 스스로 결정했다면 낮잠 시간이 되어서 "온종일 내가 다 결정했는데 누가 나더러 낮잠을 자라고 하냐?"고 하지 않겠는가?

- 일과를 매우 느슨하게 잡고 대부분의 결정을 스스로 하는 아이들은 보통 부모가 권위를 내세울 때, 저항할 것이다.

---

77. 원한다면 6세쯤 되어 자기가 입을 옷을 직접 고를 수 있도록 준비시키기 위해, 아이들이 교회에 입고 갈 옷을 골라주면서 상황과 장소에 적절한 옷의 종류, 색상, 패턴 등을 설명해주어도 좋겠다.

- 아이들은 방학 동안 시간이 많이 남을 때 잘못을 저지르기 쉽다. 지나치게 자유 시간이 많을 때는 집안일과 활동 등 다른 일을 만들어서 시키는 것이 좋다.

- 식당에서 주문할 때 항상 그들이 원하는 대로만 해주지 말아야 한다. 때로는 부모가 권위를 가지고 시키는 것도 필요하다. 예를 들어 "오늘은 팬케이크가 스페셜 메뉴이니 그걸로 통일!"해도 된다. (스페셜 메뉴를 선물하는 것이니 아이들은 그저 "감사합니다!" 하면 된다.)

- 원하는 것을 다 할 수 있도록 자주 허락해서는 안 된다. 예를 들어 엄마가 쇼핑하는 동안 세 살 먹은 아이가 쇼핑몰을 이리저리 다닌다고 하자. 아빠가 따라다니면서 어디든 가고 싶은 데로 가도록 두고 그저 위험할 때만 못하게 하는 것은 바람직하지 않다. 아빠는 아들에게 용기와 모험심을 심어 준다는 생각일지 모르지만 세 살이면 리더십을 따라야 함을 배울 때이다.

6. 결과가 비슷하면 대충 넘어가는 경우

- 명령을 정확히 말했는데도 자녀들이 그대로 시행하지 않은 것을 그냥 넘어간다면 자녀들이 순종하기를 진심으로 기대하지 않았다고 시인하는 꼴이 된다. 그러면 나중에는 자녀들이 무엇이든 자기 계획대로 하겠다고 결심하게 된다.

- 유아용 의자에 똑바로 앉으라고 했는데도 아이가 쪼그리고 앉았을 때 "뭐, 그렇게 앉든지." 하면서 요구에 못 미치는데도 귀찮아서 그냥 두는 것은 옳지 않다.

- 방에 갖다 놓으라고 했는데 나중에 보니 문 앞에 덩그러니 놓여 있는 걸 보고 그냥 넘어간다면 자기 고집을 더 키워주는 효과만 있을 뿐이다.

- 이리로 오라고 했는데 바로 오지 않고 딴짓하다 왔을 때도 그냥 넘어가서는 안 된다.

- 다 먹으라고 했는데 반을 남겼다면 그냥 두지 말라. 힘 빠질까 봐 혹은 갈등이 무서워서 반쯤 순종한 것을 받아들이는 것이다. 그렇게 되면 자녀들이 다음에도 동일한 행동을 할 것이다.

- 깨끗한 방에 대한 정확한 기준을 정하여 아이들이 반드시 지키게 해야 한다. 그렇지 않으면 지속해서 대충 얼버무리면서 살 것이다.

- 겸손한 마음으로 순종하는 게 아니면 참 순종이 아니고 반항의 표현일 뿐이다. 순종을 하면서도 불평과 말대꾸로 일관한다면 그들의 고집은 그대로 남아 있는 것이다.

- 부모의 명령을 두고 타협하도록 놔둔다면 협상하는 것과 다르지 않다. 결코 아이들의 고집을 꺾을 수 없다.

- 자녀들이 부모의 요구에 대충 순종해도 그냥 넘어간다는 것은, 부모가 갈등을 피하고 싶은 것이나 혹은 단순히 귀찮아서 내버려 두는 것일 수 있다. 어떤 이유에서든지 자녀들의 의지를 굴복시킬 수 없을 것이다.

7. 누가 더 고집 센지 겨루다가 부모가 지는 경우

- 누가 더 고집이 센지 겨루지 말라. 명령을 내리고 아이가 말을 듣지 않으면 그에 상응하는 결과를 주어라.

- "~때까지 거기 앉아 있으라." 말한 후 그냥 흐지부지되면 아이의 고집만 키워 줄 게 불 보듯 뻔하다.

- 아이가 징징거린다고 결국 원하는 대로 해주면 아이의 뜻대로 끌려다니게 되고 오히려 잘못된 행동에 상을 주는 것이나 다름없다. 결국 더 고집 센 아이로 자라게 하는 격이다.

- "오늘 밤에 벌써 백번이나 말했다! 자, 어서 가!"라고 말하는 것은 이미 아이에게 지고 있다는 증거다.

8. 지속적, 일관적으로 징계하지 않는 경우

- 자녀를 훈련하려면 규율과 그에 따른 결과가 지속해서 지켜져야 한다. '대충 생각날 때만 하는 징계'는 아이들에게 잘못된 행동을 저질러도 무방하다는 뜻으로 비칠 수 있다. 지속적이고 일관적으로 지켜지지 않는 규율은 때때로 지키지 않아도 된다는 말과 같기 때문이다.

- 규율과 징계를 마련해 놓고 일관적으로, 지속해서 열심히 지키지 않는 부모는 자녀의 고집만 키워 줄 뿐이다. 부모가 잊어버리기를 바라는 자녀들은 더욱더 자기 마음대로 하게 된다.

- 규율과 징계를 잘 적어 놓아야 자녀나 부모가 쉽게 잊어버리지 않는다. 잘 기록해 두기를 바란다.

9. 이기적이어도 상관하지 않는 경우

- 나눔은 매우 핵심적인 성경의 명령이므로 아이들에게 반드시 요구해야 할 덕목이다.

- 자녀들이 가진 것을 친구나 가족들에게 나누도록 가르치지 않으면 이기적인 사람으로 자랄 수밖에 없다.
- 나눔을 실천할 때 진심이 없으면 자기중심주의와 이기심을 동시에 키우게 된다.
- 가진 물건이 특별한 의미를 지녔을 때는 예외를 두어도 좋겠다.
  - 하루 뒤에나 열어 보게 되어 있는 선물은 나눌 필요가 없다. 그러나 본인이 원한다면 가능하다.
  - 뭔가 소중한 것이나 소중히 다뤄야 할 것이라면 나눌 필요가 없다.
  - 과거에 남의 물건을 함부로 다룬 적이 있는 친구와는 장난감을 굳이 함께 가지고 놀 필요는 없다.
  - 자전거나 어떤 도구들은 실용적인 물건이라 잃어버리거나 망가질 위험이 있기 때문에 예외로 한다.
  - 친구 중에 물건을 거칠게 다루는 아이와는 나누어 사용하지 않는 것이 오히려 낫다.
- 나눔은 남을 배려하는 마음을 가르치기에 가장 좋은 방법이다.
- 나눔을 강요하는 것이 목표가 되어서는 안 되고 본질적으로 남을 생각하는 마음을 키우고 이기심을 버리는 것이 중요하다.

10. 남을 배려하지 않는 경우
- 아이들이 변덕이나 욕구나 호기심으로 남의 물건을 마음대로 만지고 남의 공간에 침입하거나 방해하는 등의 행위를 그대로 두면 자기 본위의 사람으로 성장하게 된다.

- 제10장의 '존중하는 사람으로 양육하기'를 참고하기를 바란다.

11. 자아가 강해지도록 키우는 경우

- 외모를 꾸미는 것을 중요하게 강조하여 허영심을 심어 주지 말라. 외모에 대해 자꾸 언급하는 것은 좋지 않다.

- 최선을 다하라고 하면서 경쟁을 부추기지 않는다. 하나님께 영광을 돌리는 것보다 남을 이기는 것을 최우선으로 여기게 된다.

- 지나치게 칭찬하지 말라. 최고라고 계속 치켜세워 주는 행위는 자녀들의 교만을 부추긴다.

- 칭찬할 때는 바울의 방식을 사용한다. 바울 사도는 자신의 서신에서 사람들을 추켜세우지 않고 그들의 경건함[78]에 대해 하나님께 감사를 드렸다. 자녀들이 자신이 아닌 하나님께 주목하는 것이 그들의 겸손함을 유지하는 데 도움이 될 것이다.

12. 신체적으로, 감정적으로 자녀들을 학대하는 경우

- 자녀들을 감정적으로 공격하는 것은 성인이 되어서까지 지나치게 자기 집착과 자기 보호를 하게 하는 감정적인 상처를 만들어 낼 수 있다.

- 학대받은 아이들이 때때로 고분고분한 것은 자기 의지가 약하기 때문이 아니라 자신을 보호하려는 차원에서 그러는 것이다. 그들의 의지

---

78. 로마서 1:8, 고린도전서 1:4-5, 빌립보서 1:3, 고린도후서 1:3-5, 데살로니가전서 1:2-3, 2:13, 3:9, 데살로니가후서 1:3, 2:13

가 표면적으로 강하게 드러나지는 않지만, 시간이 지나 결혼생활을 할 때, 신체적으로나 정서적으로나 친밀해지기를 거부하게 된다.

13. 방어 기제에 상을 주는 경우

- 자녀의 방어 기제에 농락당하는 부모들은 자녀가 자기 행동을 책임지게 하는 데 실패할 수밖에 없고 그렇게 되면 고집을 꺾을 수가 없다.

- 제9장의 '아이들이 책임을 회피하는 모습'에서 더 다루어 보겠다.

14. 끊임없이 졸라도 가만히 두는 경우

- 부모를 들볶고 조를 때 가만히 내버려 두면 자기가 원하는 것에 대한 집착만 키워 주게 된다.

- 원하는 것을 좇는 데 쓰이는 시간과 심적 에너지는 자기중심적인 모습을 키울 뿐이다.

- 무엇이든 얻어내려고 조르는 것을 제한하지 않으면 자기 절제력을 기를 기회를 놓치게 된다.

15. 모든 지시 사항을 설명하며 정당화하는 경우

- 지혜로운 부모는 지혜로운 논증을 전수함으로써 자녀들도 지혜롭게 만들 수 있다. 그러나 모든 지시하는 바를 정당화하며 구구절절 설명하려는 태도는 자칫 그것을 반드시 해명해야 한다는 인상을 줄 수 있다.

- 그렇게 되면 자녀들은 마치 자신이 부모를 책임지고 있다고 인식하며, 체벌받게 될 때 분노를 느낄 수 있다. (제3장 안의 소제목 '자녀가 이유

를 묻지 않고 순종해야 하는 이유'를 다시 읽어 보면 좋겠다.)

16. 체벌이 효력을 보이기 전에 끝내는 경우

- 체벌 시간 동안 자기가 한 잘못에 대해 책임지게 하지 않으면 아이들은 겸손해지지 않을 것이고 마음속으로 부모가 공정하지 않다고 인식할 것이다.

- 체벌을 통해 자녀를 뉘우치게 하려다가 실패하면 그때마다 자녀는 좌절하고 고집만 늘게 된다.

- 제6장 안의 소제목 '체벌을 멈추는 시점'에 잘 나와 있다.

17. 똑같이 고집스럽게 대응하는 경우

- 자녀들은 부모를 본으로 삼고 배운다. 하나님께나 사람에게나 권위에 순복하지 않는 부모는 다른 사람의 필요보다 내가 원하는 것이 더 중요하다고 자녀들에게 가르치는 격이다.

- 자녀들은 기본적으로 부모의 말이 아닌 부모의 행동과 태도를 보고 배운다.

- 자기만족에만 빠져 있거나 화가 많거나 완고한 부모들은 아주 고집 센 아이들을 키울 수밖에 없다.

18. 모든 자녀에게 반드시 동일하게 해줘야 한다고 주장하는 경우

- 자녀들이 각각 동일한 선물을 받고 좋은 경험을 형제들과 함께 누려야 한다고 생각해서 가족의 평화를 지키고 실망감을 최소화해주려는 부

모들이 있다. 예를 들어 한 아이가 선물을 받았는데 부모가 나가서 다른 아이를 위해 동일한 물건을 사주는 경우, 언니가 친구에게 초대받았는데 동생들도 데리고 가게 하는 경우 등이다.

- 모든 것을 동일하게 해 주는 것은 받은 아이들에게 미안한 마음이 들게 한다. 반면에 동일하게 받지 못할 때는 빼앗긴 느낌이 들어 속상하거나 자기 연민에 빠질 수 있다.

- 이런 행위는 자기중심적인 모습을 키울 수 있다. 사랑한다면 다른 사람을 위해 기뻐해야 함을 가르쳐야 한다.

19. 반항하는 대로 놔두는 경우

- 반항하는 아이의 행동을 눈감아 주는 것은 그 문제를 더 곪고 더 자라게 할 뿐이다.

- 제6장 안의 소제목 '반항하는 행동이란?'을 살펴보자.

여기에서는 부모가 자기애를 조장하고 고집 센 아이로 키우게 되는 19가지의 상황을 들어 보았다. 그러나 실제로는 더 많은 예시가 있을 것이다. 지혜로운 부모는 자신의 양육 습관을 살펴서 자녀를 훈련하는 데 실수가 있었는지 찾아낼 수 있을 것이다.

8

책임감 있는
사람으로
양육하기

"맡은 바 임무를 충실히 믿음직하게 해내는 아이는 점점 성
숙해진다."

자녀양육의 목표는 자신과 자기 행동에 책임지는 아이로 키우
는 것이다. 우리는 자녀들이 자기 임무를 믿음직하게 해내고 실패
와 약점을 순순히 인정하는 정직한 사람이 되기를 바란다. 책임감
을 배우지 않고 자라나는 아이들은 성인으로서 준비되지 못하고
그들을 의지하는 모든 사람에게 실망을 가져다주게 된다.

책임감 있는 사람들의 세 가지 기본적인 속성에 대해 간단히 언
급한다.

1. 그들은 모든 것을 자기 책임이라고 여긴다.

- 자기가 쓴 것은 자기가 지불해야 한다고 느낀다.
- 다른 사람이 자기를 위해 책임져 주기를 바라지 않는다.
- 자기가 하지 않은 일에 결코 권리를 주장하지 않는다.

2. 임무를 성의껏 양심적으로 해낸다.

- 임무를 잘 수행하는 것에 큰 책임을 느낀다. 일이 끝날 때까지 멈추지 않는다.
- 진실하고 말하는 것이 신뢰할 만하다.
- 자기 훈련이 잘되어 있어서 게으름이나 욕구에 지배당하지 않는다.

3. 실수에 대한 비난을 달게 받고 타인에게 책임을 전가하지 않는다.

- 자기 행동에 대해 책임을 진다.
- 변명하지 않고 타인에게 죄를 뒤집어씌우지 않는다.
- 자신을 피해자로 여기면서 자신의 잘못된 선택에 대해 타인을 비난하는 일은 하지 않는다.
- 자신에 대한 모욕과 배려 없는 행동도 감내할 수 있다.
- 실패와 약점을 인정하는 정직함을 지녔다.

부모는 자녀들이 책임감 있게 자라기를 원하지만 때로는 지나친 사랑 때문에 그 과정을 방해하기도 한다. '헌신'이라는 미명 하에 자녀들의 행동 결과를 부모가 책임지려 한다. 매우 효과적으로 버릇없이 키우게 되는 것이다. 이런 식으로 키운 아이들은 무책임한 성인으로 자라서 누군가가 돌봐 주어야만 하는 의존적인 인간이 된다. 그리고 그 부모들은 "우리가 뭘 잘못했나? 아이들에게 행복한 어린 시절을 주려고 할 수 있는 모든 것을 했을 뿐인데."라고 말할 것이다.

정답은 분명하다. 아이들의 행복을 위해 할 수 있는 모든 것을 해줌으로써 부모들은 무책임하고 감사할 줄 모르는 사람으로 자녀들을 키우게 되는 것이다. 만족스러운 어린 시절을 만들어 주려는 시도가 책임감을 경험할 소중한 기회를 놓치게 만든다.

책임감을 갖도록 키우기

자녀들이 해야 할 일을 부모가 대신해 주지 말아야 한다.

- 더럽게 만든 것은 자기가 치운다.
- 문을 열어 두었다면 스스로 가서 닫는다.
- 불을 켜 놓았다면 자기가 가서 끈다.
- 집안일을 끝내지 못했거나 대충 끝냈을 때 제대로 될 때까지 다시 한다. 제대로 되지 않을까 봐 걱정되어도 절대 해주어서는 안 된다.
- 뭔가를 깨뜨리거나 망가뜨렸을 때 대가를 치르도록 한다. 너무 어려서 용돈이 없다면 부모를 도와 물건을 고치거나 새로 사야 할 때 부모와 함께 간다. 청소년이라면 기간을 주어 갚도록 하되 용돈 버는 일을 찾아 주지 않는다. 서둘러 수선해야 해서 부모에게 돈을 빌려야 할 때

는 잊지 말고 꼭 갚도록 한다.

- 새로운 장난감을 살 돈이 넉넉지 않을 때 부족한 부분을 내주되 갚도록 해야 한다.

- 용돈을 헤프게 썼을 때 자신의 어리석은 선택에 따른 결과대로, 즉 용돈 없이 살도록 한다.

- 운전할 나이가 되었으나 여전히 책임감 있는 행동을 보이지 않을 때 면허증 따는 일을 허락해서는 안 된다.

- 학교에서 문제가 생겼거나 잘못을 저질렀다면 자기 행동에 대가를 치러야 한다. 그런 과정 없이 아이를 위한다고 구제해주지 말라.

- 불법 약물을 사용한다면 절대 깨끗한 주삿바늘을 제공하지 말라.

- 성적으로 문란한 자녀에게 피임 대책을 마련해 주지 않는다.

- 만약 딸이 임신하였다면, 아이를 낙태시키는 것을 도와서도 허락해서도 안 된다.

과잉보호하지 않기

자녀를 애지중지하는 것은 그들이 책임져야 할 부분을 대신 책임져 줌으로써 결국은 자녀를 무능하게 만드는 것이다. 부모가 자녀를 과잉보호하는 이유는 동정심 때문이다. 그러나 그런 행위는 아이들을 무책임하고 미성숙하고 고마움을 모르며 모든 것을 당연히 여기는 사람으로 만든다. 결과적으로 과잉보호를 받고 자란 아이들 대부분은 자신이 피해자라는 생각을 가지고 성장하여 "내 문제는 다른 사람의 잘못에서 비롯되었다. 나를 구해 줄 사람이 필요하다.”는 인식으로 세상을 바라본다.

- 알람을 맞춰 놓고 잘 나이가 되었는데도 아침마다 깨워 주지 말라.
- 십 대가 되었는데도 늦게 일어나 학교 버스를 놓치면 다른 교통편, 예를 들어 버스를 타거나 도보로 가야지 차로 데려다주어서는 안 된다. 차라리 늦도록 놔두는 편이 좋다.
- 학교에 점심을 싸가야 한다는 것을 뒤늦게 말해서 준비할 시간이 없거나 잊어버렸다면 그냥 굶게 하라.
- 아이를 대신하여 숙제해주지 말라.
- 순종하되 기준에 미치지 못하게 할 때마다 또 기회를 주어선 안 된다.
  - 일을 안 하고 싶은 마음에 자기 방 청소를 대충 했는데 지적만 하고 또 기회를 줄 것을 알면 누가 처음부터 열심히 하겠는가?
  - 숙제를 미진하게 한 것이 부모가 또 기회를 주리라는 생각 때문이었을 수 있다.
- 자녀들에게 이미 약속된 집안일 지침과 행동 기준에 대해 반복적으로 말해 주지 말라.
- 임무가 무엇인지 지속해서 상기시키지 말라. 그런 것으로 인해 스스로 기억하지 못하고 의존적이 되며 독립심을 기르는 데 방해가 된다.
- 부모들은 모든 징계를 실제로 실행에 옮겨야 하고 마치 제안하는 것처럼 하면 안 된다. 예를 들어 “너 준비 안 하면 두고 갈 거야.”, “이거 안 하면 못 가.”, “사고 싶으면 네 돈으로 사라.”, “불만 있으면 먹지 마.” 등 말이다.

근본적으로는 아이들이 어리더라도 할 수 있는 모든 것에 책임을 지는 것이 기본 원칙이다.

책임감이 생겼는지 점검해 보기

다음은 게으름의 기미가 보이는 행동이다. 이런 모습이 있는지 점검해 보자.

- 해야 할 일 대신에 매일 재미있는 일을 기대한다. 즐거운 행사가 있길 바라다가 취소되면 크게 실망한다.
- 해야 할 일을 하기 꺼린다. 다른 것을 하겠다고 부모를 설득하려 한다. 일할 수 없는 이유를 댄다. 할 일의 양을 줄여 달라고 조른다.
- 할 일을 준 사람을 피해 다닌다.
- 가능한 한 적게, 느리게 일한다.
- 일하기 전에 놀면서 어떻게든 시작하는 것을 미룬다.
- 앉아서 한 손으로 한 번에 하나씩 옮기는 등 매우 비효율적으로 일한다.
- 일을 대충 한다. 끝내기 전에 그만둔다. 집중하지 않고 대충하는 둥 마는 둥 한다.
- 형제나 친구에게 대신 하라며 협상한다.
- 자꾸 쉬는 시간만 기다린다. 일찍 파한다.
- 화장실 간다, 물 마신다, 펜이 없어졌다 등 해야 할 일을 하지 않을 온갖 이유를 만들어 낸다.
- 의도적으로 천천히 일하거나 제대로 하지 않아 결국 부모가 대신 끝내

게 한다.

- 기회만 되면 누워 잔다. 엄마가 불렀는데도 계속 침대에 누워 있다.

- 누가 볼 때만 열심히 일하며, 계속 공상만 한다.

- 해야 할 일이 끝났다고 생각하고 제멋대로 가버리고, 다른 일을 더 할 것이 없는지 물어보는 일이 없다.

- 앉아서 하는 오락 같은 활동만 좋아한다. (꼭 게으름의 징후라고만은 할 수 없지만 다른 징후들과 함께라면 그렇다고 할 수 있다.)

책임감과 좋은 습관 기르기

대부분 사람이 청소년기에서 성인기로 넘어갈 때, 성인에게는 엄청난 책임이 따른다는 것을 발견하게 된다. 그러나 많은 사람이 이런 요구에 준비가 되어 있지 않아 직업과 재정과 관계 속에서 비참하게 실패한다. 부모에 의해 준비되지 않았기 때문에 자기 삶을 잘 관리할 성숙함이 부족한 것이다. 우리 자녀들이 인격적으로 성숙하지 못해 어려움을 겪고 있는 요즘의 많은 젊은이처럼 자라기를 원하는가?

20세기 이전의 전 세계 거의 대부분의 문화에서 부모들은 십 대 자녀들에게 성인이 되어 자기 인생을 책임을 질 수 있도록 훈련했다. 유사 이래로 사람들은 십 대에 결혼하고 직업을 가져 왔다. 부모들은 아이들에게 어릴 때부터 성숙함에 대해 가르쳐야 하고 인생은 책임감으로 사는 것이며 게으르게 자기만족이나 쾌락으로 사는 것이 아님을 이해하고 있었다. 아이들이 책임감을 배우는 시기가 이르면 이를수록 더 빨리 성숙해지는 것을 부모들은 알고 있었다. 우리도 그런 동일한 원칙을 아이들에게 적용할 필요가 있다.

이런 생각은 물질적으로 풍족한 미국이라는 나라에서 자란 많은 현대의 부모들에게는 마치 다른 나라의 개념처럼 여겨진다. 어린 시절은 단 한 번뿐이므로 가장 흥미롭고 즐겁게 지내야 한다고 믿는다. 어린 시절은 성인이 되기 위한 준비의 시기가 아니라 책임으로부터 자유로운 시간이라고 여긴다. 어릴 때부터 많은 것을 자녀들에게 가르치는 대신에 20대가 될 때까지 자녀들에게 자기만족을 충분히 누리라고 격려하는 것이다. 이것은 크나큰 오해이다. 이미 자신을 돌보고 남을 섬길 준비가 되었음에도 불구하고 오랫동안 자녀들을 어린애 다루듯 한다. 그들에게는 자녀들을 놀게 하기보다 책임감이 생기도록 가르치라는 제안이 공격적으로 느껴지는 것 같다. 만약 그렇다면 다시 생각하기를 바란다.

해야 할 일을 열심히 하는 윤리를 심어 주기

1. 매일, 또 매주 해야 할 집안일을 정한다.

2. 연령별로 적절한 책임을 부여한다.
- 아이들이 책임으로부터 자유로운 시기라는 생각은 버려야 한다. 오히려 책임감을 키워야 할 시기이다. 아이들은 목표가 있어야 성숙해진다. 그래야 십 대가 되었을 때 무엇을 하든 잘 해낼 수 있다. 어린 시절

은 놀기와 즐거움이 전부라고 생각하는 부모의 믿음이 미성숙한 세대
를 만들었다.

- 기본적인 원칙은 아이는 아무리 어려도 자신이 할 수 있는 모든 일에 책임을 져야 한다는 것이다. 예를 들어 15개월 된 아이는 장난감을 스스로 치울 줄 알아야 하고 7세의 아이는 자기 옷을 세탁할 정도는 되어야 한다.

3. 집안에서 하는 일은 다 엄마의 몫이라는 생각을 버리라. 아이들을 책임감 있게 훈련하는 것은 부모 모두의 몫이다.

4. 해야 할 일을 할 때, 나쁜 태도를 보인다면 그냥 눈감아 줘서는 안 된다. 아이들이 주기적으로 투덜거린다면 아직도 일하는 것을 당연한 것으로 여기지 않는 것이라 볼 수 있다. 자신의 즐거움을 중심으로 세계관을 발전시켰기 때문에, 일하는 것을 그들의 재미에 대한 방해로 간주하는 것이다. 그런 나쁜 태도는 현실에 적응하면서 개선될 것이다.

- 규칙적인 집안일을 더 많이 맡겨서 그러한 인식을 고쳐야 한다.
- 대부분의 시간 동안 불평 없이 잘해왔는데, 불평하거나 일하는 속도가 느려진다면 지나치게 일이 많아 휴식이 필요한 것이다.

5. 일을 잘 해냈을 때는 간단한 상을 주어서 앞으로 더 잘할 수 있도록 동기를 부여하라. 성경에서 말씀하길 우리가 임무를 충실

히 행한 것으로 상을 받으리라고 하셨다.[79]

- 상은 하루 중 언제라도 줄 수 있다. 예를 들어 뜨거운 여름날 몇 시간의 노동 후에 수영이나 다른 활동으로 즐겁게 해 줄 수 있다.

- 일의 정점에 달했을 때도 상을 줄 수 있다. 예를 들어 잡초를 뽑다가 놀러 나갈 수 있다.

6. 할 일을 늘리는 것은 일하는 습관을 들이는 데에 도움이 된다. 예수께서 적은 일에 충성한 사람에게 더 많은 일을 맡기신다고 가르치셨다.[80]

- 수동 잔디 깎는 기계로 일하는 아이에게 책임감 있게 열심히 일하면 전동 기계를 맡기겠다고 말하라.

- 요리하는 일을 잘 도와주면 직접 요리 할 수 있게 해 주겠다고 말하라.

7. 표어를 주고 종종 일하면서 말로 반복하게 하라. 예를 들어 "열심히! 빠르게! 멈추지 말고 더 많이!" 등이다.

8. 큰아이들이 무책임하거나 게으르면 자기 임무를 마칠 때까지 식사하지 못하게 한다.[81]

---

79. "…각각 자기가 일한 대로 자기의 상을 받으리라" 고린도전서 3:8
80. "그 주인이 이르되 잘하였도다 착하고 충성된 종아 네가 적은 일에 충성하였으매 내가 많은 것을 네게 맡기리니 네 주인의 즐거움에 참여할지어다 하고" 마태복음 25:21, 누가복음 16:10, 19:17
81. "우리가 너희와 함께 있을 때에도 너희에게 명하기를 누구든지 일하기 싫어하거든 먹지도 말게 하라 하였더니" 데살로니가후서 3:10

9. 가정을 위해 일한 것이므로 임무를 수행했더라도 돈으로 보상해서는 안 된다.[82] 동생을 돌봐 주었다고 돈을 주면 안 된다. 가족이 가족을 돌보는 일이기 때문이다. 설거지해야 하는 것은 자기도 먹은 그릇이 있기 때문이고 청소기를 돌려야 하는 것은 그 위에서 뛰어 놀았기 때문이다. 쓰레기를 버려야 함은 자기도 버렸기 때문이다. 돈을 주고 싶다면 그렇게 하라. 그러나 그들이 금전적인 보상이 필요하기 때문이 아니라 충실한 가정의 구성원이기 때문에 주는 것이다. 집안일을 한 것으로 돈을 준다면 외부에서 일꾼을 고용한 것과 같아지는 것이다.

해야 할 일을 열심히 한 결과물

대부분의 부모는 처음 일을 배울 때 투덜거리고 징징거리던 아이들이 점차 일을 잘해 내고 큰 만족감을 얻는 것을 보게 될 것이다. 열심히 일하는 것이 자기 인생의 일부분이라는 생각으로 양육된 아이들은 학교에서든 사회에서든 평균 이상은 하게 된다.

1. 우리의 기쁨은 우리가 적극적으로 남을 사랑하고 섬길 때 충만해진다.

> "내가 아버지의 계명을 지켜 그의 사랑 안에 거하는 것같이
> 너희도 내 계명을 지키면 내 사랑 안에 거하리라 내가 이것을

---

82. 누가복음 17:7-10

너희에게 이름은 내 기쁨이 너희 안에 있어 너희 기쁨을 충

만하게 하려 함이라 내 계명은 곧 내가 너희를 사랑한 것 같

이 너희도 서로 사랑하라 하는 이것이니라" (요한복음 15:10~12)

2. 우리는 '고통'을 견딜 때 성숙해진다. 힘든 일에 대한 도전은 '고
　통'이라고 할 수 있다. (히브리서 2:10, 5:8~9)

3. 청소년의 부지런함은 지속적인 열매를 맺는다.

"게으른 자는 마음으로 원하여도 얻지 못하나 부지런한 자의

마음은 풍족함을 얻느니라" (잠언 13:4)

"손을 게으르게 놀리는 자는 가난하게 되고 손이 부지런한

자는 부하게 되느니라" (잠언 10:4)

　만약 우리가 너무 방임하는 부모라면, 또는 자녀들에게 재미있
는 유년 시절을 제공하는 것을 최고의 목표로 삼았다면 자녀들은
재미와 인생의 기쁨을 동일시하게 될 것이다. 그러나 인생의 가장
큰 기쁨은 이런저런 재미가 아니라 잘 완수한 일, 좀 더 구체적으
로 말하면 남을 섬기는 일에서 온다.[83] 만약 자녀들에게 행복한 어

83.　요한복음 15:10-12 요한복음 13:34, 15:12, 요한일서 3:23, 2:8-11, 4:21, 요한이서 1:5-6, 고린
　　　도전서 9:21, 로마서 13:8-10, 야고보서 2:8

린 시절과 만족스러운 인생을 주고 싶다면 남을 사랑하고[84] 섬기는 것[85]을 가르침으로써 책임을 배우게 해야 한다.

자신을 책임지는 사람으로 양육하기

신체적, 감정적, 사회적 고통을 피하고 싶어 하는 것은 인간의 본성이다. 아담이 처음, 금단의 열매[86]를 먹게 한 하와를 비난한 이래로 인간은 자신이 저지른 실수와 잘못에 대한 책임을 타인에게 전가해 왔다. 문제에 휘말리는 것이 싫은 것이다. 결과적으로 우리 아이들도 자기가 책임져야 할 일에 대해 다른 사람이나 물건, 상황을 비난하고 있다. 그러나 자기 잘못에 대해 책임을 지는 것이 성숙함이다.

불행하게도 현대의 미국에서는 자신의 실수임에도 남에게 책임을 전가하는 경향이 있다. 아이들은 자라서 자기 모습의 결과에 대해 부모를 탓한다. 감옥에 간 범죄자들은 경찰이나 피해자를 탓한다. 간통한 사람은 아내와의 권태기 때문에 잠시 외도했을 뿐이라고 말한다. 다수의 사람은 마치 자신을 '피해자'인 체하며 자기가 한 행동을 온전히 자책하지 않는다.

우리 자녀들이 감정적으로 성숙한 사람이 되고자 한다면 자신

---

84. 요한복음 13:34, 15:12, 요한일서 3:23, 2:8-11, 4:21, 요한이서 1:5-6, 고린도전서 9:21, 로마서 13:8-10, 야고보서 2:8

85. 갈라디아서 5:13-14, 요한복음 13:14-15, 갈라디아서 6:21, 요한일서 3:16, 에베소서 5:2, 로마서 12:10

86. "아담이 이르되 하나님이 주셔서 나와 함께 있게 하신 여자 그가 그 나무 열매를 내게 주므로 내가 먹었나이다" 창세기 3:12

이 한 일에 책임을 지는 것을 부모로부터 배워야 한다. 그들에게 가장 나쁜 것은 '피해 의식'을 가지고 자라는 것이다. 그런 피해 의식은 자신의 선택과 자신이 반응한 것에 책임을 덜 지도록 할 뿐이다.

솔로몬은 이렇게 말했다. "자기의 죄를 숨기는 자는 형통하지 못하나 죄를 자복하고 버리는 자는 불쌍히 여김을 받으리라."[87] 달리 말하면, 자기 실패를 인정하는 사람들은 자비를 누리지만, 자기 행동이나 반응에 대한 책임을 부인하는 사람들은 감정적으로나 영적으로 파산을 거두게 된다.

피해 의식이란 무엇인가?[88]

성숙한 사람은 자기를 정당화하기 위해 남을 탓하며 자신을 '피해자'로 생각하는 행동을 하지 않는다. 자녀들이 그런 사람으로 자라기를 원한다면 진짜 피해자와 가짜 피해자가 어떻게 다른지, 온전한 피해자인지 부분적인 피해자인지를 구분할 수 있어야 한다.

온전히 피해자인 경우는 수동적으로 해를 당한 사람이다. 고통스러운 상황의 원인을 자신이 제공하지 않았고 그 결과를 제어할 능력이 없는 사람이다. 온전히 피해자인 사람들은 전혀 죄가 없다. 어린 시절의 학대나 가정 폭력, 강간, 혹은 다른 종류의 폭행 등을 당한 사람들이 이 범주에 든다. 유전적으로 어떤 질병에 노

---

87. 잠언 28:13
88. 다음의 내용은 내가 쓴 책 『허용적 양육의 맹점Born Liberal, Raised Right』(WND Books, 2008)의 제 8장에서 부분적으로 발췌하였음.

출된 사람들, 음주운전의 피해자들, 태아 상태에서 에이즈에 걸린 사람들도 포함된다. 이런 종류의 사람들이 진짜 피해자들이고 그들은 논란의 여지 없이 배려와 자비를 받아야 한다.

부분적으로 피해자인 경우는 가벼운 사고를 겪었거나 어떤 상황으로 다소간에 손실을 보았지만 죄가 전혀 없는 것은 아니다. 비록 수동적인 반응이었더라도 어느 정도는 자기가 당한 일에 원인을 제공한 사람이다. 폐암이 생긴 흡연자, 운동 중에 다친 선수, 성병에 걸린 매춘부 등이 이 범주에 속한다. 징역형을 사는 범죄자, 성적으로 문란한 십 대 미혼모, 노숙자들, 성적이 나쁜 학생들, 충치가 생긴 당 중독자들, 학교폭력의 가해자들이 여기에 속한다. 그들 또한 동정심과 배려를 받아야 하겠지만 어떤 면에서는 자기 선택으로 인한 피해자들이고 자신이 심은 대로 거둔 상황이라고 볼수 있다. 부분적으로 피해자인 사람들이 대부분 피해의식을 가지고 다음의 세 가지의 시각에 사로잡힌다.

1. 내가 일으킨 문제에 대해 타인이 책임을 져야 한다.
2. 누군가가 나를 고난에서 구해 주어야 한다.
3. 내가 남들에게 한 반응에 대해서도 그들이 책임져야 한다.
이 세 가지 시각에 대해 각각 더 깊이 살펴보자.

1. 내가 일으킨 문제에 대해 타인이 책임을 져야 한다.
피해 의식이 있는 사람들은 자기가 그런 상황을 만들었다는 것을 간과해버린다. 그리고는 다른 사람이나 상황을 탓하며 자기가 한 일에 대해 책임이 있다고 생각한다. 많은 핑곗거리를 대고 변명과 정당화로 죄책감을 걷어낸다. 이렇게 책임을 전가하면서 자기가 일으킨 문제에 죄가 없는 사람들을 비난할 수 있다. 자신을 피해자라고 생각하면서 자신의 어리석음이나 잘못된 행동에 대한 대가를 치르게 된다면 그 일을 고자질하거나 바로잡으려 한 사람을 또 비난할 것이다. 예를 들어,

- 빌리는 가족들이 디저트로 먹으려 했던 쿠키를 몰래 가져가 버렸다. 그런데 그 일을 가족들에게 알린 여동생을 탓한다.
- 사라는 아기 울음소리에 깜짝 놀라 아이스크림을 떨어뜨렸다며 아기에게 화를 낸다.
- 조니는 여동생의 일기장에 나쁜 그림을 그리다가 들켰지만, 여동생이 일기장을 아무 데나 두었기 때문이라며 여동생 책임으로 돌린다.

2. 누군가가 나를 고난에서 구해 주어야 한다.

피해 의식이 있는 사람들은 자기 행동에 대해 대가를 치르며 살아야 할 필요가 없다고 생각한다. 스스로 야기한 문제들에 대해 남들에게 책임을 전가하기 때문에 남들이 자신을 구해 줄 의무가 있다고 생각하는 것이다. 적어도, 그들은 마음속으로 감사할 줄 모르고 무엇이든 당연하다고 여기며 자기 상황이나 자기가 겪은 어려움 때문에 특별한 대우를 받아야 한다고 믿는다. 심지어 완전히 자기 책임인 경우에도 '모든 사람이 내게 빚졌다'는 잘못된 생각으로 자기 연민에 빠지는 것을 여러 번 본 적이 있다. 예를 들어,

- 놀이동산에 가려고 모아 둔 돈을 사탕 사 먹는데 다 써버리고서는 막상 가는 날 부모님이 돈을 안 준다고 화를 낸다.
- 부모의 경고에도 불구하고 밤늦게 찻길에 자전거를 두고 와서 결국 잃어버렸다. 그러고는 다시 자전거를 사줄 것을 기대하고 있다.
- 창문을 깨서 변상해야 하지만, 아직 7세밖에 안 되었으니 부모님이 고쳐 줄 거로 생각하고 생일에 받은 용돈을 사용하지 않으려 한다.
- 친구의 장난감을 망가뜨려 놓고도 부모가 새로 사 주기를 기대한다. 16세가 되어서는 주차위반 벌금을 당연히 부모가 대신 내주는 것으로 여긴다. 성인이 되어서는 정부가 약물 습관을 위해 깨끗한 주사기와 무료 콘돔을 지급해야하고 낙태까지 무료로 하게 해주어야 한다고 요구할 것이다. 왜냐하면 부모가 아이들에게 잘못된 선택에 대한 대가를 치르도록 가르치지 않았기 때문이다.

3. 내가 남들에게 한 반응에 대해서도 그들이 책임져야 한다.

'피해'라는 개념은 내가 나를 스스로 제어할 수 없다는 인식, 즉 내가 누구인지 내가 어떻게 반응하는지는 상대방이나 상황에 따라 결정된다는 생각에 기초하고 있다. 나는 나 자신에게 영향을 주는 사람들이나 상황에 좌우된다고 생각한다. 그러므로 나는 내 안에서 일어나는 반응에 대한 책임을 그들에게 전가할 수밖에 없는 것이다. '피해자'라는 의식은 우리 모두 안에 깊이 뿌리 박혀 있고 우리 시대에 명백하게 드러나고 있다. 다음의 구절을 읽으며 피해자라는 생각이 어떤 것인지 살펴보자.

"내가 그럴 수밖에 없게 만든 게 누군데?"

"나한테 무슨 짓을 했는지 안 보여?"

"그런 짓 안 했으면 내가 그럴 리가 없었지!"

그렇다. 이런 말들은 자기 선택으로 피해자가 된 것이 아닌, 죄 없는 사람들의 입에서 나올 말들이다. 그러나 우리와 우리 자녀들은 자신이 한 일에 대해 남을 비난하고 싶을 때 생각보다 더 자주 이런 말들을 한다. 사실은 그들이 하는 행동에 대해 우리가 옳게 반응하지 못했기 때문이므로 남을 비난해서는 안 되는 것이다. 우리 각자는 우리가 한 반응에 책임을 져야 한다.

자녀들이 성숙해지기를 원한다면 다른 사람의 부정적인 행동을 견뎌내면서 여전히 선하게 반응해야 한다는 것을 가르쳐야 한다. 자녀들은 자신의 반응에 책임을 져야 한다. 예수께서 "그러나 너희 듣는 자에게 내가 이르노니 너희 원수를 사랑하며 너희를 미워하는 자를 선대하며 너희를 저주하는 자를 위하여 축복하며 너희를 모욕하는 자를 위하여 기도하라 너의 이 뺨을 치는 자에게 저 뺨도 돌려대며 네 겉옷을 빼앗는 자에게 속옷도 거절하지 말라 네게 구하는 자에게 주며 네 것을 가져가는 자에게 다시 달라 하지 말며"[89] 라고 가르치실 때 하신 말씀과 일맥상통하는 것이다.

불행하게도 우리 역시 제대로 배우지 못했기 때문에 자녀들이 선하게 반응하도록 잘 가르쳐 줄 수가 없다. 우리도 우리 자신을

---

89. 누가복음 6:27-30

정당화하고 우리를 힘들게 하는 사람들을 향해 적개심을 보인다. 나의 실수나 내가 한 선택으로 인해 나쁜 결과를 거둘 때 책임이 없는 사람을 비난하기도 한다. 솔로몬이 이르기를 "사람이 미련하므로 자기 길을 굽게 하고 마음으로 여호와를 원망하느니라"[90] 라고 했다. 그렇다. 우리는 우리가 저지른 문제들에 대해 심지어 하나님을 비난하기도 한다. 자녀들이 성숙해지도록 돕기 위해 우리는 선택하고 결정한 바의 결과에 대해 책임져야 한다는 것을 인정해야 한다. 우리는 어떤 불쾌한 일이 있든지 항상 믿는 사람답게 반응해야 할 것이다.

자기 삶을 책임지도록 도우라

1. 부모가 먼저 책임감이 있고 능동적인 삶[91]의 본이 되어야 한다. 그렇지 않으면 자녀들에게 하는 모든 가르침과 교정은 그저 공허한 말 잔치에 불과하다. 자신이 잘못하고는 남을 탓하는 말을 자녀들 앞에서 한 적은 없는가? 실수해 놓고 다른 데에 화풀이하는 것을 보인 적은 없는가?

2. 다음 장을 읽고 자녀들의 방어 기제가 어떠한지 살펴보라. 그들이 자기 행동에 책임을 질 수 있도록 시작하라. 다음 장을 읽으

---

90. 잠언 19:3
91. 요한복음 13:15, 고린도전서 4:16, 11:1, 빌립보서 3:17, 데살로니가후서 3:7, 디모데전서 4:12, 디도서 2:7, 히브리서 6:12, 13:7, 베드로전서 2:21, 5:3

면서 자신에게 책임을 회피하는 모습이 있는지 하나님께 알려 달라고 기도하라. 우리는 자기 잘못과 나쁜 버릇에 눈을 감는 버릇이 있기 때문에 하나님께서 우리 눈을 열어 주셔야만 한다. 솔로몬이 말하기를 "사람의 행위가 자기 보기에는 모두 깨끗하여도 여호와는 심령을 감찰하시느니라"[92] 라고 했다.

책임에 눈을 감는 문제는 특별히 정신 건강과 관련이 있다. 정서적으로 불안정한 사람들이 주로 책임에 대해 부적절한 시각을 가지고 있다는 것이다. 자기 상황을 두고 타인을 비난하는 경향이 있는 사람들은 자기 삶에 책임을 통감하기 시작할 때야 비로소 마음이 회복되기 시작한다.

3. 자녀들에게 기분 나쁘게 하는 친구가 생길 때마다 야단을 치거나 모든 일을 공정하게 처리하려고 개입하는 등 아이를 구해 내려고 하지 말라. 대신에 사랑의 눈으로 그 친구를 바라보도록 도와야 할 것이다. 기분 나쁘게 하는 사람들에게서 지속해서 구해 주면 아이들은 사회 적응력이 떨어지고 자비나 특별한 보호를 받아야 하는 피해자로서 자신을 인식하는 경향이 생긴다. 현대 문명을 물들이고 있는 '정치적 올바름'[93]이란 개념은

---

92. 잠언 16:2a
93. '정치적 올바름(Political Correctness, PC)'은 사회적 약자와 소수자에 대한 차별적 언어 사용이나 활동에 저항해 그것을 바로잡으려는 운동이나 철학을 가리킨다. 그러나 PC가 오히려 역차별을 불러일으킨다는 지적도 적지 않다. PC운동이 애초에 '인간에 대한 예의'에서 출발한 것임에도 자신과 다른 의견을 가진 사람들에게는 너무나 거친 비판을 퍼부으며 예의를 지키지 않는 자기모순이 드러나고 있다.

어린 시절 내내 키워야 할 사회 적응력의 부족에서 기인한다. 요즘은 자신에 대한 나쁜 평판을 견뎌내지 못하는 사람들이 너무 많다.[94]

4. 자녀들에게 책임감을 가르치기 위해 우리는 그들이 남에게 손해를 끼친 일에 적절히 배상하도록 해야 한다. 이것은 자신의 잘못된 행동으로 누구든 피해를 보면 배상해야 한다는 뜻이다. 배상에는 세탁, 수선 혹은 무엇이든 분실되거나 망가진 것을 되돌리는 행위가 포함된다.[95]

자녀들이 자기 행동에 배상할 때 적절한 사과를 하여 피해 본 사람의 기분을 풀어 주어야 한다. 그러나 예를 들어 "친 건 미안한데 네가 좀 바보 같아서 그랬어."라고 하면 안 된다. '바보 같아서'라는 말은 절대 써서는 안 되는 말이고 누구에게든 폭력으로 대응하는 것도 절대 있어서는 안 되는 일임을 분명히 짚고 넘어가야 한다. 자기감정 절제는 성숙함의 척도이다.

5. 체벌 시간은 자녀들의 책임감이 시험대에 오르는 아주 좋은 시간이다. 임박한 체벌 상황에 맞닥뜨리면 그들은 자기 잘못을 무마하거나 최소화하려는 생각이 들 것이다. 그 시간에 부모들은 다음을 주목할 필요가 있다.

---

94. "미련한 자는 당장 분노를 나타내거니와 슬기로운 자는 수욕을 참느니라" 잠언 12:16
95. "미련한 자는 죄를 심상히 여겨도…" 잠언 14:9

- 자기가 한 일을 분명히 알도록 한다. 자신의 선택이 이러한 결과를 불러왔음을 강조해야 한다. 그가 한 일은 그의 잘못이다. "네 동생이 너한테 잘못한 것도 알고 있지만 그렇다고 그 아이의 햄스터를 파랗게 칠하는 게 옳았다고 생각하니?" 혹은 "가족의 디저트를 몰래 가져가서 혼자 먹는 게 합당하니? 그렇게 행동한 사람에게는 어떤 결과가 있어야 할까?"라고 물어볼 수도 있겠다.

- 잘못된 행동에 변명이나 정당화는 불가하다. "왜 그런 짓을 했니?" 등을 물으면서 변명할 여지를 주지 말라. 나쁜 짓을 하는데 무슨 이유가 있겠는가?

- 다른 사람을 연루시키지 못하게 하라. 그들의 행동에 대해 다른 사람을 비난하지 못하게 하라. 잘못된 행동을 하기로 마음먹은 이상 그 누구의 잘못이 아닌 본인의 잘못임을 분명히 알게 해야 한다. 다른 사람에 대해서는 따로 알아서 처리할 것을 분명히 하라.

- 문제를 다루는 과정에서 부모의 잘못을 지적하는 행위 또한 체벌하라. 부모의 잘못을 운운하는 태도는 그대로 두어서는 안 된다.

자기 자신과 자기 행동, 그리고 자기가 내린 반응에 대해 책임질 줄 아는 아이들은 성숙해지고 있다.

9

아이들이
책임을
회피하는 모습

"책임을 받아들일 줄 아는 10세의 아이는 다른 사람을 비난
하는 50세의 성인보다 여러 면에서 훨씬 더 성숙하다."

성숙함의 척도 중 하나는 자신과 자기 행동에 대해 책임을 지는
능력에 있다. 그래서 우리가 자녀를 훈련한다고 하면서도 자녀들
이 잘못된 행동에 책임을 지게 하지 않는다면 훈련 자체가 소용없
고 도리어 해가 될 수 있다. 자녀들이 자신에 대해 책임질 수 있도
록 하기 위해 그들이 부모를 속이는 방법과 술책을 알 필요가 있
다. 다음은 아이나 어른이나 할 것 없이 동일하게 사용하는 회피
의 방법들을 수년에 걸쳐 작성한 목록이다. 아이들의 행동을 반추

하며 이 목록을 읽어 보면서 자녀들의 방어기제에 속지 말고 실제 생활에 적용하기를 바란다.

아이들이 책임을 회피하는 방법

1. 부인

본인이 문제를 일으킨 것을 알고도 의도적으로 부인하는 행위. 거짓말을 양산하는 자기기만의 위험한 형태이다. "내 잘못이 절대 아니다."라고 말한다. 방어기제의 뿌리에서 나오는 부인인 경우도 있다.

2. 합리화

변명과 정당화를 함으로써 행동에 대한 온전한 책임을 회피하는 행위. 자기 행동을 합리화하는 경향이 있는 사람들은 지나친 논리를 사용해 오히려 자신을 기만할 때가 있으며 자기가 오해받고 있다고 여긴다.

3. 부분적 고백

잘못된 일이 벌어진 것을 인정하지만 자기 책임을 신경 쓰지 않거나 회피하는 식으로 말하는 행위. 예를 들어 "전등을 내가 깼다."고 하기보다 "전등이 깨졌다."고 말하는 식이다. 아이들이 문제를 일으킨 상황을 마주했을 때 그들이 실수나 잘못을 명확히 고백함으로써 책임을 지도록 가르치는 것이 매우 중요하다.

4. 불신

부모와의 대치 상황을 무시하고 마음속으로 부모의 흠을 찾으며 불신하는 행위. 예를 들어 '그까짓 걸로 야단치는 거야? 자기는 잘하나? 똑같이 하면서 뭘' 하는 식이다. 이런 태도는 부모가 다른 사람에게 하는 것을 보고 배운 것이다.

5. 책임 전가

다른 사람이나 상황 탓을 하면서 책임을 모면하려는 행위. 아담이 하와를 주신 하나님을 비난함으로써[96] 처음 시작하였다. 자기 실수와 실패에 대해 다른 사람에게 책임을 전가하는 아이들은 '모두가 나한테 빚졌다'는 생각을 발전시킬 수 있다. 예를 들어 "내 삶에서 잘못되는 것은 무엇이든 내 책임이 절대 아니다. 다 남의 잘못이다."라고 말한다. 온 세상이 자신에게 빚졌다고 느끼는 사람들은 자신의 어려운 상황에 대해 다른 사람에게 죄책감이나 책임감을 느끼게 만드는 '감정 조종'의 방법을 사용할 수 있다. 그들은 심지어 자기를 책임져 주지 않는 사람들에게 분노하는 뻔뻔함을 가지고 있고 이유 없이 받은 도움에도 전혀 만족하는 법이 없다. 받은 은혜에도 감사할 줄 모른다.

---

96. 창세기 3:12

6. 죄책감 나누기

비난을 감수하되 할 수 있는 한 많은 사람이 연루되었음을 보여주는 행위. 더 많은 사람이 죄가 있다고 할수록 한 사람에게 시선이 덜 집중되기 때문이다. 자신은 다수 중 하나일 뿐이다. 남을 위해 자백을 하는 사람들은 자신이 매우 협조적이었으니 책임은 덜지고 관대히 처분받기를 바란다.

7. 회피

그들의 행위에 대해 알게 된 부모나 다른 사람들로부터 거리를 두는 행위. 예를 들어 집에 일부러 늦게 들어오거나 친구 집에 있으려고 구실을 찾거나 다른 교회로 옮기자고 간청하는 등이 그 예이다.

8. 축소

책임을 인정하지만 일으킨 문제의 중요성이나 심각성을 대단치 않게 여기는 행위. 예를 들어 "맞아요. 하지만 그게 그렇게 나쁜 짓은 아니잖아요."라고 말한다.

9. 감정 조종하기

부모의 취약한 감정과 불안정한 부분을 조종함으로써 부모를 제어하려는 시도.

● 풀 죽은 체하기

혼자 방에 들어가거나 묵비권을 행사함으로써 부모가 죄책감을 느끼게 하여 조종하려고 한다. 부루퉁하고 입을 삐죽거리는 것은 부모를 통제하고 징계에 영향을 끼치고자 하는 시도이다.

● 애교로 무마하기

자신이 귀여운 걸 아는 아이들은 자신의 귀여움을 이용하여 부모의 화를 풀어 보려고 한다. 이러한 귀여움은 타이밍이 좋은 애정 표현도 포함된다. 많은 부주의한 부모들은 그런 식으로 아이가 책임을 회피할 수 있도록 가르쳐 왔다고 보면 된다.

● 징징거리기

많은 아이가 계속 징징거리면서 감정적으로 부모를 지치게 하여 조종하는 경우가 있다. 그러다가 종국에는 부모가 아이의 의지에 굴복하게 된다.

● 감정 폭발

자지러지게 우는 것은 다음의 두 가지 모습으로 부모를 조종할 수 있다.

첫째, 눈물은 부모에게 동정심과 죄책감을 불러일으킬 수 있고 더는 대립할 수 없게 만든다. 그러고 나면 울고 있는 아이의 상처받고 낙담한 상태에 집중하게 된다. 이런 기술이 제대로 먹히면 부모는 심지어 사과까지 하게 된다.

둘째, 눈물은 징벌을 거부하는 아이를 속일 수 있다. 징벌에 대한 스트레스에 집착해서 책임감 따위에 더는 관심이 없게 된다. 이러한 자기 연민의 형태는 많은 사람에게 전형적인 방어기제가 될 수 있는데, 부모들이 일찍이 깨뜨려 주지 않으면 아이들 안에 고착되어서 지적이나 꾸지람을 듣지 못하는 성인으로 자라게 된다.

● 도망치기

부모의 정서적인 불안정함을 가지고 놀며 갑자기 대화하다가 자기 방으로 가버린다. 그러고는 줄다리기하며 "정말 사랑한다면 그렇게 해주세요." 한다든가 "진짜 그렇게 하셨네요. 상처받았어요!" 하는 것이다. 이럴 때도 잘하면 결국 부모의 사과를 받아낸다. (때때로 아이가 정말로 상처를 입어 무례히 도망칠 수도 있다. 성급히 판단하지 않도록 주의해야 한다.)

● 위협하기

무의식적으로 자신을 집안의 통치자라고 여기는 아이는 부모가 자기 의지를 관철하려는 태도를 갖는 데에 화가 날 것이다. 짜증을 부리고 분노를 표출하거나 신경질적인 분위기를 조성함으로써 아이는 정서적으로 불안정한 부모의 심리를 불안하게 만들 수 있다. 부모는 아이의 애정을 잃을까 두려워 타협하고 권위를 버린 채 자기도 모르게 아이의 집안 통제권을 유지한다. 아이의 분노는 갈등을 싫어하는 부모나 자녀를 노엽게 만들었다고 잘못 생각하는 부모에게 위협이 될 수 있다.

일단 수긍하기

어떤 아이들은 긴장감이나 갈등이 싫어서 부모가 하는 모든 말에 수긍하는 경우가 있다. 그러나 실상은 겉으로만 수긍하는 것이고 부모의 의견을 들어주어 긴장을 누그러뜨리고 대립을 끝내려는 것이다. 이렇게 하는 아이는 마음속에 분노가 남아 있고 부당하게 지적받았다는 느낌이 들 것이다.

가짜 겸손

대립하는 중에 아이는 자신의 잘못을 인정하면서 부모의 동정심과 자비를 불러일으키려는 의도로 자신에 대해 구구절절 자책한다. 그렇게 오히려 자신을 낮추는 행위로 인해 부모는 "그렇게 심하게 말하지 말아라. 그 정도로 잘못한 건 아니야."라고 말하게 되므로 자기 잘못을 축소할 수 있다.

착한 행실로 덮기

어떤 아이들은 잘못한 일을 덮으려고 착한 일을 한다. 그러고는 겸손히 용서를 구하지 않고 은근슬쩍 넘어간다. 예를 들어 꽃을 주워 오거나 그림을 그려 선물로 주거나 조용히 와서 껴안아 주거나 하는 등이다. 애정으로 조종하려는 이런 행동은 잘못에 대한 책임을 회피하는 것이고 고백과 회개가 동반되는 진정한 애정의 행동과 혼동해서는 안 된다.

10. 주제 전환하기

대화 주제를 전환함으로써 대화에서 빠져나가려고 하는 행위. 다음은 아이들이 초점을 돌리기 위해 사용하는 전형적인 방법들이다.

● 부모의 잘못 찾기

부모의 잘못을 지적한다. 그렇게 하여 방어할 거리를 찾는다면 자신이 아닌 부모에게 시선이 맞춰진다. 이 또한 아주 효과적인 책임 전가와 감정 조종의 방법이다.

● 아양 떨기

자기보다 부모에게 관심을 돌리기 위하여 여러 가지 말로 부모에게 아양을 떤다. 이러한 사탕발림은 부모를 기분 좋게 만들기 때문에 징계를 가볍게 할 수 있을 것이다.

● 당황하게 만들기

공공장소에서 뭔가 일을 벌임으로써 많은 아이는 대화의 초점을 바꾼다. 이런 일은 보통 분노나 울음이나 고성을 포함한 감정적인 분출을 수반한다.

● 이간질하기

아이가 엄마와 아빠 사이에서 이간질하면 둘의 갈등 사이에서 관심을 분산시킬 수 있고 그렇게 하면 자신이 맞닥뜨린 징계를 약화할 수 있다.

● 주제 전환하기

전혀 관련 없는 주제로 전환하는 행위. 관련 없는 질문을 던지거나 새로운 주제를 꺼낸다. 여기에는 이미 말한 것을 쓸데없이 꼬치꼬치 캐물어서 의도적으로 잘못 해석하도록 하는 행위도 포함된다.

● 가짜로 고백하기

부모가 청소년 자녀의 개인적인 문제의 근본 원인을 지나치게 면밀히 규명하려고 할 때 아이는 거짓 자백을 할 수 있다. 자신이 실제로 지은 잘못이 아닌, 관련이 없거나 사회적으로 덜 민감한 잘못을 인정함으로써 부모를 궤도에서 벗어나게 하고 자기 방식대로 계속할 수 있게 된다. 그의 고백은 부모가 볼 때 겸손해 보이기까지 할 수 있다.

11. 면죄부 받기

많은 아이가 허약함이나 신체적 장애가 있으면 자기 행동에 대한 면죄부를 받을 수 있음을 일찍부터 깨닫게 된다. 그래서 자신의 약함을 핑계로 스스로 책임을 면제시키고 은연중에 남에게 면죄부를 요구한다. 자기 연민은 본질적으로 맹목적이기 때문에 그런 사실을 깨닫지 못할 뿐이다. 그들은 허약함을 오히려 즐기거나 일부러 문제를 만들어 주변 사람들이 더 참아 주고 그들의 잘못된 행동을 이해할 수밖에 없도록 만든다.

● 질병

질병에 걸렸을 때 사람들이 관대해지는 것을 보고 종종 꾀병을 부리는 수도 있다. 부모나 다른 사람들이 책임을 충분히 면제해 주지 않으면 그들은 자기 연민에 빠져서 부당하게 대우받았다고 믿는다. 이러한 면책 특권을 어린 시절에 제지하지 않으면 성장한 뒤에 이런저런 심리적 장애를 가질 수 있다.

● 피로, 배고픔, 잦은 분노

시간이 늦어서 그렇다는 둥, 낮잠을 못 자서 그렇다는 둥 아이들의 잘못된 행동에 변명해 주는 부모들이 많다. 이런 행동은 아이들에게 항상 자제력을 발휘할 필요가 없다는 메시지를 주게 된다. 자기 행동에 대해 이유를 달아 주는 부모의 말을 들으면 아이들은 졸린 척하거나 배고픈 척하며 변명 거리를 찾게 될 것이다.

● 신체적 상해

아이가 다치면 우리는 동정심으로 반응하고 더 큰 요구를 할 수 없다. 그런데 크든 작든 다친 상황을 책임을 면제 받는 데에 사용하는 아이들도 있다. 이러한 전략은 다른 아이와의 다툼 중에 자신이 책임져야 할 부분이 있을 때, 책임을 피하는 데 특히 효과적이다. 부모들이여, 생각해 보라. 잘못을 저지른 아이를 데리러 가서 대면했을 때, 갑자기 불쌍한 얼굴을 하고서 전에 다친 자국을 가리키며 "나 다쳤어요." 하지 않던가?

● 정신적 상처

신체적인 상해를 입은 아이들이 신체적 징벌이 면제됨과 마찬가지로, 자신을 정신적으로 상처받은 피해자로 인식하는 아이들은 영적으로 사회적으로 자기 역할과 책임을 면제 받을 수 있다. 정신적으로 받은 상처도 고통이기 때문에 예수께서는 우리에게 상처 준 사람들에게 분노나 미운 마음을 계속 품으면 안 된다고 하셨다. 상처받았다는 말 한마디로 미워하고 용서하지 못하는 마음을 정당화할 수는 없는 법이다.

그리스도께서는 그분의 백성들이 이 세상에서 신체적, 정신적 학대로부터 자유롭지 않음을 걱정하시고 우리에게 상처 주는 사람들을 사랑하고 축복하고 기도해 주라고 명령하셨다. 그리스도께서 그분을 핍박한 자들을 사랑하고 용서하신 것처럼 우리도 언제나 사랑하고 용서하라고 부르셨다. 우리 자녀들 역시 이 점에서 동일하다. (이 지점에서 짚고 넘어가고 싶은 점은 용서할 필요성에 대해 아이에게 말하기 전에 먼저 그들을 불쌍히 여기는 마음을

갖도록 해야 한다는 것이다.)[97]

● 거부감

부모가 가장 보기 힘든 광경 중 하나는 자녀가 친구들에게 상처 받아 울 때다. 부모의 위로는 마음 아픈 아이에게 효과가 있고 적절한 치료제가 되어 준다.

그러나 아이 중에는 매우 자기중심적이어서 관계를 개선하는 것이 힘든 아이들도 있다. 부모들은 그런 자기중심적인 아이들에게 친구 관계에 필요한 배려심을 가르치는데 소홀히 했는지 살펴 봐야 할 것이다. 거절감과 자기 연민 속에서 딩굴게 내버려 두면 자신을 책임지도록 훈련할 수 없고 사회적으로 성숙함이 결여되어 종국에는 자신이 핍박당했다는 미묘한 콤플렉스에 시달릴 수 있다.

● 수줍음

조금 내성적인 아이는 자신의 수줍음을 불편한 사회적 상황에서 벗어날 변명 거리로 삼는 경우가 있다. 예를 들어 그들이 어른의 인사에 대답을 안 하거나 부모의 다리 뒤에 숨을 경우, 혹은 전화할 만큼 나이가 들었는데도 상점에 대신 전화해서 물어봐 달라고 하는 경우, 다른 사람에게 잘못한 것에 사과하지 않는 경우 등

---

97. 로마서 12:15

이다. 조용한 성격을 가졌더라도 그것이 좋지 않은 매너와 그에 따르는 불쾌함에 대한 변명 거리가 될 수는 없다. 성인들과 마찬가지로 아이들 역시 유쾌하지 않은 임무를 대면할 때, 자신이 편안한 것보다는 타인을 배려하는 방향으로 행동해야 할 것이다.[98]

● 표식 달기

신체적 결함이나 자신을 통제하는 데 영향을 끼치는 화학적 부조화를 가지고 태어나거나 후천적으로 그렇게 된 아이들도 꽤 많다. 이러한 정서적 장애는 학습 장애, 집중력 결핍 장애(ADD 과잉행동 장애), 자폐 등을 포함한다. 이러한 상황이 현실적이고 무기력하지만, 어떤 아이들은 그러한 꼬리표를 유리하게 이용한다. 그들은 부모가 자신의 잘못된 행동에 대해 다른 사람들에게 변명하는 것을 듣고 자신들의 상황이 다른 사람들에게 요구되는 행동 기준에서 배제될 수 있음을 알고 행동하게 된다. 그들이 순종하지 않거나 규칙 위반을 저지를 때마다 그들은 "알다시피 나는 집중력 결핍 장애니까." 혹은 "오늘 아침 약을 안 먹어서 그래."라고 말할 수 있다.

12. 선택적으로 듣기

원하는 것만 듣거나 기억한다. 논의할 때, 대립할 때, 충고할 때

---

98. 빌립보서 2:3

분명히 말을 해도 어떤 아이들은 유리한 것만 주워듣는다. 그들은 구절을 곡해하거나 문맥에서 벗어난 채로 받아들여 나중에 자기 행동을 정당화하면서 자기 편의대로 해석하고 자기 행동에 대해 부모를 비난한다.

선택적으로 듣는 행위는 아이가 동생과 화해한 이후에 동생에게 적용되는 부분만 기억하는 것이다. 그는 정말 잘못 들었을 수 있고, 혹은 대립을 무마하려고 변명하기 위해 들은 것을 잘못 기술할 수도 있다. 그는 심지어 부루퉁하거나 눈물을 흘리거나 분노하는 등의 감정 분출이나 자기 연민을 위한 변명 거리로 사실관계를 잘못 해석할 수 있다.

13. 귀 막기

선택적으로 들은 것과 관련하여 이미 말한 바에 대해 단호하게 저항하며 거부하는 태도이다. 이러한 경우에 아이는 자신이 믿는 바나 경험에 반한 것이라면 무엇이든 듣거나 고려하기를 거부한다. 작심한 상태이든 마음이 굳을 대로 굳어졌든 간에 잘못되었다는 말에 대한 고려 자체를 하지 않는다. 그렇게 귀를 막은 아이들은 아예 듣지 못한 것처럼 반응한다. 너무 많은 생각이 드는 것이다. 부모가 한 말은 타당성이 있어서 인정하지 않을 수 없지만, 그것을 인정하는 순간 변화해야 함을 알고 있다. 무의식적으로 부모에게는 동의하나 변화하고 싶지 않기 때문에 죄책감이 들까 봐 인정하지 않는다.

14. 자기 연민

자신에 대해 불쌍히 여기는 마음은 압박받고 손해 입은 자신의 상황에 주목함으로써 책임감에서 벗어날 변명 거리가 된다. 자기 연민을 이용하는 아이들은 자신이 받은 불공정한 처분에 상처받아 자신을 소진한다. 그들이 책임져야 할 사람들에게 모진 마음, 용서하지 않은 마음을 품는 것은 흔한 일이다. 자기 연민을 방어 기제로 사용하는 사람은 연민을 구걸하기 위해 토라지고, 삐치고, 칭얼거리기 쉽다. 그들은 누구든 들어줄 사람이 생기면 자기 이야기를 늘어놓는 일이 잦다. 동정받거나 자기편으로 만들고 싶기 때문이다. 자기 연민은 거부하기, 죄 전가, 합리화, 감정 조종하기, 주제 전환하기, 선택적으로 듣기, 면죄부 받기 등의 원인이 될 수 있다. 자기 연민을 가진 아이는 직접 호소함으로써 동정을 얻어내려 하는 일이 드물지만 그들의 태도는 "나 불쌍해 보이지 않아? 나한테 일어난 일이 전혀 내 책임이 아니야, 나는 피해자일 뿐이야. 나를 동정해 줘."라고 말하는 듯 보인다. 자기 연민에 속은 부모들은 아이를 불쌍히 여기기 때문에 해야 할 궤도 수정을 보류하고 만다.

※주의할 사항

책임에서 벗어나기 위한 방어기제들을 파악한 후, 부모들은 자녀들이 하는 모든 것을 의심의 눈초리로 보려고 할 수 있다. 동정심을 부르는 눈물이든 무엇이든 불신을 가지고 바라보게 된다. 그러나 그런 자동적인 불신 또한 좋지 않다.

부모들이여, 새로운 정보가 자식을 향한 본능적인 동정심을 가리지 않도록 주의하길 바란다. "나를 속이려 들지 마라. 난 네 머리 꼭대기에 있어."라고 생각하고 있는지 살펴보라. 그렇다면 균형이 무너진 것이다. 혹여 자녀를 노엽게 할까 두렵다.

예수께서 우리에게 "뱀 같이 지혜롭고 비둘기 같이 순결하라"[99]고 하셨고 사랑은 "모든 것을 바라며"[100]라고 하셨음을 기억하기 바란다. 아이들에게 속지 말아야 하지만 그렇다고 자동으로 가장 나쁜 동기가 있을 것이라고만 생각해서는 안 된다. 방어기제를 사용할 수 있다는 것도 알아야 하지만, 하나님께서 자비로운 분임도 잊어서는 안 된다. 그분은 우리가 제대로 된 행동을 할 때만 받아주시는 분이 아니다.

자녀가 책임회피를 위한 방법들을 사용하고 있는지 확인이 되었다면 그것을 인지하는 것으로 끝나는 것이 아니라 자녀가 그것을 깨닫고 바로 설 수 있도록 훈련하는 것이 목표가 되어야 한다. 자신과 타인에게 정직하기를 가르치고 싶다면 말이다.

---

99. 마태복음 10:16
100. 고린도전서 13:7

10

존중하는
사람으로
양육하기

"자녀들아 주 안에서 너희 부모에게 순종하라 이것이 옳으니
라 네 아버지와 어머니를 공경하라 이것은 약속이 있는 첫 계
명이니 이로써 네가 잘되고 땅에서 장수하리라"

(에베소서 6:1~3)

권위를 존중하도록 가르치는 것이 왜 중요한가?

성경에서는 자녀들이 부모를 공경하는 것뿐 아니라 성인들과
마찬가지로 높은 위치에 있는 사람을 존중해야 한다고 명한다.[101]

---

101. 로마서 13:7, 베드로전서 2:17

그들은 모든 권위자들에 대하여 존중하는 태도로 행동해야 한다. 학교 선생님이든 아기 돌보미이든 공직자이든[102] 경찰이든[103] 교회 지도자이든[104] 나이 든 사람이든[105] 말이다. 자녀들은 다음의 몇 가지 이유로 모든 권위를 존중하도록 배우는 것이 중요하다.

● 어릴 때 어른의 권위를 존중하는 법을 배우는 것은 나중에 직장과 사회관계, 시민권의 영역에서 책임을 지는 어른으로 준비되는 것이다.

● 남을 존중하면서 행동하고 소통하도록 요구하는 것은 아이에게 자기 절제를 가르칠 수 있고 자기 느낌이나 생각을 다 표현할 필요가 없다는 것도 깨닫게 해준다.

● 어릴 때 어른의 권위를 존중하는 법을 배우는 것은 하나님의 권위를 존중하도록 준비되는 것이다.

존중하는 것은 무엇인가?

[히브리어]

- 카바드kabad : 글자 그대로 '무겁다'는 뜻. 예를 들어, 심각하게 받아들이다, 진지하게 생각하다 등.

- 야레yare : '두려워하다'라는 뜻. 예를 들어, 공경하다, 공경심으로 대하다 등.

---

102. 베드로전서 2:13-14
103. 로마서 13:1-5
104. 히브리서 13:17
105. 레위기 19:32, 디모데전서 5:1, 욥기 12:12

- 티마오timao : ~을 가치가 큰 것으로 평가하다, 공경하다, 존경심을 보이다 등.

- 포보스phobos : 두려움이나 공포를 가지고 생각하다.

권위를 존중한다는 것은 어떤 의미인가?

그리스어와 히브리어의 뜻을 바탕으로 하면 '존중'에는 두 가지 요소가 있다.

1. 권위를 가진 사람들이 우리 삶에 힘을 발휘할 수 있음을 인식하여 대하는 태도이다. 이것은 우리가 존중하는 마음을 보이지 않을 때 오게 될 결과를 두려워하면서 그들의 말을 듣고 순종한다는 뜻이다.

2. 권위자에게 그 권위에 합당한 가치를 인정해 주는 방향으로 행동하는 태도이다. 존중은 느낌이 아니라 행동으로 나타나야 한다.

반대로 불경은 권위에 대해 무시나 경멸을 표하는 것이다. 다른 사람의 직책이나 위치를 별로 신경 쓰지 않겠다는 태도이다. 불경한 사람들은 부모나 다른 어른들을 자기 또래에게 대하듯 대한다.

존중하지 않는 예시

1. 반항적인 태도

- 직접적인 명령에 의도적으로 불순종하거나 바라는 바를 무시한다. 예를 들어 적극적인 반항이나 소극적인 반항도 여기에 속한다.

- "빨리 나이 들어서 이 집에서 나갔으면 좋겠어!"라는 등의 말로 위협한다.

- 아주 불손하게, 상처를 줄 의도로 "엄마, 진짜 싫어!"라고 말한다.

- 부모의 결정에 투덜거리는 것도 공손하지 않은 태도이다. "말도 안 되는 생각이에요." 같은 반대하는 말은 모욕적일 수 있다. "결국 시간 낭비하겠군!" 등의 말은 무례하고 감사 없는 태도일 뿐 아니라 부모를 조종하려는 의도로 판단된다.

- 빈정대거나 분노로 높아진 소리 등의 불손한 태도로 말한다.

- 문을 쾅 닫고 집 밖으로 뛰쳐나간다.

- "기회 되면 할게요." 같은 반항적인 말이나 "예, 예, 예", "화 좀 그만 내요.", "그러시든가요.", "그렇게 화낼 것까지야." 등의 반응을 한다.

- 징계로 인해 당황하지 않았음을 보여준다. 아무 일도 아닌 양 반응한다.

2. 부모에게 적절하지 않은 친근한 태도

- 성경 말씀에 자녀들은 성인과 사회적으로 동등하지 않고 그렇기에 친구처럼 대하도록 두어서는 안 된다고 지적하고 있다. 우리는 상대방의 연령과 삶의 위치에 대해 존중하며 대해야 한다.

"너는 센 머리 앞에서 일어서고 노인의 얼굴을 공경하며 네

하나님을 경외하라" (레위기 19:32)[106]

"늙은이를 꾸짖지 말고 권하되 아버지에게 하듯 하며 젊은이

에게는 형제에게 하듯 하고 늙은 여자에게는 어머니에게 하

듯 하며 젊은 여자에게는 온전히 깨끗함으로 자매에게 하듯

하라" (디모데전서 5:1~2)

"뭇 사람을 공경하며 형제를 사랑하며 하나님을 두려워하며

왕을 존대하라" (베드로전서 2:17)

타락한 사회를 묘사하는 다음의 구절들이 지적하듯이 문제가
있는 가정의 징후 중 하나는 부모와 나이 든 사람들에 대한 불손
한 태도이다.

"백성이 서로 학대하며 각기 이웃을 잔해하며 아이가 노인

에게, 비천한 자가 존귀한 자에게 교만할 것이며" (이사야 3:5)

"지도자들은 그들의 손에 매달리고 장로들의 얼굴도 존경을

받지 못하나이다" (예레미야 애가 5:12)

---

106. 하나님께서 나이 든 사람들을 공경하는 것을 하나님을 경배하는 행위의 부분으로 여기신다. 잠
언 16:31, 20:29, 욥기 32:4-6도 참조하라.

"형제가 형제를, 아버지가 자식을 죽는 데에 내주며 자식들
이 부모를 대적하여 죽게 하리라" (마가복음 13:12)

- 아이들이 어른의 이름을 부르도록 두는 것은 그들을 친구의 위치에 두
  는 것이며 그들의 사회적 위치를 존중하지 않는 태도이다. 환자들이
  의사를 선생님이라고 부르고 결코 성을 빼고 이름으로 부르지 않는다.
  군대에서 높은 지위의 상관들을 부하들이 이름으로 부르지 않는 것이
  다. 학교에서 자신을 이름으로 부르게 하는 선생님들이 있는데 그들은
  학생들에게 인기가 많을지는 몰라도 존경은 덜 받을 것이다.

- 아이들은 어른의 친구가 아니므로 존중 어린 이름, 즉 ○○○선생님,
  ○○어머니, 삼촌, 이모 등으로 불러야 한다.[107]

- 아무리 천진난만한 아이의 장난이라고 해도 "아빠 멍청이!"와 같이 부
  모에게 나쁜 말을 하는 것은 불손한 일이다.

- 비아냥거림, 약 올림 등도 불손한 태도이다. 약 올리는 행동은 친구들
  사이에서도 용납될 수 없는데 하물며 부모에게는 더욱 적절치 못한 행
  동이다. 예를 들어 버터를 전달해 달라고 했는데 아이가 주는 시늉을
  하면서 약 올리는 등의 행동 말이다.

- 장난으로라도 어른에게 "'제발'이라고 하면 해줄게요."라고 하면 안
  된다. 매우 부적절하고 허용할 수 없는 행동이다.

- 자기가 오지 않고 부모에게 큰소리로 오라고 하는 아이들은 부모가 하

---

107. 목표는 존중하는 것이므로 누군가가 아이에게 자꾸 자신을 이름으로 부르라고 한다면 그렇게 불
러 주는 것이 나을 수도 있다.

는 일의 중요함을 간과하는 태도이다. 아버지의 큰 지위를 인식하시며 예수께서 "… 내가 아버지께로 감을 기뻐하였으리라 아버지는 나보다 크심이라"[108]라고 하셨다. 아이가 부모에게 큰소리로 오라고 할 수 있는 상황은 위급할 때뿐, 자기가 만든 장난감 등을 보러 오라고 하는 것은 적절치 않다.

- 경멸하는 표정, 짜증 내기, 조롱, 약 올리기 등의 행위, "하하, 웃겨서 까무러치겠네." 따위의 말들은 친구들한테나 허용되는 농담이고 존중해야 할 사람들에게는 지나치다. 아빠의 농담은 진부한 감이 있겠지만 조롱해서는 안 된다.

- 비상시가 아닌 한 아이들이 권위를 가진 윗사람을 비판하도록 두어서는 안 된다. 그들의 잘못을 조롱하거나 허락을 구하지 않은 상태에서 지적하는 태도도 좋지 않다. 예를 들어 지난주에 일어난 일에 대하여 배우자와 이야기하는데 아이가 마음대로 대화에 끼어들어서 그 사건은 지난주가 아니라 2주 전에 일어난 일이라고 한다면 아이는 징계를 피할 수 없다. 여기서 만약 '비상 시'가 되려면 남에게 정확하지 않은 내용을 전달하는 것을 듣는 경우밖에 없다. 혹시 그런 상황이라면 공손하게 끼어들어서 "아빠, 잠시만요. 그때 오른쪽이 아니라 왼쪽 아니었어요?"라고 말하는 것이 적절한 태도이다.

- 아이들은 어른들에게 '나쁜 말'을 해서는 안 된다. 집 나간 아버지, 못된 이웃 어른, 반(反)가정적인 정치인 등 아주 심각하게 잘못한 어른이나 존중받지 못할 만한 어른이라도 말이다.

---

108. 요한복음 14:28, 13:16

3. 남보다 내 기분만 생각하는 태도

- 받은 선물에 대해 감사하지 않는 태도는 선물을 준 사람에게 모멸감과 존중받지 못하는 기분을 주게 된다. 선물 준 사람의 기분이 받는 사람의 만족보다 중요함을 가르쳐야 한다.

- 저녁 식사 메뉴나 식당에서 주문해 준 음식에 대해 불평하는 태도는 매우 무례하고 감사하지 못하는 태도이다.

- 어른의 인사에 대답하지 않는 태도는 무례하다. 수줍음이 나쁜 태도나 남의 기분을 상하게 하는 것의 변명 거리가 될 수 없다. 예의 바른 행동은 의지의 문제이다. (낯선 사람을 만나는 것이 편하지 않겠지만 예의 바르고 공손하게 인사하는 것은 당연하다.)

- 비상시가 아닌데도 어른들의 대화에 끼어드는 것은 자기 머릿속에 떠오른 것이 다른 사람의 행동이나 말보다 더 중요하다고 생각하는 것이다. 그들은 자기의 모든 행동이 다른 사람에게 끼칠 영향에 대해 생각할 수 있도록 훈련해야 한다.

- 공공장소에서 다른 사람을 방해하는 것은 재미에 집착하느라 다른 사람에 대한 배려가 부족함을 보여준다. 매장에서 놀기, 고성방가, 쇼핑몰에서 뛰어다니기, 해변에서 큰소리로 음악 듣기 등의 행위를 말한다.

- 좋은 자리를 차지했다가 어쩔 수 없이 어른이나 다른 손님에게 내어주는 태도는 남보다 내 안위만 생각하는 태도이다.

4. 건방지게 굴거나 뒷담화하는 행위

- 쉽게 말해, 건방진 말은 어른이 말을 해도 된다고 허락하지 않았는데

함부로 반응하거나 끼어드는 태도이다. 예를 들면 다음과 같다.

- 책임을 부인하기
- 따져 묻거나 도전적으로 말하기
- 잘못된 행동을 지적하고 있는데 구구절절 필요 없는 설명하기
- 부모의 결정에 대해 투덜거리거나 퉁명스럽게 반대하기

● 부모의 말에 반박하는 것은 부모를 거짓말쟁이로 부르는 것과 다르지 않다. 부모가 뭔가 틀린 점이 있다고 생각하면 자기 의견을 내도 될지 우선 물어보고 허락받은 후에 말해야 한다.

● 어린 시절 내내 건방진 태도를 가만히 내버려 두면 아이들은 나중에 커서 직장 상사에게 꼴불견처럼 여겨질 것이고 사회관계에 있어서 한계가 생길 것이다. 건방진 말투는 반항의 형태이고 권위에 굴복하지 않았다는 것을 드러낸다.

● 건방진 말투는 "네 아빠", "네 엄마", "말해도 돼요?" 등의 반응으로 대체되어야 하고 더 깊은 대화를 위해서는 다른 공손한 말투로 허락을 구해야 한다.

부모의 지시에 공손히 반응하기

자녀들은 모든 부모의 지시나 요구에 잘 듣고 잘 수행하겠다는 긍정적인 답변으로 응해야 한다. 지시에 묵묵부답으로 일관하는 것은 결국 아무것에도 수긍하지 않았고 부모의 기대하는 바를 수행하지 않겠다는 의미이다. 공손한 반응은 권위에 겸손히 복종함을 나타내는 것이어야 한다. 예를 들어 반드시 이렇게 반응한다.

"네, 아빠."

"네, 엄마."

자녀들은 건강한 의견 교환을 할 수는 있지만, 단 권위에 대해 공손히 복종할 때만 가능하고 질문이나 생각을 내놓기 전에 먼저 허락받아야 한다. 다음은 바람직한 질문 태도이다.

"말해도 될까요?"

"저도 하고 싶은 말이 있는데 해도 돼요?"

"잠시만요, 아빠. 결정하시기 전에 알려 드릴 게 있어요."

"아빠의 말씀에 질문이 있는데요."

혹은 십 대들은 "잠시만요. 아빠, 이 문제에 대해 제가 말해도 될까요?"라고 할 수 있겠다.

어떤 방식으로 자녀들과 대화를 시작하든 아이들이 건방진 말이나 대꾸하는 듯 반응하는 것은 결코 허락될 수 없다. 언쟁하듯 반응하거나 불손한 태도로 한다면 그 태도를 교정하고 더는 말해서는 안 된다. 그들과 대화를 지속하거나 대답을 해주는 것은 그러한 태도를 부추겨 지속해서 건방진 태도를 내버려 두는 것이 된다. 모든 지시사항마다 말할 권리를 내세우며 남용하는 자녀들은 한 번씩 권리를 제한해야 한다.

허락을 구함으로써 타인을 존중하는 법 가르치기

군대에서 병사는 자기 생각을 개진하거나 질문하기 전에 허락을 받음으로써 존중하는 모습을 보인다. 회사에서 지혜로운 사원은 휴가를 가기 전에 상사에게 허락을 받는 법이다. 법정에서는 변호사들이 판사에게 이래라 저래라 하지 않고 겸손하게 요청한다. 허락을 구하는 것은 타인에 대한 존중과 그들의 권위를 인정하는 중요한 의사 표명이다. 허락을 구하지 않고 자기 계획을 밀어붙이는 아이는 자기에게 허락되지 않은 권위를 휘두르는 것이다. 남의 이익이 아닌 자기 이익을 존중하는 것이다. 아이들이 허락을 구함으로써 타인에 대한 존중을 배우는 것은 필수적이다. 다음은 반드시 허락을 구해야 하는 상황들이다.

- 친구 집의 장난감, 식탁 위의 우편물, 계산대 위에 놓아 둔 방금 붙인 도자기 조각, 세탁기 뒤에 설치한 쥐덫, 냉장고 손잡이, 아빠의 공구함 등 타인의 물건을 만지거나 집을 때 :

  "이 장난감 가지고 놀아도 될까요?"
  "이것 만져도 될까요?"
  "이것 먹어도 될까요?"

- 부모의 지시에 대해 궁금한 점이 있을 때 :

  "왜 그렇게 해야 되는지 물어봐도 돼요?"

- 지시나 지적하는 말을 들은 후에 이동해야 할 때 :

  "더 하실 말씀 없으면 가도 될까요?"

- 해야 할 집안일을 다 마치고 나서 놀러 가려고 할 때 :

  "엄마, 일 다 끝났는데 또 할 일 없어요? 없으면 나가 놀아도 되죠?"

- 부모가 대화하는데 의견을 내고 싶을 때 :

"오늘 저녁에 밥 먹으러 어디 갈지 저도 의견을 내도 될까요?"

"올해 어디로 여행 갈지 저희가 좋아하는 데를 말해도 될까요?"

● "옆집에 가서 놀래요.", "금요일에 친구 집에서 잘 거예요.", "쿠키 사러 갈래요.", "그 학교에 다시는 안 갈래요!" 등 의견을 묻기보다 통고할 때 :

"옆집에 가서 놀다 와도 돼요?"

"뭐 좀 먹어도 돼요?"

● "그렇게 일찍 안 잘래요.", "1분 안에 가야 해요. 마실 것만 우선 마실게요.", "그건 안 할래요." 등 부모의 지시에 자기 뜻을 표현할 때 :

"좀 있다가 자면 안 돼요?"

"마실 거부터 먹으면 안돼요?"

"제 생각을 말해도 돼요?"

※ 자녀들에게 전체적으로 통용되는 규범

권위자가 인정하지 않으면 스스로 결정하지 말라. 네 것이 아니면 만지지 말라. 허락받지 않으면 의견을 낼 수 없다.

11

연령과
상황에 따라
다른 기대치

"때로는 아이들이 부모가 생각하는 것만큼 문제가 있는 것
은 아니다."

양육에 있어서 가장 큰 장애물 중의 하나는 각 발달 단계에 따른 아이의 능력을 잘 알지 못하는 것이다. 새내기 부모들은 일반적으로 자신의 무지를 잘 알고 "아이가 얼마나 더 자라야 밤새 푹 잘 수 있을까요?" 혹은 "언제야 아이가 순종하는 법을 배울까요?" 등을 묻는다. 슬프게도 그들에게 자주 조언해 주는 사람들은 아이들의 능력에 대해 제대로 이해하지 못한 왕년의 부모들이다. 아이들이 '끔찍한 두 살'이나 '무모한 세 살' 같은 현대적 단계들을 거칠

필요가 없다는 것을 알지 못한 채 부적절한 훈련에서 비롯된 잘못된 개념으로 새내기 부모들을 오염시킨다. 그렇게 악순환이 계속되는 것이다.

전 세계의 여러 문화를 들여다볼 때 하나님께서는 대부분의 미국의 부모들이 이해하는 것보다 훨씬 더 많은 능력을 아이들에게 주셨음을 알게 된다. 사회적으로 아직 많은 발전을 이루지 못한 많은 나라에서는 아이들이 5세만 되어도 가정에서 매우 유능하고 부지런하게 일할 수 있다. 이런 개발도상국에서는 12세 아이도 돈을 벌기 시작한다. 미국의 역사만 봐도 비슷한 경우를 찾는 것은 어려운 일이 아니다.

1778년 존 퀸시 아담스John Quincy Adams는 14세의 나이에 러시아의 예카테리나 여왕Ekaterina의 궁정 대사관에서 일했다. 1813년에 미국 해군 장교인 데이빗 패러것David Farragut은 영국 군함을 통솔했는데 그때 나이가 12세밖에 안 되었고 해군 경력을 시작한 것은 9세였다. 이것이 그 당시에는 특별한 모습이 아니었다. 그들은 그 시대 청소년들의 전형이었다. 말할 필요 없이, 그 당시의 미취학 아동들 역시 책임감에 있어서 현대의 아이들보다 우위에 있었다. 이것을 통해 우리가 배워야 할 점은 제멋대로 행동하는 두 살배기 아이들과 반항심 가득한 십 대들은 우리 현대 사회의 양육 방법이 낳은 산물이라는 것이다.

18개월 된 아이가 주일 아침 예배 시간 내내 가만히 앉아 있는 것이 신기한 일인가? 아직 어린아이의 손 닿을 만한 곳에 스피커가 있어도 만지지 말라고 훈련받았기 때문에 아무 문제가 되지 않는 것이 이상한가? 8세 된 아이가 스스로 빨래를 할 수 있는 가정을 상상할 수 있는가? 아이들은 부모가 생각하는 것보다 훨씬 더 유능하다.

자녀들의 잠재력을 극대화하기 위해 아이들의 고집을 꺾는 과정에서 마음을 상하게 할까 두려워하는 마음을 버려야 한다. 책임을 강조할 때 그들의 어린 시절을 빼앗는 게 아닐까 두려워하지 말아야 한다. '아이는 아이일 뿐'이라며 아이들을 얕보지 않도록 주의하자. 그들은 성인 같지는 않지만, 우리가 믿는 것보다 훨씬 더 유능하다.

연령별 기대치

수산나 웨슬리Susanna Wesley는 자신의 '교육 계획Plan of Education'에서 자신이 세운 규칙 중 하나를 적었다.

"아이들이 한 살쯤 되자(어떤 아이는 그 전에) 매를 무서워하고 조용히 흐느끼게 되었다. 이는 그러지 않았다면 받아야 했을 여러 가지 질책을 피할 수 있었다는 뜻이 된다."[109]

웨슬리 여사는 아이들은 1세에도 질책받고 있음을 느낀다고 하

---

109. 레베카 라말 하몬Rebecca Lamar Harmon의 『웨슬리 형제의 어머니 수산나 웨슬리Susanna Wesley, Mother of the Wesleys』(테네시 주 내쉬빌의 아빙돈 프레스Abingdon Press, 1968)에서 인용함.

였다. 그의 확신은 특이한 것이 아니었다. 유사 이래로 부모들은 비슷한 철학을 품어 왔다. 우리는 도대체 거기에서 얼마나 멀어진 것인가! 자녀 훈련의 전제는 자녀의 연령이 어떠하든지 동일하다. 자녀들이 이해할 수 있다면 순종하도록 훈련할 수 있다.

자녀가 이해하고 있는지 어떻게 알 수 있는가?

다음의 상황을 잘 고려해 보자.

● 어투와 태도

9개월까지는 아이들이 말을 다 이해하지는 못하지만 대부분 어조와 태도는 읽을 수 있다. 그들은 단호하게 "안돼!"라고 하면 알아듣는다. 그래서 그 반응으로 앙! 하고 우는 것이다.

● 제지

기어 다니는 아이가 부모의 팔에서 내려가려고 발버둥 치는 것을 내버려 두어서는 안 된다. "안돼!"라고 말하고 발버둥 치지 않을 때까지 꽉 잡도록 한다. 그리고 나서 한동안 내려놓지 않는다. 아이는 아주 영리해서 엄마나 아빠가 하라고 하면 거기에 순종해야 함을 잘 알고 있다.

● 묻기

유아가 말을 알아듣는지 알고 싶으면 눈앞에 보여주지 않고 아이스크림이나 우유병 같은 익숙한 것을 줄까 말해 보라. 반응이 있으면 "이리 와." 같은 간단한 지시를 알아들을 수 있다는 뜻이다. 그러니 권위를 무시하는 행동은 그때마다 체벌해야 할 것이다.

● 손뼉 치기

기어 다니는 아기가 오디오에 손을 뻗으면 가까이 가서 "안돼!" 하고 단호히 외치고 손뼉을 한번 친다. 목소리와 날카로운 손뼉 치는 소리에 반응하여 돌아본다면 말을 알아들은 것이니 그때부터는 모든 행동에 책임을 져야 할 것이다. 그러면 이제 손뼉 치는 행동은 안 해도 된다.

"우리 아이는 달라요!"

그럴 수 있다. 아이가 좀 다를 수도 있다. 모든 아이는 저마다 다르고 성인이 되어서도 다 다르다. 누구는 수학을 잘하고 누구는 맞춤법에 뛰어나다. 사람들은 제각각 다른 모습으로 태어났으니 능력도 제각각 다르다. 어떤 사람은 미술, 운동, 유머, 지성, 사회성에 뛰어나고 어떤 사람은 몇 시간을 앉아서 책을 읽을 수 있다. 그러나, 또 어떤 사람은 "얼음!" 할 때는 가만히 있어야 되는 것을 몰라 얼음 땡 놀이에서 매번 지기만 한다.

어떤 아이들은 남보다 빨리 배운다. 어떤 아이는 잘 기억하는데 어떤 아이는 기억력이 떨어진다. 이렇듯 아이들은 모두 다르지만, 하나님의 기준은 동일하다.

저마다 다른 아이들이 같은 기준에 따라야 할까?

당연히 그렇다. 모든 아이가 다 다르다고 해서 저마다 다른 기준을 갖는 것은 아니다. 하나님의 기준은 모든 사람에게 동일하다. 자비는 자비이고 존중은 존중이며 순종은 순종이고 무례함은 무례함이다. 하나님의 기준은 아이에 따라 달라지지 않는다. 아이에 따라 기준을 다르게 맞추는 것도 쉽지않겠지만 하나님의 기준은 하나님처럼 영원하며 바꿀 수 없다.

"우리 아이는 다르다"는 말의 위험성

"우리 아이는 다르다."는 말은 위험한 진술이다. 때로는 부모가 아이들 간에 단순히 성격적 차이가 있음을 언급한 것일 수도 있겠지만 대부분은 자녀의 불순종이나 불손함을 정당화하려는 의도일 때 이렇게들 말한다. 슬프게도 자녀의 무례함이나 심술이나 이기심을 그냥 내버려 두고 마는 부모들은 그것을 자녀들의 성격적 특성이나 혹은 어려움에 대한 반응으로 치부하고 마는데, 결국엔 그것이 양육하는 부모 자신에게 방해가 되고 만다. 부모는 자녀가 할 수 있음을 알아야 한다. 그렇지 않으면 그들을 하나님의 기준에 맞추지 못할 것이다.

자녀가 다르다고 믿는 부모 중에 "최선을 다했는데 뭘 해야 할지 모르겠다."고 하는 경우가 종종 있다. 기쁜 소식은 아직 희망이 있다는 것이다. 자녀가 '보지 못하는 사각지대'의 피해자가 되어 있다고 보면 된다. 이 책으로 인해 변화의 진입로에 서게 될 것이다.

특수한 상황에 있는 아이들에 대해서는?

특수한 상황에 놓인 아이들은 그야말로 특별하다. 자폐증, 발달장애, 뇌 손상으로 인한 장애우들을 말한다. 아마도 그런 아이들은 주의력 결핍증[110] 이라는 진단을 받았거나 약물에 중독된 모태에서 받은 부작용으로 여전히 고통받는 아이일 수도 있다. 사랑하는 부모의 입장에서 이러한 아이들은 기쁨의 원천이기도 하지만 그 부모들이 고백하는 것처럼 커다란 슬픔의 근원일 수도 있다. 양육의 기쁨도 있지만, 어린 자녀가 타인에게 반감을 주고 가정에서도 문제가 되는 반사회적 행동을 하기에 고통스럽기도 하다는 말이다.

특수한 아이를 가진 부모들은 아이의 잘못된 행동이 화학적 불균형이나 뇌 기능 장애에 뿌리를 두고 있다는 데에서 위안을 찾지만, 그들이 집에서 얼마나 많은 스트레스를 주느냐에 따라 그 위안은 흔들릴 수밖에 없다. 이런 부모 중에 아이의 행동으로 인해 스트레스를 받은 나머지 "뭔가 다른 방법이 없을까?" 하며 괴로워하는 사람들이 많다. 물론 방법이 있다.

정신적 장애의 수준은 제각각 다르지만, 훈련 가능성을 결정하

---

110. 주의력 결핍증이 과학적으로 '장애'라고 판명된 점에 의문을 제기하는 일도 있지만 이 증상의 행동 양식이 예측 가능하다는 점은 최소한 기질적으로 부모에게서 물려받은 것이 있음을 나타내고 있다.

기 위한 상식적인 기초는 분명히 세울 수 있다. 각 아이의 부모는 "우리 아이가 과거에 어느 정도 훈련받을 능력이 있었나?"를 잘 판단해야 할 것이다.

부모들이 판단하기에,

- 아이가 스스로 잘 먹는가?
- 스스로 옷을 입을 줄 아는가?
- 혼자서 화장실에 갈 수 있는가?
- 수도꼭지를 틀어 물을 먹을 수 있는가?
- DVD를 켤 수 있는가?
- 기분이 나쁘다고 표현할 수 있는가?

이러한 행동을 하고 있다면 어떻게 배웠는가? 직접적인 훈련을 통해서 배웠는가? 아니면 관찰하면서 배웠는가? 훈련할 수 있었는데 왜 거기서 멈추었는가?

물론 그들이 뇌 기능 장애나 화학적 불균형은 있겠지만 반항적인 행동, 불손함, 통제 불가한 행동은 결코 변명의 여지가 없다. 같이 길을 걸을 때 팔을 잡아당기거나 끌지 말라. 자진해서 같이 걷자고 요청하기를 바란다. 식사 시간에 운동 협응력이 부족하지 않는 한 마구잡이로 먹도록 내버려 두어서는 안 된다. 가족의 친구가 인사할 때 소리 지르거나 도망치도록 내버려 두어서는 안 된다. 낯선 사람에게 소개할 때 예의 바르고 공손하게 말할 수 있도록 해야 한다.

물론 이들은 평범한 아이들보다 훈련하기 어렵다. 그러나 하나님의 기준은 동일하다. 실제로 부모는 특수한 상황에 처한 아이를 양육할 때 다른 아이들과 동일한 원칙을 적용해야 한다.[111]

- 복종하도록 가르치는 데에 애써야 한다.
- 온전한 순종을 가르치는 시기가 이를수록 좋다.
- 하나님의 기준을 두고 타협해서는 안 된다. (수줍음이 무례함의 구실이 될 수 없듯이, 주의력 결핍증 역시 자기 통제 부족의 구실이 될 수 없다.)
- 어떤 행동이든 필요하다면 목표로 삼고 도전해 본다.

그러한 목표를 이루기가 평범한 아이들보다 더 어렵고 시간도 더 오래 걸린다. 그러나 반드시 해야 할 일이다. 더 많이 기다릴수록 고집은 더 강해지는 법이다. 시간이 지날수록 순종하는 법을 가르치기 더 어려워질 것이다.

부모들이여, 소망을 가지라!

때때로 아이가 상황적으로 장애가 있는 것이 아니라 부모가 자

---

111. 자폐적 행동에는 여러 단계가 있지만 일찍 알아챌수록 훈련하기 쉽다. 그런 아이는 쉽사리 자기 몰입의 세계에서 벗어나지 못하지만 열심히 훈련시켜 온 부모들은 증언하기를 시간 문제였다고 말하고 있다.

기 기대를 낮춤으로써 오히려 장애가 악화할 수 있다. 자녀에게 거의 기대가 없는 부모들은 영혼 없는 동물이 더 훈련하기 쉽다고 여기면서 부지중에 자기 자녀를 폄훼하고 있다. 생각해 보라. 야생 동물들이 자기 본성에 반하여 길들고 훈련되어 어려운 행동도 척척 해내는데 특수한 상황에 처한 아이들이 훈련되지 못할 이유가 있겠는가! 자녀가 동물보다 능력이 떨어진다고 믿는 부모는 거의 없을 것이다. 그러나 낮은 기대치가 아이들을 정체하게 만드는 것이다.

특수한 상황에 있는 부모를 위한 개인적인 조언

나는 여섯 자녀 중에 두 아이가 주의력 결핍증 진단을 받았다. 여러 해 동안 우리는 약물을 복용하고 협력 단체에도 다녀봤지만, 성경을 바탕으로 한 자녀 훈련의 원칙만큼 아이들의 행동에 영향을 끼친 것은 없다. 어떤 연구 결과는 주의력 결핍증과 자폐증 같은 상황을 위한 식단 조절이 도움이 된다고 말한다. 그러나 체내의 화학적 균형이 적절한 훈련을 대체할 수는 없다. 특수한 상황에 있는 아이들의 부모로서 우리는 반항적이거나 불손한 행동을 내버려 두지 않도록 주의해야 한다. 아이들이 다른 방식으로 행동하도록 훈련하는 것이 불가능하다고 우리가 스스로 자꾸 한정하고 있다. 하나님의 기준을 잡고 훈련을 지속하도록 하자.

모든 부모에게 중요한 조언을 주고 싶지만, 특히 더 힘든 아이를 둔 부모에게 이런 말을 해주고 싶다. 아이 때문에 노여움이 생기는 것을 방치하고 있지 않은지 잘 살펴보라. 자기 자신에게 물어보라. 다른 아이와 비교해서 더 큰소리를 내어 그 아이의 이름을 부르지 않는가? 아이가 지속해서 몸을 움직이거나 손가락 두드리는 소리를 내는 것을 보고 반항적이라고 판단한 적은 없는가? 조심하기를 바란다! 우리가 분노하는 것을 당연하게 여기면 효과적인 소통이 불가할 수 있다. 결국 그 아이는 부모가 받아들이지 않음을 인식하고 대신에 위험한 영향을 끼칠 수 있는 누군가에게 가서 마음을 내어 줄 것이다. 단호하지만 사랑과 포용으로 아이가 순종에 이르도록 도와주어야 한다. 위협적인 태도는 전혀 먹히지 않는다. (제17장에서 더 다루어 보겠다.)

식단을 점검해보는 것도 방법!

몇 년 동안 훈련을 열심히 해 온 부모들로부터 여러 가지 이야기를 들었는데 특정한 몇 아이에게는 결실이 거의 없었다고 한다. 그 아이들은 감정적이고 자기 통제의 기본을 배울 수 없었다고 표현했다. 이런 아이 중 누구도 악의가 있지는 않았지만, 충동적으로 행동했고 질책받아도 그 순간뿐, 전혀 나아지지 않았다는 것이다.

그러던 중 일곱 자녀를 둔 어떤 어머니가 일주일 안에 아들을 바꾼 해결책을 발견했다며 내게 전화해 주었다. 그 충동적인 아들은 갑자기 다른 남매들처럼 훈련에 반응했다는 것이다. 나는 그 해결책을 귀 기울여 들었고 내가 도움을 주려고 하는 다른 부모들에게 연락하여 알려 드렸다. 그리고 나서 몇 주 후 그들도 그 동일한 해결책으로 동일한 놀라운 결과를 얻었다고 연락이 왔다. 몇 년이 지난 지금도 계속 연락하고 있는 가정이 있는데 그 변화는 여전히 유효하다.

그분들이 했던 해결책은 몇 가지 음식 첨가물의 알레르기에 관한 것이었다. 그분들은 문제 있는 아이의 식단에서 몇 가지 음식을 뺐더니 그러자마자 행동에 변화를 보였다는 것이었다.

나는 성경에 의거한 상담자이어서 신체의 음식 첨가물의 영향에 대해서는 전문적인 지식이 없다. 그러나 이런 부모들의 증언뿐 아니라 책에서 읽은 여러 증언들에 의하면 자포자기 상태인 부모들이 페인골드 식단Feingold Diet 112 같은 식단을 면밀히 알아보았는데 적절한 도움을 받았다는 것이다.

만약 집에서 성경적인 자녀양육의 모든 원칙을 수행하려는 부모라면 아이가 반응하지 않는 경우 식단을 살펴 도움을 얻는 것도 좋을 수 있다. 아마 엄청난 변화를 가져올 수 있을 것이다.

---

112. 최근에 나는 친환경 유기농 음식 지지자가 되었다. 식단에서 인간이 만든 화합물을 빼고 나서 내 몸이 극적인 치유를 경험했기 때문이다. 2003년에 의사로부터 간이 좋지 않아 이식이 필요하다는 말을 들었다. 나는 이식을 원하지 않았고 일년 동안 과일과 야채 생식을 하는 비건 식단을 해보기로 마음 먹었다. 야채와 과일은 유기농으로 기른 것이고 인간이 만든 화합물은 전혀 없는 것이었다. 일년이 지나자 간수치는 정상으로 돌아왔다. 간이 좋지 않아 6개월밖에 더 살지 못하는 친구에게 이 경험을 이야기해 주었다. 그 역시 동일한 식단을 시도했고 6개월이 지나서도 그는 죽지 않았다. 더 건강해졌고 간수치 역시 정상화되었다. 내 친구나 나의 경험은 과학적인 증거를 보일 수는 없다. 그러나 이런 경험은 인간의 몸에 인간이 만들어 낸 화합물이 어떤 영향을 끼치는지 생각하게 해주었다. 음식 첨가물이 우리 몸뿐 아니라 뇌에도 영향을 끼친다는 것은 놀라울 일이 아니다.

12

올바른 행동
연습 시키기

"가장 좋은 방어는 좋은 공격이다." - 훈족의 아틸라^{Atilla} 왕

적절한 행동을 통한 순종 공부

성경에 회개의 중요한 원칙이 분명히 제시되어 있으나 많은 믿는 사람들이 성경을 읽으면서 종종 그것을 간과해 왔다. 에베소서 4:28을 읽어 보면 "도둑질하는 자는 다시 도둑질하지 말고 돌이켜 가난한 자에게 구제할 수 있도록 자기 손으로 수고하여 선한 일을 하라"고 쓰여 있다. 서신서들을 쭉 읽어 보면 단지 잘못된 행동을 그만두는 것이 아니라 옳은 행동을 해야 한다고 되어 있다. 의로운 행동 없이 잘못된 습관만 멈추려는 것은 모든 그리스도인을 좌

절하게 만든다. 아이들은 더욱더 그러하다. 날마다 밖으로 나가서 그저 죄짓지 않으려고 하는 사람은 실패할 수밖에 없다. 예를 들어 온종일 직장 상사에게 분노하지 않으려 하는 것은 상사에 대해 애정을 가지려는 것만큼이나 어려운 일이다.

우리 아이들은 순종하는 법을 배우기 위해서 무엇을 하지 말아야 하는지 뿐만 아니라 무엇을 해야 할지를 알아야 한다. 그러려면 그들이 삶과 유혹에 적절한 반응을 할 수 있도록 도와줘야 한다. 그들이 잘못을 회개하는 것도 도와줘야 하겠지만 상황이 되기 전에 그들이 바르게 행동하도록 연습시켜야 하는 것이다.

○ 자녀가 낯선 어른을 만날 때에 수줍어하는 것을 아는 부모들은 사전에 그런 만남을 연습시킬 수 있다. 그들은 상황극을 통해 적절한 반응을 하도록 연습할 기회를 얻는 것이다. 예를 들어 "안녕하세요? 들어와서 앉으세요. 엄마한테 오셨다고 말씀드릴게요."라고 말할 수 있도록 연습한다.

○ 매장에서 아이가 마치 놀이터처럼 신나서 이것저것 보고 다닐 때 불러서 "여기 옆에 서서 가만히 있어라."고 말해야 한다. (심심함을 토로하는 아이에게 가장 좋은 반응은 "심심하다니 반갑다. 앞으로 인생은 그렇게 심심함의 연속일 거야. 그러니 지금이라도 심심함을 잘 견딜 수 있도록 배우는 게 중요하다."라고 말하는 것이다.)

○ 주일 아침까지 기다려서 예배 시간에 가만히 앉아 있도록 아이를 가르치는 것보다 집에서 연습시키는 것이 도움이 된다. 체벌이 아닌 자기 몸을 통제하는 법을 배우는 연습으로 말이다. 시간이 지나는 동안 의자를 당겨서 가만히 앉아 있게 한다. 첫날은 5분, 둘째 날은 10분, 셋째 날은 15분, 이렇게 계속 시간을 늘려간다. 허락 없이 자리를 뜰 때마다 체벌한다. 유아일 때부터 시작해도 좋다. 생각보다 잘하는 모습에 놀라게 될 것이다. 이렇듯 아이들이 적극적으로 좋은 행실을 배우는 것이 중요하다. 하다 보면 아이들은 자기들의 삶에 결정을 내릴 권위가 부모에게 있다는 것도 배우게 된다.

○ 나쁜 행동을 피할 뿐 아니라 좋은 행동을 추구해야 함을 알려 주면서 어떤 반응을 보여야 하는지 도와주어야 한다.

- 잘못된 예시 : "그 아이가 너를 밀어도 싸우지 마라."
- 바람직한 예시 : "그 아이가 너를 밀면 꼭 와서 얘기해라."

아이들은 이렇게 자기가 어떻게 해야 할지 분명히 말해 주는 것이 필요하다. 무엇을 하지 말아야 할지 아는 것만큼이나 무엇을 할지 아는 것도 중요하다.

○ 아이를 안아 올렸는데 싫어하면서 내려 달라고 발버둥을 칠 때

바로 내려 주어서는 안 된다. 아이가 "내려 주세요."라고 공손히 말하도록 가르쳐야 할 것이다.

○ 자기 고집을 꺾어 부모에게 순종하도록 배우고 있는 아이는 모든 지시하는 바에 정확히 말로 긍정하며 반응해야 한다. 부모의 권위 아래에 들어가도록 연습하는 것이 중요하고 그렇게 함으로써 순종의 가능성을 높인다. 그들에게 어떻게 반응해야 할지 알려주고 연습하게 한다. 예를 들면 다음과 같다.

"네, 엄마." 혹은 "네, 아빠."
"순종하겠습니다, 아빠."
"침대에 누워 있을게요, 아빠."

말이 아직 서툰 유아들이라도 부모가 적절한 예절을 갖춘 인사말을 들려주면 예의를 배울 수 있다. 예를 들어 기저귀를 갈아 주었을 때 아이 대신에 "기저귀 갈아 줘서 고마워요, 아빠." 혹은 식사 후에 "저녁 식사 만들어 줘서 고마워요, 엄마."라고 말하는 것이다.

전쟁터를 선점하라

아이를 훈련할 시간을 내려고 쫓길 때까지 기다리기보다는 그 의지를 훈련하기 위한 시간을 미리 정해 놓는 것이 좋다. 그들이 잘못할 때까지 기다려서 수동적으로 하기보다는 훈련 시간을 계획해서 능동적으로 하는 것이다.

예를 들어 유아가 순종하기를 원한다면 날마다 그들이 순종하도록 훈련할 시간을 10분씩 만드는 것이다. 훈련하기 가장 좋은 시간을 선택하고 집 안에 있는 아이를 불러 부모가 있는 쪽으로 오게 한다. 침착하게 그들에게 말하되 한 번만 말한다. 바로 오지 않으면 그리로 가서 안아 들고 눈을 마주 보며 말한다. "엄마나 아빠가 말하면 너는 반드시 들어야 해." 그리고는 적절한 체벌을 시행한다. 아이를 있던 대로 바닥에 내려놓고 다른 곳으로 가서 다시 그들을 부른다. 아이가 잘 알아듣고 말대로 시행할 때까지 이 과정을 계속 반복한다. 순종할 때마다 칭찬하는 것을 잊지 말라. 그러면 아이들이 부모가 기뻐하면 자신도 기쁘다는 것을 알게 될 것이다.

그러면 얻을 수 있는 결과는,
- 분명히 몇 분 안에 아이는 순종하게 될 것이다.
- 아이의 의지는 꺾이고 자신의 의지를 부인하게 될 것이다.
- 부모의 목소리에 반응하도록 길든다.
- 그들이 부모의 목소리에 순종하도록 길들면 삶의 다른 영역에도 영향을 끼칠 것이다. 예를 들어 잠잘 때, 식사 시간에, 공공장소에서 훨씬 더 잘 순종할 것이다.

다른 여러 가지 기본적인 명령들, 즉 "그것 내려놓아라.", "그만해.", "앉아라.", "움직이지 말고 거기 가만히 있어.", "조용히 해라. 입 다물어." 등을 연습할 수 있다. 아이를 훈련하기 위해 시간을 더 많이 규칙적으로 낼수록 더 많은 것을 빨리 배울 준비가 된다.

13

아이들과 음식

"제 3세계의 굶주린 아이들 중엔 편식쟁이가 없다."

좋아하지 않는 음식도 감사하게 받아먹어야 할까?
(가끔 입맛을 잃는 경우가 아닌 편식의 형태)

자녀들이 좋아하지 않는 음식을 규칙적으로 먹이는 것을 주저하는 이유는?

- 아이들이 음식을 물고 있거나 토할까 봐 염려된다.
- 아이들이 음식에 부정적인 태도를 가질까 봐 두렵다.
- 식사 시간의 스트레스를 줄이고 싶고 다른 방면으로 온종일 훈련하

는 게 훨씬 더 쉽다.

- 동정심이 발동하여 싫어하는 음식을 먹이고 싶지 않다.

부모가 준비한 음식을 먹도록 해야 하는 이유

○ 성숙함은 삶의 도전을 견뎌내면서 얻어진다. 처음에는 먹기 싫던 음식의 맛을 즐기도록 하는 것은 자기를 부인함으로써 삶에서 일어날 어려운 일들을 대면하여 극복할 수 있음을 가르치려는 것이다.

○ 부모가 선택해 준 음식을 받아들이는 것은 부모의 권위에 순복하도록 가르치는 행동이다. 그렇게 함으로써 그들의 의지는 꺾인다. 그냥 내버려 두면 의지가 강해진다.

○ 부모의 결정에 순종하는 것은 부모의 지혜를 신뢰하도록 가르치는 것이다.

○ 아이에게 있어서 자기 의지가 가장 확고한 부분이 음식 문제이다. 그러므로 자기 의지를 꺾을 수 있는 가장 적절한 기회가 된다.

○ 엄마들은 아이가 잘 먹을 만한 음식만 만들게 되어 있다. 그럴 경우 아이들에게 가족 식단의 통제권을 주는 셈이 된다.

○ 음식은 우리가 감사함으로 받을 선물이다. 하나님께 우선 감사해야 하고 다음은 만들어 준 사람에게 감사해야 한다. 음식을 주신 하나님께 감사하라고 하면서 동시에 계속 음식을 거부하도록 내버려 두는 것은 아이들에게 위선을 가르치는 것과 무엇

이 다른가(시편 145:15, 욥기 36:31).

○ 좋은 태도를 가르칠 수 있다. 감사하지 못하는 태도는 무례한 것이다. 선물을 거부하는 것은 특히 그 선물을 일부러 애를 써서 만들어 준 사람에게는 무례하고 모욕이 되는 일이다. 가족을 위해 하나님께서 준비해 주신 음식을 거부하는 것은 특별히 불손하고 감사하지 못하는 일이다. 하나님께서 주시는 음식은 감사함으로 받아야 한다. (마태복음 14:19, 15:36, 26:26, 누가복음 24:30, 요한복음 6:23, 사도행전 27:35, 로마서 14:6, 디모데전서 4:3~4)

○ 아이들이 편식하지 않도록 할 수 있다. 편식은 일반적으로 부정적인 특성이다. 성인이 되어서 손님으로 초대받았을 때 차려진 음식을 먹지 않는다면 우스운 사람이 될지 모른다.

○ 편식은 대부분 지나치게 풍요로운 사회의 특징이다. 제3세계의 굶주린 아이들에게서는 편식하는 아이를 찾아볼 수 없다. 부모들이 그냥 눈감아주며 애지중지하는 것이다.

○ 아이가 영양가 있는 음식을 거부하는 것을 내버려 둔다면 영양 상태가 좋지 않을 것이다.

○ 음식 맛을 알아가는 것은 어릴 때가 더 쉽다. 성인이 되어서 하려면 매우 어려워진다.[113]

---

113. 미뢰 세포(혀의 윗면에 분포)는 21일에 한번씩 새로운 세포로 교체되기 때문에 새로운 음식 맛을 개발하는 데 그 정도의 시간밖에 걸리지 않는다.

아이들은 자기중심적 세계관을 가지고 태어나므로 원하는 바가 충족되기를 기대한다. 아이들이 원하는 입맛과 질감에 맞춰 음식을 만들면 자기애만 강화할 뿐이다. 부모들은 무엇을 먹고 싶은지 아이들에게 묻지 말고 어떤 음식을 준비했는지 통고만 하면 된다. 엄마나 아빠가 준비한 선물, 즉 음식에 대해 투덜대면 안 된다. 아이가 할 수 있는 적절한 반응은 오직 "감사합니다."라고 답하는 것이다. 부모들은 "우리 애는 이런저런 것을 먹지 못해요."라는 말을 하면서 아이들이 좋아하는 음식을 만들어 주며 정당화하고 있음을 인지해야 할 것이다. 아이들은 부모가 먹이기로 한 것은 무엇이든 먹을 수 있다.

아이들이 무엇이든 주는 대로 먹도록 하는 것은 자기만족대로 하려는 본능적 욕구를 꺾는 데에 도움이 되고 그리하여 삶에서 자신이 원하는 것이 부모가 그들에게 원하는 것보다 중요하지 않다는 것을 배우게 된다. 부모에게 이렇게 순복하는 것이 자기 의지를 꺾고 성숙해지는 중요한 길이 된다.

14
잠자기 전의
축복

"아이들은 처음 순종을 배우는 데에 문제가 없다. 다만 부모
가 문제다."

온종일 아이를 양육하면서 가장 어렵고 힘든 시간이 취침 시간
이라고 하는 부모들이 있다. 밤마다 집안이 조용해지기를 바라지
만 좀처럼 쉽지 않다는 것이다. 부모가 아이들을 잠자리에 들게 하
면 그들은 누워서 웃으며 "고마워요. 잘 자요!" 한다. 그러나 아이
들은 깨어 있을 온갖 구실을 댄다. 안 자겠다고 빌고 엄마한테 같
이 누워 있자고 소리 지르고 책을 더 읽어 달라고 조르고 침대에
서 기어 나오기도 한다. 재우는 것이 가장 힘들다는 부모들을 위

해 다음의 몇 가지 팁을 제공한다.

잠자리에 들 준비

1) 잠자리에 들라고 말하기

저벅저벅 걸어가서 아이들이 무엇인가에 푹 빠져 있는데 갑자기 "자라!"고 말하지 말라. 아이들이 부모의 갑작스러운 결정에 즉각 반응할 필요가 있더라도 우리도 대부분 매우 집중하고 있는 활동을 멈추고 다른 것을 하기는 어려움을 인정하자. 5분 전에 알려 주면 아이나 부모에게 덜 스트레스가 될 것이다.

2) 점진적 신체활동 축소

저녁 식사 후나 잠자리에 들기 30분 전에는 조용한 활동만 허락하여 몸이 진정되도록 한다.

3) 잠자기 전에 카페인은 금물

잠자기 바로 전에 자극적 화합물이 많이 든 후식을 주면 수면에 방해가 된다.

4) 자장가 같은 노래 만들기

유아들에게는 노래를 지어 불러 주면 좋다. 침대에 들기 몇 분전에 부르기 시작하여 기저귀를 갈고 옷을 갈아입히고 팔에 안은 상태에서 불러 주라. 지속해서 실천하면 밤마다 그 노래를 불러줄 때 어떻게 해야 할지 알고 잘 길들 것이다.

5) 잠자기 전의 준비가 잘되었는지 확인하기

화장실 가기, 물 마시기, 이 닦기, 아빠 안아주기, 방 치우기, 내일 입을 옷 챙기기 등을 확인한다.

침대에 누웠다면

1) 다시 일어날 수 없다. 침대 안에 들어가면 어떤 것도 마실 수 없음을 규칙으로 삼는다.
2) 함께 시간을 보낸다. 아이 대부분은 잠을 자지 않을 여러 구실을 찾으니 그들의 열린 마음을 활용하라. 밤마다 그들과 함께 깊은 이야기를 나누는 것이다. 하나님에 대해 이야기하고 함께 기도하라. 아이들에 대해 아는 시간이 필요하다. 아이들이 좋아하는 것, 꿈에 대해서도 물어보라. 자신의 어린 시절에 관해 이야기해 주라. 밤마다 아이들을 잠자리에 들게 하는 데에만 바쁜 부모는 아이들에게 영향을 끼칠 좋은 기회를 놓치게 된다.
3) 침대 안에서 아이들을 훈련하는 것보다 더 좋은 일은 없음을 마음에 새기라. 그러면 그들이 종종 침대 밖으로 나가더라도 짜증이 덜 날 것이다.
4) 늦게 낮잠을 잤거나 피곤하지 않아도 잠자리에 들어야 한다. 아이들은 부모가 피곤하지 않냐고 물었기 때문에 피곤하지 않다고 거짓말할 수 있다. 침대 안에 있는 것은 부모의 지시에 순종

하는 문제이지 피곤의 문제가 아니다.

5) 침대에서 나온다고 안달복달하지 말라. "주님, 감사합니다. 우리 아이가 이렇게 고집이 세네요." 하면서 조용히 체벌을 가하면 된다.

6) 계속 잠을 자지 않으려 하고 습관적으로 침대 밖으로 나오는 경우는 다음의 몇 가지 원인이 있다.

- 순종하는 것을 온종일 요구하지 않았기 때문에 여전히 고집이 센 것이다. 낮에 즉시 순종하도록 훈련을 시킨 부모들은 잠재우기가 훨씬 더 쉬울 것이다.

- 그들은 온종일 자기 마음대로 하도록 자유가 허락되었기 때문에 하루가 끝나는 시간에 부모가 권위를 내세우려는 시도를 거부하는 것이다. 예를 들어, 어떤 장난감을 가지고 놀지, 어떤 방에서 놀지, 어떤 옷을 입을지, 어떤 책을 읽을지, 어떤 비디오를 볼지, 어떤 접시에 먹을지 등 말이다. 하루 종일 자기 뜻대로 살던 아이는 잠자는 시간에 부모에게 도전할 수밖에 없는 것이다.

- 그들은 잘 때 무서운 꿈을 꾸어 왔기 때문에 자는 것이 두려울 수 있다. 외계인이나 괴물이나 악마가 나오는 만화나 영화를 보여주고는 아이들이 무서운 꿈과 악몽을 꾸는 것에 놀라는 게 오히려 이상하다.

- 극단적인 공포나 패닉 상태가 잠자리에 드는 것을 거부하는 주요 원인인 경우 대안을 생각할 필요가 있다.

  - 잠시 동안 아이와 함께 누워 있는다.

- 거실에 불을 켜놓은 상태로 방문을 열어 놓는다.
- 괴물은 실재가 아니라는 것과 하나님께서는 귀신보다 큰 분임을 계속 알려 준다.
- 침대에 누울 때마다 매번 두려워하는 것이 아니면 하룻밤이라도 같은 방에서 함께 자도록 한다. (하룻밤만 같이 자 주는 것임을 강조하면 다음번에는 혼자 자야 함을 이해할 것이다.)

침대에서 혼자 자기 시작할 때

1) 새로 산 큰 침대에 누이고 "벌써 다 커서 이렇게 큰 데에서 잘 수 있구나." 하고 긍정적으로 말해준다.
2) 책을 읽고 이야기하고 기도한 후에 침대에서 자야 한다는 것을 설명해 준다.
3) 엄마 아빠에게 순종해야 하며 그렇지 않을 경우 벌을 받게 됨을 분명히 말한다.
4) 침대에서 나오면 어떤 벌을 받게 될지를 포함하여, 말해 준 바를 다시 물어본다.
5) "침대에 누워 있을게요, 아빠!"라고 분명히 말하게 한다.
6) 따뜻하게, 사랑하는 마음으로 하되 부드러운 태도를 보이라.
7) 아이의 방에서 나올 때 뒷주머니에 체벌 도구를 넣은 채 방 밖에서 기다린다.
8) 아이가 방 밖으로 나와서 심각한 표정으로 인사하려고 할 때 꼭 안아 주되 살짝 체벌해야 한다.

9) 체벌할 때 순종하지 않은 것을 분명히 밝히는 것이 중요하다.

10) 화를 낼 필요는 없다. 아이의 반항이 오히려 쉽게 드러나 잘 다룰 수 있음에 하나님께 감사해야 할 시간이다.

11) 침대에 다시 눕히고 3번부터 다시 시작한다.

침대에 스스로 누울 수 있도록 훈련하라

밤에 자녀들을 재우는 데 큰 어려움이 없는 부모들도 있다. 실제로 아이들을 자러 보내는 것이 부모의 일상이 되어서는 안 된다. 아이가 시계를 볼 줄 알 만큼 나이가 들었을 때 그들은 스스로 잠자리에 들 훈련이 되어 있어야 한다. 물론 그것은 가능한 일이다. 자녀들이 부모의 권위를 인정하고 부모의 사랑에 애정을 가지고 반응한다면 그렇게 되지 않을 이유가 전혀 없다. 그저 시도를 안 할 뿐이지 원한다면 그렇게 될 수 있다.

15
자녀를
노엽게 하지 말라

"부모들 대부분은 지나치게 단호하게 굴어서 자녀를 노엽게
할까 봐 두려워한다. 하지만 자녀들 대부분은 부모가 지속적
으로 단호하지 않아서 노여운 것이다."

자녀를 노엽게 하는 부모들

1. 부모가 잘못한 것을 인정하는 법이 없다.

항상 자신이 옳다고 주장한다. 실수를 인정하지 않고 변명하고
정당화하고 모든 잘못을 합리화한다.

2. 위선을 일삼아 본이 되지 않는다.

자녀에게는 하라고 하면서 정작 자신은 그렇게 하지 않는다. 자녀들에게는 완벽하기를 요구하면서 자신은 그렇게 하지 못한다.

3. 약속을 지키지 않는다.

아이들에게 해주겠다고 약속한 것을 하나도 지키지 않음으로써 불신을 심어 주고 화나게 한다.

4. 자녀들에게 지나친 요구를 한다.

완벽하지 않으면 참아 주지 않는다. 완벽한 기준에 도달하지 못할 때 실패하는 것마다 콕 집어서 말하고 계속 시킨다. 자비를 보이지 않는다.

5. 과잉보호한다.

나이가 들었음에도 지나치게 자유와 독립을 제한한다. 실패할 기회를 전혀 주지 않는다. 아이의 마음이나 원하는 것을 고려하지 않고 모든 것을 결정해 준다.

6. 아이를 말로 때린다.

잘못된 행동을 적절한 징계로 다스리기보다는 습관적으로 오랜 시간 지겹게 설교를 늘어놓는다.

7. 아이를 말로 학대한다.

귀청이 터지도록 큰소리로 명령한다. 제대로 못 하는 경우에 꽥소리를 지른다. 계속 거친 말투를 고수한다. 욕을 내뱉으며 성격 운운하면서 "그따위로 해서 잘될 것 같냐?"며 비하한다. 아이가 화나게 할 때마다 욕을 한다.

8. 지나치게 심한 벌을 준다.

잘못한 행동에 비해 지나치게 혹독하게 벌을 준다.

9. 형제자매를 공평하게 대하지 않고 편애한다.

비슷한 규칙 위반에도 아이들에게 동일한 징계를 내리지 않는다. 다른 아이들과 차별 대우한다. 질책하는 중에 다른 형제와 비교한다. 같은 상황에도 누구에게는 가혹하게, 누구에게는 따뜻하게 대한다.

10. 아이들을 곤경에 처하게 한다.

다른 사람들, 특히 또래 친구들 앞에서 야단치거나 벌을 줌으로써 수치스럽게 만든다. 아이의 약점과 실수를 다른 사람 앞에서 함부로 떠벌린다.

11. 사전에 경고하지 않는다.

한창 재미있는 놀이 중인데 사전에 언제 갈지 말해 주지 않는다.

거의 갈 때가 되어서야 당장 하던 놀이를 중단하고 일어서라고 한다. (그러나 인생에 항상 사전 경고가 있는 것은 아니니 필요하다면 갑작스럽게 놀이를 끝내야 함을 알리며 실망스러워도 그것을 받아들여야 함을 알려줄 필요가 있다. 다만 좋은 태도로 해야 한다.)

12. 친구가 되고자 한다.

부모이면서 동시에 친구가 되려고 애쓴다. 친구처럼 약 올리고 수다 떨고 같이 놀아 주다가 갑자기 권위를 내세우면서 우위를 점하려고 한다. 아이가 약 올리고 질책하고 장난스럽게 부모의 이름을 부르면서 불손한 태도를 보이는 것을 내버려 두다가 다시 권위를 내세우려고 한다. 그러한 지나친 친근감을 조성하는 것은 오히려 아이들을 노엽게 만드는 것이다. 그들이 동년배인 동시에 부하라고 느끼도록 만들기 때문이다. 아이의 허락이 필요한 정서적으로 불안정한 부모는 아이가 자신을 무시하는 것을 알게 될 것이다. 아이들은 무의식적으로 부모가 리더가 되어 주기를 바라고 있다.

13. 단호한 징계와 적절한 훈련을 보류한다.

명확한 경계선을 그어 주지 않으면 아이들이 부모의 사랑 안에서도 오히려 불안함을 느낀다. 훈련과 징계가 없어 부모가 끌려다니는 가정은 오히려 아이들에게 가정을 떠맡기는 것과 다르지 않기 때문이다. 어린아이들이 가정의 대소사를 결정하는 것이 얼마나 어려운 일이겠는가!

14. 징계가 일관적, 지속적이지 않다.

부모들은 대부분 지나치게 단호함으로써 아이들을 노엽게 만들까 봐 두려워한다. 그러나 자녀들은 대부분 부모가 일관적, 지속적으로 단호하지 않은 것 때문에 스트레스를 받는다. 규칙을 정해 놓고 지속해서 일관적으로 지키게 하지 않으면 자녀들은 혼란스러워진다. 때에 따라서는 순종하지 않아도 된다고 허락하는 것이나 마찬가지이기 때문이다. 부모의 기준을 어기고 싶은 유혹은 자녀들을 불안하고 걱정하게 만든다. 규칙을 정했다면 밀어붙이라. 그렇지 않으면 아이들이 언제 부모의 말을 심각하게 받아들여야 할지 헷갈릴 수 있다.

15. 양육권을 약하게 주장한다.

지속적, 일관적으로 징계하지 않음으로써 아이들의 노여움을 살 수 있을 뿐 아니라 헷갈리는 말을 하는 것으로도 스트레스를 줄 수 있다.

입으로는 "안돼, 이게 끝이야."라고 하지만 그 얘기를 계속하게 내버려 두고는 결국 지쳐서 들어주고 만다. 부모가 선을 그었지만 아이가 넘어가도 그만인 것이다. 경계선을 단호하게 지키지 못하는 부모들은 전혀 준비되지 않은 아이들에게 가정 운영의 책임을 부분적으로 맡기는 것이다. 그들은 항상 계획하고 일을 꾸미고 있다. 부모가 얼마나 많이 밀릴 수 있는지 매번 테스트하는 아이는 늘 피곤하다.

16. 지속해서 아이들이 악하다고 믿는다.

잘못된 행동을 질책하면서 마치 지난번의 일도 다 못 혼낸 것처럼 최악의 상황을 기다렸다는 듯 덤벼든다. 아이들에게 웃음 한번 주지 않으면서 불신감을 드러낸다. 아이들이 다가올 때마다 미심쩍은 눈초리로 쳐다본다. 질책하는 상황에 그간 저지른 모든 잘못을 상기시킨다. 진정으로 새롭게 시작할 수 없게 만든다.

17. 아이들의 말에 귀 기울이지 않는다.

아이들에게 의견이나 불만, 스트레스 등을 표현할 기회를 주지 않는다. 공손히 다가와도 그들의 마음 상태에 대해 들으려 하지 않는다.

18. 아이들이 마음속 깊은 곳의 감정과 생각을 나누려 할 때 지속적으로 비난하고 비평한다.

아이들의 마음이 매우 약해져 있을 때, 그들 마음속의 숨겨진 동기를 폭로하며 민감한 이야기로 아이들을 힘들게 한다.

19. 원하지 않던 아이였다고 말한다.

아이들이 불편하고 성가시다며, 그들이 아니었다면 좀 더 성공할 수 있었을 것이라고 말한다. 더는 아이를 갖지 않을 거라는 둥, 아이들이 집을 떠나면 좋을 거라는 둥, 남들과 이야기하는 것을 듣게 한다. 아이들을 낳은 것을 후회하거나 아이들을 무시하면서 말하는 것을 듣게 한다. 화가 날 때 미워 죽겠다고 말한다.

20. 위협하여 거절감을 갖게 한다.

아이들이 잘못을 저질렀을 때 집을 나가 버리겠다고 경고한다. 이혼한 가정의 아이라면 이혼한 상대방의 집에 가서 살라고 말한다.

21. 집에서 인정해 주지 않는다.

집이 아닌 밖에서 친구들이나 선생님이나 다른 사람에게서 인정받을 수밖에 없다. 하는 일마다 못 한다고 구박한다. 부모를 흡족하게 만든 적이 없다고 여기게 만든다.

22. 아이들을 무시한다.

항상 너무 바빠서 아이들에게 시간을 내주지 않는다. 징계가 필요할 때만 아이들에게 주목한다.

23. 응석을 다 받아준다.

집에서 무슨 일을 해도 된다는 식으로 내버려 둔다. 아이들은 가정을 민주적이라 생각할 수 있지만 그렇기 때문에 자기들의 생각이 반영되지 않은 결정에 매우 분개한다. 어릴 때 결정권을 쥐면 십 대가 되어 마치 자기 삶을 자기가 결정하고 운영할 권리가 있는 것처럼 여기게 된다. 아이들에게 자기가 바라는 것을 많이 허락하면 할수록 다들 자신에게 빚을 졌다고 생각하며 아무것도 감사할 줄 모르게 된다.

24. 오만방자함을 부추긴다.

아이들이 화를 내거나 불손하게 말하는데도 대화를 이어 나간다. 자기 맘대로 하지 못해 부루퉁하거나 입을 삐죽거릴 때 벌을 주지 않는다. 대신 열심히 더 격려해 준다. 필요하다는 것을 사준다. 그냥 져주고 마음을 바꾼다. 이런 행위는 그들이 자기 마음대로 해도 되고 부모가 아이들의 인정을 받지 못할까 봐 두려워한다는 메시지를 던지는 것이다. 해가 갈수록 그들은 자기가 원하는 대로 되지 않으면 점점 더 화가 날 것이다. 결국 부지중에 아이들이 원하는 것을 가져도 된다고 말한 셈이다.

25. 뉘우치기 전에 체벌을 종료한다.

이것이 아이들을 노엽게 하는 가장 큰 원인이다. 부모들은 성경적인 체벌을 통해 아이들의 고집을 꺾으려 시도하지만, 아이들이 뉘우치고 자기 행동에 책임을 받아들이기 전에 끝내 버린다. 많은 부모가 고집이 세고 화가 많은 청소년과 싸우는 이유는 그들이 징계를 통해 뉘우치게 하는 데 지속해서 실패했기 때문이다. 체벌 시간에 그저 화 돋우기만 반복하고 끝낸 것이다. (제6장 안의 소제목 '체벌을 멈추는 시점'을 참고하라.)

16

가정이라는
은신처의 역할,
보호

"아이들은 언젠가 현실과 마주해야 해. 우리가 영원히 아이들을 보호해 줄 수는 없어." -자기 자녀를 감독하고 지도해야 할, 하나님이 부여하신 책임을 잘 이해하지 못하는 부모들이 종종 하는 말

절대적인 것은 하나, 그 외는 모두 상대적인 것

부모들은 대부분 자녀를 사랑한다. 그들은 아이들에게 가장 좋은 것을 주고 싶어 하고 그들을 보호하기 위해 자기 생명을 내어 줄지도 모른다. 그러나 그런 보호 본능에도 불구하고 자녀들의 일상에서 도덕적, 영적 위험성을 고려하는 부모들은 극소수다. 그들은 학교, 성가대, 여름 캠프, 스포츠, 친구, 영화, 음악, 춤, 데이트,

교회학교, 기독교 동아리 등을 절대적인 것으로 잘못 생각하고 있다. 이중 어느 것도 본질적으로 악한 것은 없다. 그러나 그런 것들은 자녀들을 다른 사람의 권위나 영향 아래 두는 것이다. 그들은 부모만큼 자녀를 사랑하지 않고 또 심판의 날에 우리 자녀들을 위해 서 줄 사람들이 아니다.

이런 활동이 자녀들에게 선한 영향을 끼치기보다 오히려 문제를 일으킨다면 어떻겠는가? 청소년들이 모이면 서로 무슨 이야기를 하겠는가? 여름 캠프에 가면 유혹이 생기지 않겠는가? 또는 학교에 보내지 않고 특정한 친구들을 멀리하면 반항적인 태도가 좀 누그러지겠는가?

자녀를 이런 활동에서 빠져나오게 하려고 이런 가정을 한 것은 아니다. 절대적이라고 여기던 것들을 재고해 보길 바라는 마음 때문이다. 이런 활동들은 안전할 수 있고 자녀 훈련 목표에 부정적 영향이 없을 수도 있지만 동시에 모두 위험할 수도 있다.

많은 부모가 믿음의 자녀들을 훈련하기 위해 했던 노력이 헛수고가 된 이유는 그들이 깊이 생각하지 않고 사교 동아리나 교회가 관여하는 행사에 아이들을 보냈기 때문이다.

이스라엘의 양육 실수를 반복하지 말자. 그들은 자녀양육을 위한 지침[114]을 받았고 약속의 땅[115]에 거주하던 이교도들과 밀접한 교류를 삼가라는 충고를 받았다. 하나님께서 이교도들의 영

---

114. 신명기 6:6-9, 11:16-23
115. 신명기 7:1-6, 16

향이 매우 전염 가능성이 높음을 아시고 이스라엘에게 모든 이 방인을 쫓아내라고 명령하신 것이다. 신명기 8:19~20, 출애굽기 23:32~33, 34:12, 민수기 33:51~56, 여호수아 23:7, 12~13의 경고 하는 바를 읽어라. 사사기에서는 이스라엘의 모든 새로운 세대가 어떻게 자라나서 하나님께 영적 간음과 배반을 했는지 폭로한다. 그들의 부모들이 하나님의 금지령과 경고[116]를 무시했기 때문이 다. 이스라엘의 실수로부터 배워 골치 아픈 일을 겪지 않기를 바란 다. (잠언 13:20, 23:17, 24:1, 고린도전서 15:33도 읽어라.)

대부분의 아이가 경험하는 것들이라고 해서 그것이 성장 과정 에서 필수적인 것이라고 생각하지 말라. 그것은 절대적인 것이 아 니다. 절대적인 것은 우리가 하나님을 사랑하고 자손을 양육하여 그분을 닮아가게 하는 것이다. 우리는 아이들이 미국의 전통적인 경험을 가져야 행복한 어린 시절을 보내는 것이라는 생각을 마음 에서 떨쳐 내야 한다. 아이들이 세상의 영향에 발을 담그고 압도 하는 유혹을 경험함으로써 진정한 인생을 준비하게 된다는 생각 을 지워야 한다. 이스라엘의 자손들은 취약했고 그 부모들은 그 들을 보호하는 데 실패했다. 우리는 이스라엘의 실수를 반복해서 는 안 된다.

양심적인 부모라면, 우리는 스스로에게 질문해야 할 것이다. 아 이를 아이답지 못하게 하는 것들, 또 죄로 유혹하는 사람들 아래

---

116. 사사기 1:27-33, 2:3

에서 매주 몇 시간씩 지내도록 하는 것이 아이들에게 무슨 선한 영향이 있는가? 짧은 어린 시절 동안 지나치게 많은 시간을 영적으로 좋지 않은 것, 영적 정신적 성숙을 방해하는 것에 시간을 보내도록 내버려 두는 것이 옳은 일인가?

자아를 부인하고 책임감 있게 남을 섬김으로써 성숙함이 얻어지는 반면, 자기 쾌락을 위한 활동에 많은 시간을 보내면서 점점 미숙해진다면 왜 자녀들이 그런 일에 많은 시간을 사용하게 내버려 두는가? 우리는 추구하던 바를 재평가하고 그간 들인 시간과 노력이 과연 그들을 성숙하게 하고 성인의 역할을 준비하도록 만들었는지 잘 판단해야 할 것이다.

그동안 어떤 것들을 절대적이라 여겼는가? 부모들이여, 그것이 꼭 필요한가? 그 일이 돈을 더 벌게 해 주어서 그런 것은 아닌가? 돈을 더 많이 버는 것이 아이들과 함께 있는 시간보다 중요한가? 그 학교가 좋지 않은 영향을 끼치는 데도 편하기 때문에 보내는 것은 아닌가? 축구팀 아이들이 우리 아이에게 매우 부정적인 영향을 끼치고 있는데도 그냥 남아 있으라고 하는 사람은 누구인가?

은신처만이 아니라 양육의 장소

그러나 여기서 한 가지 중요한 것을 명확히 하고자 한다. 부모들은 아이들을 도덕적, 영적 타락에서 보호해야 하지만 그게 다라고 생각해서는 안 된다. 가정이라는 은신처에서 자녀를 보호하는 것만으로는 좋은 성품을 만들 수 없다. 사람을 바꿀 수는 없고 단지 일시적으로 상태를 유지할 뿐이다. 가정에서 보호하는 것은 가연성 물체를 열원에서 떨어뜨리는 것 이상은 아니다. 자녀양육이 가정에서 자녀를 보호하는 것뿐인 부모들은 결국 큰 실망에 빠질 것이다.

가정이라는 은신처에서 자녀들을 보호하는 것은 도덕적, 영적 순결에 있어 매우 중요하지만, 그것에만 지나치게 의존할 수도 있다. 자신이 그런 상황에 있는지 판단해 보자. 만약 "나는 우리 아이들의 삶에 영향을 끼치는 것을 통제하고 있다. 그러니 결과도 통제할 수 있을 것이다."라고 말한다면 가정에서 보호하는 소극적 형태의 양육이 좋은 성품을 만든다고 착각하는 부모이다.

결실이 있는 양육이 되려면 무언가 못하게 보호만 하는 것이 아니라 아이들에게 더 가치 있는 것을 주입하는 것이 중요하다. 아이들을 세상으로부터 보호하기보다 아이들 안에 예수를 향한 사랑이 불붙게 하는 데에 더 많은 시간을 들여야 한다.

17
하나님과
이웃을 사랑하는
자녀로 양육하기

"아무 일에든지 다툼이나 허영으로 하지 말고 오직 겸손한 마음으로 각각 자기보다 남을 낫게 여기고 각각 자기 일을 돌볼 뿐더러 또한 각각 다른 사람들의 일을 돌보아 나의 기쁨을 충만하게 하라 너희 안에 이 마음을 품으라 곧 그리스도 예수의 마음이니" (빌립보서 2:3~5)

순종과 존중

아이들은 부모에게 순종하고 존중하는 것을 배워야 한다. 그것은 아이들이 자기 통제의 덕을 키울 때 가능하고 그렇게 함으로써 성숙함의 기반을 다질 수 있고 부모로부터 도덕 교육을 받을 마음의 준비를 할 수 있다.

사랑이 없으면

많은 부모가 순종하고 존중하는 아이들로 양육하는 것이 중요하다는 것은 알지만, 하나님과 이웃을 사랑하는 사람으로 양육하는 것에 대해서는 잘 모르고 있다. 그들은 자녀들이 이 믿음 안에서 양육되어 자신을 다스릴 줄 아는 사람이 되면 신체적, 정신적으로 자라면서 영적인 성숙함도 저절로 생길 것으로 생각한다. 그러나 자녀들이 성인이 되었을 때 부모가 그들에게 주고자 했던 도덕이나 믿음은 사라지고 없는 경우가 많다. 많은 부모는 자신의 양육 결과에 만족하지만 실제로는 그럴 만하지 않다는 사실이 매우 안타깝다. 자녀들이 자라나 교회에 잘 나가기는 하지만 이들 중에 그리스도인의 가장 중요한 덕목인 사랑이 결여된 사람이 많다는 점이다.

그리스도를 따르는 사람들로서 우리는 아이들이 자기 통제력을 기르는 것만이 아니라 하나님을 사랑하고 자기 가족[117]과 이웃[118]과 심지어 원수[119]도 진심으로 사랑하도록 키워야 한다.

많은 부모가 개인적인 삶 가운데 사랑을 가장 큰 가치로 꼽지 않기 때문에 그저 아이들을 순종하는 모습으로 양육하는 데에만 만

---

117. 사랑은 어려운 사람이 아닌 가족을 대하는 태도로 입증된다. (디모데전서 5:8)
118. 누가복음 10:29-37
119. 사랑은 친구가 아닌 우리를 반대하는 사람들을 대하는 태도로 입증된다. (마태복음 5:46-47)

족하고 있는 것은 매우 슬픈 일이다. 그리스도께서 순종을 배우면 사랑도 배울 수 있다고 가르치신 것을 근거로 그들은 그러한 접근을 정당화한다. 순종은 분명히 사랑[120]의 특성 중의 하나이지만 자녀들의 고집을 꺾고 나서 그들에게 사랑을 가르치기를 간과하면 집의 기초는 다져놓고 더는 아무것도 세우지 않는 것과 다르지 않다. 기초는 절대적으로 필요하지만, 목표는 집이다. 자기 고집을 굴복시키며 일어나는 순종과 존중은 중요한 기초를 대표하지만, 그것은 그저 사랑을 세우기 위한 기초적 요소일 뿐이다.

부모들이여, 자기 내면을 살펴보라. 자녀들이 순종하고 존중하며 교회를 섬기고 단정한 복장에 깔끔한 헤어 스타일을 하고 찬양만 들으면 만족스럽겠는가? 이런 모습은 좋은 표징이지만 만약 아이가 사회적으로 냉소적이어서 어려운 사람들에 대해 무관심하거나 타인에 대한 사랑 없이 자란다면 어떻겠는가? 아이들이 자기에게만 몰입해서 새로운 사람 만나기를 꺼리고 낯선 사람과 교류하는 것이나 필요한 사람들을 집에 초대하는 데 익숙하지 않다면 어떻겠는가?

목표를 점검하라. 아이들이 웨스트민스터 소요리문답 전체를 인용할 줄 알고 자신을 잘 다스릴 수 있어서 교회에서 한 번에 몇 시간이고 조용히 앉아 있을 수 있다면 만족스럽겠는가? 행동이 반듯하고 어디를 데리고 가든지 옆에 잘 있다면 만족스럽겠는가? 그

---

120. "너희가 나를 사랑하면 나의 계명을 지키리라" 요한복음 14:15

런 절제력 있는 행동은 좋은 기초가 되지만 아이들이 남의 뒷말을 하고 비하한다면 아무 소용이 없다.

아들과 딸이 정숙한 차림으로 교회에 나간다면 만족스럽겠는가? 열심히 일하고 책임감 있다고 알려지고 모든 어른에게 공손히 대하면 만족스럽겠는가? 그렇다고 해도 가정에서 자주 다투고 기분 나쁘다고 함부로 대하게 하는 마음 밭을 그냥 넘어가지 말라.

공공장소에서 하듯 가정에서도 태도가 좋은데 유일한 흠이 다른 사람의 단점을 지적하는 것뿐이라면 어떻겠는가? 우리는 자녀들의 유일한 결점이 교만이라고 좋아하는 어리석은 부모들이다. 하나님께서는 교만한 자를 물리치신다고 했다.[121] 행실은 단정하지만 교만한 아이는 친구에게는 무익하고 하나님께는 반항아일 뿐, 절대 기뻐하시지 않는다.[122]

가장 소중한 것

그분의 제자들에게 최우선 순위는 하나님을 가장 사랑하고 이

---

121. 야고보서 4:6 중

122. "두 사람이 기도하러 성전에 올라가니 하나는 바리새인이요 하나는 세리라 바리새인은 서서 따로 기도하여 이르되 하나님이여 나는 다른 사람들 곧 토색, 불의, 간음을 하는 자들과 같지 아니하고 이 세리와도 같지 아니함을 감사하나이다 나는 이레에 두 번씩 금식하고 또 소득의 십일조를 드리나이다 하고 세리는 멀리 서서 감히 눈을 들어 하늘을 쳐다보지도 못하고 다만 가슴을 치며 이르되 하나님이여 불쌍히 여기소서 나는 죄인이로소이다 하였느니라 내가 너희에게 이르노니 이에 저 바리새인이 아니고 이 사람이 의롭다 하심을 받고 그의 집으로 내려갔느니라 무릇 자기를 높이는 자는 낮아지고 자기를 낮추는 자는 높아지리라 하시니라" 누가복음 18:10-14 (마태복음 21:31, 마가복음 2:17, 요한복음 9:39-41, 디모데전서 3:6도 같이 참조하라.)

웃을 내 몸과 같이 사랑하라[123]는 것임을 알고 있을 것이다. 그러므로 우리가 자녀들을 양육하면서 우리의 중요한 목표는 그들이 하나님과 이웃을 사랑하도록 키우는 것이다.

사도 바울은 그의 가르침의 목표가 그저 올바른 지식을 갖게 하는 것이 아니라 그들이 무엇을 배우든 사랑하는 사람이 되게[124] 하는 것임을 영의 자녀들에게 선포하며 강조했다. 그래서 그가 여러 교회에 보낸 서신서들에 가장 많이 언급한 가치는 사랑이었다.[125] 그는 데살로니가 성도들이 서로 매우 사랑하기에 그에 대해 더 가르칠 것이 없다고 말하면서도, 더욱더 서로 사랑하라고 끊임없이 강조했다.[126] 또한 바울의 고린도전서에 보면 하나님께서는 우리가 무엇을 성취하든, 얼마나 영적이든 상관없이 "사랑이 없으면 아무것도 아니라"고 이 점을 매우 명확하게 말씀하셨다.[127]

그러므로 우리가 천사의 말을 하고 산을 옮길 만한 믿음이 있고 몸을 희생할 만큼 내주고 온 마음으로 즉각 순종하는 아이들을 양

---

123. "예수께서 이르시되 네 마음을 다하고 목숨을 다하고 뜻을 다하여 주 너의 하나님을 사랑하라 하셨으니 이것이 크고 첫째 되는 계명이요 둘째도 그와 같으니 네 이웃을 네 자신 같이 사랑하라 하셨으니" 마태복음 22:37-39
124. "이 교훈의 목적은 청결한 마음과 선한 양심과 거짓이 없는 믿음에서 나오는 사랑이거늘" 디모데전서 1:5
125. 에베소서 1:15, 빌립보서 1:9, 골로새서 1:4-5, 8, 데살로니가전서 1:3, 3:6, 12, 4:9-10, 데살로니가후서 1:3, 빌레몬서 1:5, 7
126. "형제 사랑에 관하여는 너희에게 쓸 것이 없음은 너희들 자신이 하나님의 가르치심을 받아 서로 사랑함이라 너희가 온 마게도냐 모든 형제에 대하여 과연 이것을 행하도다 형제들아 권하노니 더욱 그렇게 행하고" 데살로니가전서 4:9-10
127. "내가 사람의 방언과 천사의 말을 할지라도 사랑이 없으면 소리 나는 구리와 울리는 꽹과리가 되고 내가 예언하는 능력이 있어 모든 비밀과 모든 지식을 알고 또 산을 옮길 만한 모든 믿음이 있을지라도 사랑이 없으면 내가 아무것도 아니요 내가 내게 있는 모든 것으로 구제하고 또 내 몸을 불사르게 내줄지라도 사랑이 없으면 내게 아무 유익이 없느니라" 고린도전서 13:1-3

육한다고 해도 사랑이 없으면 아무것도 얻은 것이 없다. 정말 아무것도 아니다. 물론 순종하고 자신을 잘 제어하는 모습이 아름답고 꼭 필요한 것이지만 사랑하지 못한다면 우리 하나님의 마음에 가장 소중한 가치가 없는 것이다.

가장 큰 것

최고의 계명에 따라 양육에 있어서 가장 큰 것은 아이들이 하나님을 사랑하게 만드는 것이다. 사도 요한은 하나님을 사랑하는 사람들이 사랑하는 것은 그들이 먼저 그분의 사랑을 경험했기 때문이라고 가르치고 있다.[128] 그러므로 우리는 하나님의 사랑을 우리 아이들에게 전달하는 것을 목표로 세워야 한다. 다음은 아이들이 하나님을 사랑하면서 자라도록 도와줄 네 가지의 방법이다.

1. 복음의 교리적 진리를 가르치라 : 하나님께서 죄인을 사랑하신다.

"우리가 아직 죄인 되었을 때에 그리스도께서 우리를 위하여 죽으심으로 하나님께서 우리에 대한 자기의 사랑을 확증하셨느니라 그러면 이제 우리가 그의 피로 말미암아 의롭다 하심을 받았으니 더욱 그로 말미암아 진노하심에서 구원을 받을 것이니 곧 우리가 원수 되었을 때에 그의 아들의 죽으심

---

128. "우리가 사랑함은 그가 먼저 우리를 사랑하셨음이라" 요한일서 4:19

으로 말미암아 하나님과 화목하게 되었은즉 화목하게 된 자

로서는 더욱 그의 살아나심으로 말미암아 구원을 받을 것이

니라" (로마서 5:8~10)

"이러므로 내가 네게 말하노니 그의 많은 죄가 사하여졌도다

이는 그의 사랑함이 많음이라 사함을 받은 일이 적은 자는 적

게 사랑하느니라" (누가복음 7:47)

하나님을 사랑하도록 돕는 진리를 아이들에게 전해 주기 위해서는 먼저 우리 자신이 그것을 이해해야 한다. 그분의 사랑을 받을 자격이 있었기 때문에 하나님께서 우리 죄를 위해 그분의 아들을 속죄의 제물로 보내신 것이 아니었다. 오히려 그 반대로 우리는 그분의 진노를 받아 마땅한 상황이었다. 하나님께서는 의롭고 거룩한 심판자로서 우리를 그분의 사랑과 자비에 걸맞은 선하고 사랑스러운 존재가 아니라 그분을 거역하는 죄인으로 보셨다. 그렇기 때문에 그분이 대단하신 것이다. 그분은 심판받아 마땅한 자들을 사랑하신 것이다. 그렇기 때문에 원수에게 자비를 베푸시고 원수들이 빚진 것을 갚아 주시는 하나님의 복음이 영광스러운 것이다.

우리는 죄인이기 때문에 구원자가 필요해서 그리스도를 부른다. 그러나 많은 구원 받은 죄인들이 하나님에게서 오는 자비의 깊이를 이해하지 못하고 있다. 그들은 자기 죄성의 심각함을 보지 못하고 그렇기에 하나님의 큰 자비에 감사하지 못한다. 예수께서

는 자기 죄의 깊이를 아는 자들이 하나님을 더욱더 사랑할 것이라고 가르치셨다.[129]

온 마음으로 하나님을 사랑하기 위해 우리는 우리가 그리스도의 죽음이 가져온 용서를 받을 가치가 없음을 인식해야 한다. 우리는 죽어야 마땅했다. 하나님께서는 우리의 악함을 미워하셨지만, 그분의 진노를 우리를 대신해 그분의 죄 없는 아들에게 쏟아 부으셨다.

하나님께서는 우리의 죄 많은 상태를 그리면서 우리 마음을 어떤 것보다 매우 사악하고 거짓으로 가득한 것으로 보신다.[130] 우리가 그분으로부터 구원[131] 안에서 새로운 본성을 받을 때까지 우리가 가진 모든 동기는 오염되었고 타락해 있었다.[132] 그분이 말씀하시기를, 우리가 한 행동은 가장 선하더라도 더러운 옷[133] 같다고 하셨다. 사실 하나님께서는 거룩하고 순결하여 그분의 옆에서는 태양도 밝지 못하고[134] 우리는 구더기 같은 사람, 벌레 같은 인생[135]이다. 하나님께서는 우리를 타락한 죄인들[136]이라고 보시고 그리스도께서 십자가에 달려 희생되실 때 죄에 빠진 우리에 대한 하나님의 진노를 감당하게 하셨다.

---

129. 누가복음 7:47
130. 예레미야 17:9, 욥기 15:15-16, 25:4-6, 마가복음 7:20-23, 요한복음 2:24-25, 로마서 3:10-18
131. 고린도전서 5:17
132. 창세기 6:5, 8:21
133. 이사야 64:6
134. 욥기 15:15-16, 25:4-6
135. 욥기 25:5-6
136. 시편 14:2-3, 51:5, 전도서 7:29

이런 사랑이 있을 수가 있는가! 완전하고 순결한, 우주의 하나님께서 원수라고 여기신 자들을 위해 끔찍한 죽음을 견뎌 내셨다. 우리는 '의로우신 심판자'를 대적하였고 그분은 영원한 징벌로 실형을 받아야 할 우리를 대신하여 사형 선고를 받으셨다. 그분은 그분의 진노를 받아 마땅한, 바로 그 죄인들에게 손을 뻗으시고 사랑해 주셨다. 얼마나 자비로운 하나님이신가!

부모들이여, 우리는 이 진리를 잘 붙들어야 하고 자녀들에게 전해 주어야 한다. 하나님과 사랑에 빠지려면 그들은 복음의 깊이를 이해해야 한다. 그분의 위대한 선물의 양상을 보도록 하자.

● 우리를 하나님과 화목하게 한 것은 우리의 행위가 아닌 그리스도의 행위였다.

"곧 우리가 원수 되었을 때에 그의 아들의 죽으심으로 말미암아 하나님과 화목하게 되었은즉 화목하게 된 자로서는 더욱 그의 살아나심으로 말미암아 구원을 받을 것이니라"

(로마서 5:10)

"모든 것이 하나님께로서 났으며 그가 그리스도로 말미암아 우리를 자기와 화목하게 하시고 또 우리에게 화목하게 하는 직분을 주셨으니 곧 하나님께서 그리스도 안에 계시사 세상을 자기와 화목하게 하시며 그들의 죄를 그들에게 돌리지 아니하시고 화목하게 하는 말씀을 우리에게 부탁하셨느니라"

(고린도후서 5:18)

"이제는 그의 육체의 죽음으로 말미암아 화목하게 하사 너
희를 거룩하고 흠 없고 책망할 것이 없는 자로 그 앞에 세우
고자 하셨으니" (골로새서 1:22)

● **그리스도의 죽음이 우리 죄를 온전히 가져가셨다.**[137]

"염소와 송아지의 피로 하지 아니하고 오직 자기의 피로 영
원한 속죄를 이루사 단번에 성소에 들어가셨느니라"

(히브리서 9:12)

"이와 같이 그리스도도 많은 사람의 죄를 담당하시려고 단번
에 드리신 바 되셨고 구원에 이르게 하기 위하여 죄와 상관
없이 자기를 바라는 자들에게 두 번째 나타나시리라"

(히브리서 9:28)

"이 뜻을 따라 예수 그리스도의 몸을 단번에 드리심으로 말
미암아 우리가 거룩함을 얻었노라… 또 그들의 죄와 그들의

---

137. 요한복음 1:29

불법을 내가 다시 기억하지 아니하리라 하셨으니"

(히브리서 10:10, 17)

● 우리의 지속적인 모습이 아니라 그리스도의 삶과 죽음으로 우리는 하나님과 화목하게 되었다.

"그러므로 우리가 믿음으로 의롭다 하심을 받았으니 우리 주 예수 그리스도로 말미암아 하나님과 화평을 누리자"

(로마서 5:1)

● 우리가 하나님께 스스로 가까이 갈 수 없을 그때 그리스도께서 우리를 하나님께로 가까이 불러 주셨다.

"이제는 전에 멀리 있던 너희가 그리스도 예수 안에서 그리스도의 피로 가까워졌느니라" (에베소서 2:13)

● 우리가 훌륭하기 때문이 아니라 그리스도께서 십자가에서 끝내신 일 덕분에 우리는 담대하게 하나님의 임재 안으로 들어갈 수 있다.

"그러므로 우리는 긍휼하심을 받고 때를 따라 돕는 은혜를 얻기 위하여 은혜의 보좌 앞에 담대히 나아갈 것이니라"

(히브리서 4:16)

"그러므로 형제들아 우리가 예수의 피를 힘입어 성소에 들어
갈 담력을 얻었나니" (히브리서 10:19)

● 우리 주님께서 우리를 위해 모든 일을 하셨고 그분을 믿는 임무를 우
리에게 주셨다.

"그들이 묻되 우리가 어떻게 하여야 하나님의 일을 하오리이
까 예수께서 대답하여 이르시되 하나님께서 보내신 이를 믿
는 것이 하나님의 일이니라 하시니" (요한복음 6:28~29)

"일하는 자에게는 그 삯이 은혜로 여겨지지 아니하고 보수로
여겨지거니와 일을 아니할지라도 경건하지 아니한 자를 의
롭다 하시는 이를 믿는 자에게는 그의 믿음을 의로 여기시나
니" (로마서 4:4~5)

하나님께 흠뻑 빠진다는 것은 그분이 우리와 화해하기 위하여
하신 일을 깊이 이해하는 것이다. 하나님과 화해하는 것이 무슨 뜻
인지 분명히 알 수 있도록 기도하라. 그것이 정체성을 바꾸고 자녀
들에게 더 많은 것을 주게 될 것이다.

**2. 자녀들에게 하나님이 누구이신지 가르치라 : 지금까지의 존재
중에 가장 놀랍고 사랑할 만한 존재이시다.**

"믿음으로 말미암아 그리스도께서 너희 마음에 계시게 하시옵고 너희가 사랑 가운데서 뿌리가 박히고 터가 굳어져서 능히 모든 성도와 함께 지식에 넘치는 그리스도의 사랑을 알고 그 너비와 길이와 높이와 깊이가 어떠함을 깨달아 하나님의 모든 충만하신 것으로 너희에게 충만하게 하시기를 구하노라" (에베소서 3:17~19)

우리가 복음을 진정으로 이해할 때 우리는 하나님이 믿을 수 없을 정도로 사랑스러운 존재이심을 알게 된다. 십자가에서 드러내신 자비까지 가지 않더라도, 그분을 깊이 아는 사람들은 그분을 경외하고 그분에게 반한 자신을 보게 된다. 옛말에 "아는 것이 사랑하는 것이다."라고 했는데 이 말은 하나님에 대한 말이었을 것이다. 자녀들이 하나님을 사랑하기를 원한다면 테드 트립Tedd Tripp이라는 작가의 말처럼 "하나님 때문에 그들이 황홀하게" 하라.[138]

하나님 때문에 황홀한 사람을 본 적 있는가? 그게 어떠한 것인 줄 아는가? 황홀하게 하시는 하나님이 어떤 분이신지 아는가? 다윗왕은 하나님께 사로잡힌 사람이었다. 그는 하나님께 완전히 반해 있었다. 그리하여 하늘의 아버지와의 친밀한 관계로 인해 이렇게 말한 적도 있다.

"하나님이여 사슴이 시냇물을 찾기에 갈급함 같이 내 영혼이

---

138. 세미나 「자녀의 마음 목양」 중에서

주를 찾기에 갈급하니이다 내 영혼이 하나님 곧 살아 계시는 하나님을 갈망하나니 내가 어느 때에 나아가서 하나님의 얼굴을 뵈올까"[139] 라고 말이다. 또한 "내가 여호와께 바라는 한 가지 일 그것을 구하리니 곧 내가 내 평생에 여호와의 집에 살면서 여호와의 아름다움을 바라보며 그의 성전에서 사모하는 그것이라"[140]라고 했다.

다윗은 하나님을 더 깊이 알게 될수록 그분이 절대적으로 완전하게 멋진 분임을 더 많이 깨달았다.

> "내가 주의 권능과 영광을 보기 위하여 이와 같이 성소에서 주를 바라보았나이다 주의 인자하심이 생명보다 나으므로 내 입술이 주를 찬양할 것이라 이러므로 나의 평생에 주를 송축하며 주의 이름으로 말미암아 나의 손을 들리이다 골수와 기름진 것을 먹음과 같이 나의 영혼이 만족할 것이라 나의 입이 기쁜 입술로 주를 찬송하되 내가 나의 침상에서 주를 기억하며 새벽에 주의 말씀을 작은 소리로 읊조릴 때에 하오리니 주는 나의 도움이 되셨음이라 내가 주의 날개 그늘에서 즐겁게 부르리이다 나의 영혼이 주를 가까이 따르니 주의 오른손이 나를 붙드시거니와" (시편 63:2~8)

---

139. 시편 42:1-2
140. 시편 27:4

다윗은 고난의 때에 하나님께서 자신을 구하여 안전을 보장해 주신 것에 감사해서 하나님을 사랑했다.

> "나는 주의 힘을 노래하며 아침에 주의 인자하심을 높이 부르오리니 주는 나의 요새이시며 나의 환난 날에 피난처심이니이다" (시편 59:16)

> "내 마음이 약해질 때에 땅 끝에서부터 주께 부르짖으오리니 나보다 높은 바위에 나를 인도하소서 주는 나의 피난처시요 원수를 피하는 견고한 망대이심이니이다 내가 영원히 주의 장막에 머물며 내가 주의 날개 아래로 피하리이다"
> (시편 61:2~4)

> "나의 영혼이 잠잠히 하나님만 바람이여 나의 구원이 그에게서 나오는도다 오직 그만이 나의 반석이시요 나의 구원이시요 나의 요새이시니 내가 크게 흔들리지 아니하리로다"
> (시편 62:1~2)

다윗은 하나님의 율법의 지혜로움과 실제적인 가치로 인해 하나님을 사랑했다.

> "내가 주의 법을 어찌 그리 사랑하는지요 내가 그것을 종일

작은 소리로 읊조리나이다" (시편 119:97)

"주의 증거들은 놀라우므로 내 영혼이 이를 지키나이다"
(시편 119:129)

"내 영혼이 주의 증거들을 지켰사오며 내가 이를 지극히 사
랑하나이다 내가 주의 법도들과 증거들을 지켰사오니 나의
모든 행위가 주 앞에 있음이니이다" (시편 119:167~168)

"여호와의 율법은 완전하여 영혼을 소성시키며 여호와의 증
거는 확실하여 우둔한 자를 지혜롭게 하며" (시편 19:7)

다윗은 하나님이 신실하고 의지할 만한 분이심을 알았다.

"여호와의 말씀은 정직하며 그가 행하시는 일은 다 진실하시
도다" (시편 33:4)

"주의 나라는 영원한 나라이니 주의 통치는 대대에 이르리이
다 여호와는 그분의 모든 약속에 신실하시며 만드신 모든 것
을 사랑하시니이다" (시편 145:13)

다윗은 창조자이신 하나님께 사로잡혔다.

"오라 우리가 여호와께 노래하며 우리의 구원의 반석을 향하여 즐거이 외치자 우리가 감사함으로 그 앞에 나아가며 시를 지어 즐거이 그를 노래하자 여호와는 크신 하나님이시요 모든 신들보다 크신 왕이시기 때문이로다 땅의 깊은 곳이 그의 손 안에 있으며 산들의 높은 곳도 그의 것이로다 바다도 그의 것이라 그가 만드셨고 육지도 그의 손이 지으셨도다 오라 우리가 굽혀 경배하며 우리를 지으신 여호와 앞에 무릎을 꿇자 그는 우리의 하나님이시요 우리는 그가 기르시는 백성이며 그의 손이 돌보시는 양이기 때문이라" (시편 95:1~7a)

"주께서 내 내장을 지으시며 나의 모태에서 나를 만드셨나이다 내가 주께 감사하옴은 나를 지으심이 심히 기묘하심이라 주께서 하시는 일이 기이함을 내 영혼이 잘 아나이다"
(시편 139:13~14)

다윗은 하나님의 무소 부재하심을 우러러보았다.

"내가 주의 영을 떠나 어디로 가며 주의 앞에서 어디로 피하리이까 내가 하늘에 올라갈지라도 거기 계시며 스올에 내 자리를 펼지라도 거기 계시니이다" (시편 139:7~8)

다윗은 하나님의 무소 부재하심에 매우 놀랐다.

"여호와여 주께서 나를 살펴 보셨으므로 나를 아시나이다 주께서 내가 앉고 일어섬을 아시고 멀리서도 나의 생각을 밝히 아시오며 나의 모든 길과 내가 눕는 것을 살펴 보셨으므로 나의 모든 행위를 익히 아시오니 여호와여 내 혀의 말을 알지 못하시는 것이 하나도 없으시니이다 주께서 나의 앞뒤를 둘러싸시고 내게 안수하셨나이다 이 지식이 내게 너무 기이하니 높아서 내가 능히 미치지 못하나이다" (시편 139:1~6)

다윗은 하나님의 믿을 수 없는 능력을 경외했다.

"산들이 여호와의 앞 곧 온 땅의 주 앞에서 밀랍 같이 녹았도다" (시편 97:5)

"하나님께 아뢰기를 주의 일이 어찌 그리 엄위하신지요 주의 큰 권능으로 말미암아 주의 원수가 주께 복종할 것이며" (시편 66:3)

"내가 주의 권능과 영광을 보기 위하여 이와 같이 성소에서 주를 바라보았나이다 주의 인자하심이 생명보다 나으므로 내 입술이 주를 찬양할 것이라" (시편 63:2~3)

"여호와는 위대하시니 크게 찬양할 것이라 그의 위대하심을 측량하지 못하리로다 대대로 주께서 행하시는 일을 크게 찬양하며 주의 능한 일을 선포하리로다 주의 존귀하고 영광스러운 위엄과 주의 기이한 일들을 나는 작은 소리로 읊조리리이다 사람들은 주의 두려운 일의 권능을 말할 것이요 나도 주의 위대하심을 선포하리이다" (시편 145:3~6)

다윗은 하나님의 큰 권능을 경외했다.

"내 육체가 주를 두려워함으로 떨며 내가 또 주의 심판을 두려워하나이다" (시편 119:120)

"주께서는 경외 받을 이시니 주께서 한 번 노하실 때에 누가 주의 목전에 서리이까" (시편 76:7)

"누가 주의 노여움의 능력을 알며 누가 주의 진노의 두려움을 알리이까" (시편 90:11)

"여호와여 주께서 죄악을 지켜보실진대 주여 누가 서리이까 그러나 사유하심이 주께 있음은 주를 경외하게 하심이니이다" (시편 130:3~4)

"너희는 여호와의 선하심을 맛보아 알지어다 그에게 피하는 자는 복이 있도다 너희 성도들아 여호와를 경외하라 그를 경외하는 자에게는 부족함이 없도다 젊은 사자는 궁핍하여 주릴지라도 여호와를 찾는 자는 모든 좋은 것에 부족함이 없으리로다 너희 자녀들아 와서 내 말을 들으라 내가 여호와를 경외하는 법을 너희에게 가르치리로다" (시편 34:8~11)

이 장에서 우리 하늘의 아버지께서 얼마나 멋진 분이신지 알리는 데에 충분한 지면을 할애하지 못했지만, 우리가 그분을 만나기 위해 가야 할 길은 제시되어 있다. 하나님께서는 분명하게 약속하시고 항상 이루어 주신다. 우리가 온 마음을 다해 그분을 찾으면 그분은 우리에게 모습을 드러내 주신다.[141] 우리는 갈급하고 겸손한 마음으로 하나님과 만나고 싶다고 기도하면서 말씀 안에서 시간을 보내야 한다. 자녀들이 하나님을 거부할 수 없는 분으로 만나도록 도와주기 위해 우리 자신이 먼저 그분을 깊이 알아야 할 것이다.

3. 하나님을 사랑하는 본이 되라.

"내가 너희에게 행한 것 같이 너희도 행하게 하려 하여 본을 보였노라" (요한복음 13:15)

---

141. "너희가 온 마음으로 나를 구하면 나를 찾을 것이요 나를 만나리라" 예레미야 29:13

"누구든지 네 연소함을 업신여기지 못하게 하고 오직 말과

행실과 사랑과 믿음과 정절에 있어서 믿는 자에게 본이 되

어"(디모데전서 4:12)

자녀들이 하나님을 사랑하기를 원한다면 부모가 하나님을 사랑하는 본을 보이는 것이 중요하다. "삶에 있어서 가장 중요한 것은 가르침으로 아는 것이 아니라 스스로 체득하는 것이다."라는 말이 우리 아이들에게 딱 맞는 말이다. 우리가 하는 행동이 말보다 힘이 있다. 실제로 우리가 하는 말이 하나님을 진짜 사랑하는 마음으로 하는 말이 아니라면 영향을 끼칠 수가 없다.

하나님의 영광을 위해 또 우리 자녀들을 위해 우리는 주님을 온 마음과 생각과 영혼과 힘을 다해 사랑하는 것을 우리의 목표로 삼아야 한다.

성경적 양육 원칙을 채택하는 것이 필요하지만 적절한 징계는 주로 자녀들의 행동을 바꾸는 데에만 영향을 끼친다. 그들의 영혼에 변화를 일으키는 것은 하나님을 향한 부모의 진실한 사랑이다. 우리는 둘 다 필요하다.

몇몇 부모들이 대면한 문제는 하나님에 대한 그들의 사랑이 자녀들에게 본이 되지 않고 오히려 사랑으로 비치지 않았다는 점이다. 부모를 보면서 자녀들은 그리스도인의 생활이 사랑도, 기쁨도 없이 그저 그리스도인인 체하며 나쁜 일을 피하는 데에만 열중하는 것으로 인식될 수 있다. 그리스도와 함께 가려면 해가 되는 영

향을 피할[142] 뿐 아니라 방해하는 모든 것과 얽어매는 죄[143]를 떨쳐 버려야 하는 것이 사실이다. 그러나 그리스도인의 삶이 자녀들에게 힘들고 부담스럽게 느껴지고 우리가 주로 '무엇을 피할 것인가?', '무엇을 하지 않을 것인가?'에만 관심을 기울인다면 우리 스스로 "아이들이 이런 삶을 원할까? 우리조차 원하지 않는데"라고 묻지 않겠는가?

부모들이여, 자녀들을 예수께로 인도하고 있는가? 아니면 그저 '종교'로서 자녀들에게 부담만 지우고 있는 것은 아닌가? 기억할 것은 예수께서 유대지도자들에게 백성들이 질 수 없는 짐을 지우는 것에 대해 경고하셨다는 점이다.[144]

그리스도인의 삶은 그저 나쁜 일을 하지 않는 것만 의미하지 않는다. 하나님의 인정을 받기 위하여 선한 일까지 해야 한다는 의미도 아니다. 그리스도와 함께 가는 것은 기쁨이 가득한 감사하는 삶이다. 날마다 하나님의 사랑과 자비를 누리고 우리가 노력해서 받아들여지는 것이 아니라 그분이 우리를 받아 주시기 때문에 그분을 위해 우리가 선한 일을 행하는 것이다.[145]

예수께서 제자들을 부르셨을 때 "수고하고 무거운 짐 진 자들

---

142. 고린도후서 6:17-7:1, 야고보서 1:27
143. 히브리서 12:1
144. 누가복음 11:46
145. "곧 우리가 원수 되었을 때에 그의 아들의 죽으심으로 말미암아 하나님과 화목하게 되었은즉 화목하게 된 자로서는 더욱 그의 살아나심으로 말미암아 구원을 받을 것이니라" 로마서 5:10
"혹 네가 하나님의 인자하심이 너를 인도하여 회개하게 하심을 알지 못하여 그의 인자하심과 용납하심과 길이 참으심이 풍성함을 멸시하느냐" 로마서 2:4

아 다 내게로 오라 내가 너희를 쉬게 하리라 나는 마음이 온유하고 겸손하니 나의 멍에를 메고 내게 배우라 그리하면 너희 마음이 쉼을 얻으리니 이는 내 멍에는 쉽고 내 짐은 가벼움이라 하시니라"[146] 하고 말씀하셨다. 예수께서 그분의 백성들을 위해 주신 삶은 아름다운 삶이다. 그분과 함께 가는 것이 힘들어서 영혼이 쉬지 못한다면 하나님을 사랑하며 사는 삶의 분명한 뜻을 놓친 것이다.

우리를 위해 또 자녀들을 위해, 우리가 모두 하나님께 사랑받고 있다는 것과 그분을 사랑하기 때문에 그 은혜를 갚는 것의 의미를 잘 파악해야 할 것이다.

4. 그들을 사랑함으로써 하나님의 사랑을 그들에게 전하라.

"사랑하는 자들아 우리가 서로 사랑하자 사랑은 하나님께 속한 것이니 사랑하는 자마다 하나님으로부터 나서 하나님을 알고 사랑하지 아니하는 자는 하나님을 알지 못하나니 이는 하나님은 사랑이심이라… 하나님이 우리를 사랑하시는 사랑을 우리가 알고 믿었노니 하나님은 사랑이시라 사랑 안에 거하는 자는 하나님 안에 거하고 하나님도 그의 안에 거하시느니라" (요한일서 4:7~8, 16)

---

146. 마태복음 11:28-30

제자 빌립은 예수께 "주여, 아버지를 우리에게 보여주십시오."
라고 요청한 적이 있다. 그 말에 예수께서 "빌립아 내가 이렇게 오
래 너희와 함께 있으되 네가 나를 알지 못하느냐 나를 본 자는 아
버지를 보았거늘 어찌하여 아버지를 보이라 하느냐"[147] 라고 대답
하셨다. 예수께서 하신 말씀은 그분의 신성을 명확하게 긍정하신
것이지만 사람이 다른 사람의 모습을 어떻게 투영하는지도 그려
주셨다. 그러므로 하나님의 자녀로서 우리 역시 그분과 그분의 사
랑을 우리 자녀들에게 투영할 수 있다.

예수께서 죄인들의 마음을 이끄시고 영향을 끼치신 근본적인
능력이 사랑이었다는 것을 생각해 본 적 있는가? 그분은 죄를 미
워한다고 말씀하셨으나 죄인들은 가까이하셨다. 악을 미워하셨
고 거룩함에 관해 설교하셨으나 그 말씀을 들은 죄인들은 그런데
도 그분이 자신들을 받아들여 주실 것을 알고 있었다. 사실 그분의
자비로운 사랑은 너무나 크고 분명해서 그분은 죄인들의 친구로
알려지게 되었다.[148] 자녀들이 우리의 온전한 사랑과 포용을 받아
들이면 우리와 하나님께로 점점 더 다가올 수 있을 것이다.

예수께서 우물가의 여인과 대화하신 일은 용납의 힘을 보여준
아름다운 예시이다.[149] 그분은 우물가에서 사마리아 여인을 만나
셨고 그 마음을 얻으셨다. 그분은 그 여자의 남편이 다섯 명이었

---

147. 요한복음 14:8-9
148. 마태복음 11:19, 9:10-11, 누가복음 7:34, 15:1-2
149. 요한복음 4장

으나 지금 살고 있는 남자는 남편이 아니라는 것을 여인에게 말씀하셨다. 그러나 심판하거나 정죄하지 않으시고 예언자적 통찰력으로 사실만을 말씀하셨다. 여인은 자신의 과거를 다 아시는 것에 당황하여 말을 돌린다. 그러나 예수께서는 부드럽게 대하시며 여인의 마음을 얻으셨다.

여인은 받아주시는 예수께 온전히 마음이 열렸다. 자신을 있는 그대로 보아주시는 그분을 받아들이는 것이 안전함을 느꼈다. 여기서 '안전하다'는 단어가 중요하다. 받아들임은 안전한 것이다. 즉 "네가 연약하고 죄가 있음을 알지만 나는 너를 좋아한다. 지금보다 더 나아지기를 바라지만 네가 더 좋아져야만 받아들이는 건 아니다"라고 말씀하시는 것이다. 예수께서는 연약한 그대로 여인을 받아들이셨다. 여인이 선하기 때문이 아니고 예수께서 선하시기 때문에 받아들여 주신 것이다.

삭개오는 멸시받는 세리였고 그리스도의 사랑과 포용으로 변화된 죄인의 또 다른 예시이다. 삭개오는 예수의 얼굴을 잘 보려고 나무 위로 올라갔고 예수께서 그런 그를 보게 되셨다. 예수께서 말씀하셨다. "삭개오야, 어서 내려오너라. 오늘, 네 집에서 묵겠다." 그게 전부였다. 삭개오는 달라졌다. 그는 곧바로 자기 재산을 궁핍한 자들과 나누고 자신이 정해진 금액보다 더 많이 거둔 세금을 돌려주겠다고 약속했다.[150] 그리스도의 사랑으로 인해 그가 사

---

150. 누가복음 19:1-10

랑을 알게 된 것이다.

우리도 우리를 받아들이는 사람들에게 가까이 가게 되고 그렇지 않은 사람들을 피하게 되지 않는가? 자신에게 애정을 가진 사람들의 말을 더 귀 기울여 듣고 화를 내거나 귀찮아하는 사람들을 밀어내지 않는가? 자녀들에게서도 동일한 모습을 볼 수 있다.

자녀들이 예수를 사랑하기를 바라는가? 그렇다면 당신을 향한 하나님의 동일한 사랑으로 그들을 사랑하는 것이 중요하다. 그러면 그들의 마음을 끌 것이고 더욱 예수를 알고자 하는 마음이 생길 것이다. 자녀들을 위해서 하나님께서 우리가 그분의 아들의 모습으로 온전히 자라기 전에도 우리를 사랑하시고 용납해주신다는 것을 힘써서 이해하도록 하자.

하나님이 정말 나를 좋아하실까?

모든 그리스도인은 하나님이 그들을 사랑하신다는 사실을 믿는다. 이것은 복음의 기본이다.[151] 내가 여행을 다니면서 전 세계 사람들에게 묻고 발견한 것은 하나님이 그들을 사랑하신다는 것은 믿지만 하나님께서 그만큼 자기들을 좋아하실 거라고는 느끼지 못한다는 것이었다. 사실 대부분은 하나님이 자기들에게 실망하셨다고 확신하고 있었고 그래서 자신을 못마땅해 하신다고 생각하고 있었다.

---

151. 요한복음 3:16

이것이 나타내는 것은, 대부분의 하나님의 자녀들은 자신에 대해 만족하지 않고 그렇기 때문에 하늘의 아버지께서도 그들을 만족스럽게 생각하지 않으신다고 단언하는 것이다. 그들은 그리스도인으로서 애쓰면서 살아가면서 하나님의 인정을 받고 싶어 하지만 그것은 매우 성취하기 어려운 일로 보인다. 그분은 높은 기준을 가지신 하늘에 계신 영원한 아버지이시고 그분을 기쁘게 해 드리는 것은 너무 어렵고 그들을 향하여 웃지 않으시는 분처럼 여겨지는 것이다. 그 결과 하나님의 자녀들 다수는 낙담한 상태로 힘없이 살아간다.

하나님께서 우리를 사랑하시지만, 우리가 그분과 더 지속적으로 동행할 때야 우리를 사랑하시리라는 믿음은 매우 위험한 이론이다. 하나님께서 우리가 그분의 사랑받는 자녀가 되기 전, 원수였을 때 우리에게 애정을 베푸셨음을 무시하는 처사다.[152] 우리 하늘의 아버지께서 우리를 사랑하시기는 하지만 우리를 좋아하지는 않으신다고 믿는 것은 우리를 연약한 육신을 가진 존재로 받아들이지 않으시고 더 큰 성숙함을 이룰 때까지 받아들이기를 미루신다는 의미를 내포하는 것이나 다름없다. 불행하게도 우리 부모들이 자녀들을 양육할 때 이런 접근법을 적용하고 있다.

---

152. "우리가 아직 죄인 되었을 때에 그리스도께서 우리를 위하여 죽으심으로 하나님께서 우리에 대한 자기의 사랑을 확증하셨느니라 그러면 이제 우리가 그의 피로 말미암아 의롭다 하심을 받았으니 더욱 그로 말미암아 진노하심에서 구원을 받을 것이니 곧 우리가 원수 되었을 때에 그의 아들의 죽으심으로 말미암아 하나님과 화목하게 되었은즉 화목하게 된 자로서는 더욱 그의 살아나심으로 말미암아 구원을 받을 것이니라" 로마서 5:8-10

우리는 자녀들을 사랑하지만, 자녀들로 인해 감정적으로 힘들 때도 있기 때문에 그들을 마치 해결하거나 참아내야 할 문젯거리로 여기는 경향이 있다. 특히 아이들이 청소년기일 때는 더욱 그렇다.

우리가 자녀들에게 신경을 쓰고 선하게 인도하려고 헌신하고 있기 때문에 자녀들이 우리가 그들을 좋아하지 않는다는 것을 알아차리지 못할 것으로 생각하지만, 아이들은 우리가 좋아하지 않으면 대번에 눈치로 안다. 표정이든 목소리 톤이든 의심하는 태도이든 대화가 오갈 때마다 느낄 수 있다.

우리는 그들의 부모들이다. 그들이 다른 누구에게 보다 더 인정받고 싶어 하는 사람이라는 뜻이다. 그들이 청소년기에 접어든다면 우리가 마음에 들어 하지 않는 것을 느낄 것이고 다른 곳에서 의미를 찾기 시작할 것이다.

아직 어릴 때 자녀들에게 영향을 끼치고 싶다면 하나님께서 우리가 어떤 사람이든, 어떤 성장의 단계에 있든 상관 없이 우리를 받아들이심을 알아야 한다. 우리가 궁극적으로 선하기 때문이 아니라 그분이 선하시기 때문에 우리가 언제나 그분의 임재 안으로 들어갈 수 있고, 이런 우리를 미소로 용납해주시는 분이심을 알고 기뻐해야 한다.

자녀들이 아직 성숙함에서 거리가 멀어 보일 때 우리가 그들을 받아들일 수 있기를 원하는가? 그렇다면 우리도 하나님의 은혜의 보좌로 담대하게 나아가야 한다. 그것은 우리 힘으로 얻은 것이 아니라 그분이 주신 특권이다.[153] 하나님의 사랑과 그분이 십자가에서 성취하신 것을 믿으며 더 가까이 나아갈수록 자녀들의 모든 연약함에도 불구하고 그들을 더 쉽게 받아들일 수 있을 것이다.

두 번째로 큰 것

그리스도께서는 하나님을 사랑하는 것 다음으로 이웃을 사랑하는 것이 그리스도인이 따라야 할 가장 큰 덕목이라고 가르치셨다.[154] 그러므로 부모들이여, 자녀들이 영아일 때부터 자신을 사랑하듯 이웃을 사랑하라고 가르쳐야 한다. 이것을 자녀 훈련의 기본적인 목표로 삼는 사람들은 자녀들을 성숙하게 만들 수 있고 그들 안에 타인을 존중하는 기초를 세우게 될 것이다.

형제자매와 이웃과 원수들에게 자기에게 하듯 최선을 다하도록 가르치고 싶다면 우리가 취할 몇 가지 조치들이 있다.

1. 당신 자신이 그리스도의 사랑으로 먼저 가득 차 있음을 확인하라.

마른 우물로는 누구도 마시게 할 수 없는 것처럼, 하나님의 샘에서 먼저 깊이 들이키지 않으면 타인을 사랑할 수가 없다. 그분은 모든 긍휼함의 원천이다. 그분은 우리의 배려하는 마음 뒤에 계신 힘이다. 날마다 우리는 하나님께 나아가 그분의 사랑 안에서 회복

---

153. "그러므로 형제들아 우리가 예수의 피를 힘입어 성소에 들어갈 담력을 얻었나니" 히브리서 10:19 "그러므로 우리는 긍휼하심을 받고 때를 따라 돕는 은혜를 얻기 위하여 은혜의 보좌 앞에 담대히 나아갈 것이니라" 히브리서 4:16
154. 마태복음 22:36-39, 빌립보서 2:5-8

되어야 하고 이 사랑을 우리는 타인에게 나눠 주어야 한다.

우리는 그리스도의 사랑을 완전히 이해한다고 장담할 수가 없다. 자녀들을 위해서는 말할 것도 없고 하나님을 위해 또 우리를 위해, 하나님의 사랑을 들이키고 발견하기 위한 여행을 시작하자.

> "믿음으로 말미암아 그리스도께서 너희 마음에 계시게 하시옵고 너희가 사랑 가운데서 뿌리가 박히고 터가 굳어져서 능히 모든 성도와 함께 지식에 넘치는 그리스도의 사랑을 알고 그 너비와 길이와 높이와 깊이가 어떠함을 깨달아 하나님의 모든 충만하신 것으로 너희에게 충만하게 하시기를 구하노라" (에베소서 3:17~19)

2. 사랑의 모든 면을 이해하기 위해 말씀을 연구하라.

우리 주님은 사랑, 그 자체이시다. 사랑에 대한 지식 안에서 자라가기 위해 우리는 그분의 모든 가르침과 모든 행적을 연구해야 한다. 그분의 사랑을 표현하기 위해 쓰이는 헬라어 단어는 '아가페 agape'이다. 이것은 다음과 같은 매우 깊은 의미가 있다.

○ 사랑은 감정이 아니라 의지로 결단하여 실행하는 헌신이다. 사랑은 돈을 주고 사는 것이 아니고 자격이 필요한 것도 아니고 무조건적이다. 다른 사람의 행위에 기초하여 마음대로 무를 수 있는 것이 아니라는 뜻이다. 이러한 이유로 그리스도께서 우리

를 불러 우리를 이용한 사람들, 우리를 학대한 사람들, 거짓으로 고소한 사람들을 포함한, 우리를 힘들게 한 모든 사람을 향해 은혜롭고 자비롭게 대하도록 하시는 것이다.

> "그러나 너희 듣는 자에게 내가 이르노니 너희 원수를 사랑하며 너희를 미워하는 자를 선대하며 너희를 저주하는 자를 위하여 축복하며 너희를 모욕하는 자를 위하여 기도하라 너의 이 뺨을 치는 자에게 저 뺨도 돌려대며 네 겉옷을 빼앗는 자에게 속옷도 거절하지 말라 네게 구하는 자에게 주며 네 것을 가져가는 자에게 다시 달라 하지 말며" (누가복음 6:27~30)

> "아무에게도 악을 악으로 갚지 말고 모든 사람 앞에서 선한 일을 도모하라 할 수 있거든 너희로서는 모든 사람과 더불어 화목하라 내 사랑하는 자들아 너희가 친히 원수를 갚지 말고 하나님의 진노하심에 맡기라 기록되었으되 원수 갚는 것이 내게 있으니 내가 갚으리라고 주께서 말씀하시니라 네 원수가 주리거든 먹이고 목마르거든 마시게 하라 그리함으로 네가 숯불을 그 머리에 쌓아 놓으리라 악에게 지지 말고 선으로 악을 이기라" (로마서 12:17~21)

○ 사랑은 헌신으로 확인된다. 우리는 다른 사람에게 큰 애정을 가질 수 있고 그들에게 지속해서 헌신할 수 있다. 그러나 우리가

수고하고 싶지 않으면 우리는 진짜 사랑의 중요한 요소를 빼먹는 것이다. 대가 없는 사랑은 전혀 사랑이 아니다. 사랑의 헌신은 신체적이거나 감정적이거나 마음속으로만 하는 것이 아니라 자신의 권리를 내어주는 것을 포함한다.

> "사람이 친구를 위하여 자기 목숨을 버리면 이보다 더 큰 사랑이 없나니" (요한복음 15:13)[155]

> "그가 우리를 위하여 목숨을 버리셨으니 우리가 이로써 사랑을 알고 우리도 형제들을 위하여 목숨을 버리는 것이 마땅하니라" (요한일서 3:16)

> "너희 안에 이 마음을 품으라 곧 그리스도 예수의 마음이니 그는 근본 하나님의 본체시나 하나님과 동등됨을 취할 것으로 여기지 아니하시고 오히려 자기를 비워 종의 형체를 가지사 사람들과 같이 되셨고 사람의 모양으로 나타나사 자기를 낮추시고 죽기까지 복종하셨으니 곧 십자가에 죽으심이라" (빌립보서 2:5~8)

○ 사랑은 헌신적일 뿐 아니라 그 동기에 있어서 자신이 아닌 타

---

155. 요한복음 10:11, 로마서 5:8

인을 생각한다. 다른 사람이 필요하기 때문에 주는 것이지 다시 받으려고 주는 것이 아니다. 뭔가 얻을 생각으로 주지 않는다. 진정한 사랑은 지속되는데 그것은 조건 없이 주는 것이고 요구나 기대에 기인하지 않는다. 자신의 필요를 얻기 위해 타인을 사랑하는 것은 매우 자기중심적인 개념이다. 그리스도께서는 그분께 우리가 필요했기 때문이 아니라 우리에게 그분이 필요했기 때문에 자신을 내어 주셨다.

> "믿음이 강한 우리는 마땅히 믿음이 약한 자의 약점을 담당하고 자기를 기쁘게 하지 아니할 것이라 우리 각 사람이 이웃을 기쁘게 하되 선을 이루고 덕을 세우도록 할지니라 그리스도께서도 자기를 기쁘게 하지 아니하셨나니 기록된 바 주를 비방하는 자들의 비방이 내게 미쳤나이다 함과 같으니라"
> (로마서 15:1~3)

> "…사랑은 자기의 유익을 구하지 아니하며" (고린도전서 13:5 중)

> "잔치를 베풀거든 차라리 가난한 자들과 몸 불편한 자들과 저는 자들과 맹인들을 청하라 그리하면 그들이 갚을 것이 없으므로 네게 복이 되리니 이는 의인들의 부활시에 네가 갚음을 받겠음이라 하시더라" (누가복음 14:13~14)

"누구든지 자기의 유익을 구하지 말고 남의 유익을 구하라"

(고린도전서 10:24)

"나와 같이 모든 일에 모든 사람을 기쁘게 하여 자신의 유익
을 구하지 아니하고 많은 사람의 유익을 구하여 그들로 구원
을 받게 하라" (고린도전서 10:33)

○ 사랑은 다른 사람을 배려하는 것이므로 그들을 이해하고 관계
를 맺으려고 노력한다. 우리가 편한 것을 기꺼이 포기하고, 말
과 마음 모두로 그 사람의 입장에서 헤아리려고 노력하기 때문
이다.

"그러므로 그가 범사에 형제들과 같이 되심이 마땅하도다 이
는 하나님의 일에 자비하고 신실한 대제사장이 되어 백성의
죄를 속량하려 하심이라 그가 시험을 받아 고난을 당하셨은
즉 시험 받는 자들을 능히 도우실 수 있느니라"

(히브리서 2:17~18)

"우리에게 있는 대제사장은 우리의 연약함을 동정하지 못하
실 이가 아니요 모든 일에 우리와 똑같이 시험을 받으신 이로
되 죄는 없으시니라" (히브리서 4:15)

"형제들아 사람이 만일 무슨 범죄한 일이 드러나거든 신령
한 너희는 온유한 심령으로 그러한 자를 바로잡고 너 자신을
살펴보아 너도 시험을 받을까 두려워하라 너희가 짐을 서로
지라 그리하여 그리스도의 법을 성취하라" (갈라디아서 6:1~2)

○ 사랑은 행동이 없으면 공허한 것이다. 따뜻한 말이 힘이 될 수
도 있겠지만, 행동 없는 믿음이 죽은 것과 다름없는 것처럼[156]
사랑도 그렇다. 예수께서는 사랑이 효력을 나타내기 위해서는
다른 사람을 섬김으로써 표현해야 한다고 가르치셨다.

"너희 중에는 그렇지 않아야 하나니 너희 중에 누구든지 크
고자 하는 자는 너희를 섬기는 자가 되고 너희 중에 누구든지
으뜸이 되고자 하는 자는 너희의 종이 되어야 하리라 인자가
온 것은 섬김을 받으려 함이 아니라 도리어 섬기려 하고 자기
목숨을 많은 사람의 대속물로 주려 함이니라"

(마태복음 20:26~28) [157]

"내가 주와 또는 선생이 되어 너희 발을 씻었으니 너희도 서
로 발을 씻어 주는 것이 옳으니라" (요한복음 13:14)

---

156. 야고보서 2:14-18
157. 마태복음 23:11, 누가복음 22:25-27

"누가 이 세상의 재물을 가지고 형제의 궁핍함을 보고도 도와 줄 마음을 닫으면 하나님의 사랑이 어찌 그 속에 거하겠느냐 자녀들아 우리가 말과 혀로만 사랑하지 말고 행함과 진실함으로 하자" (요한일서 3:17~18)

○ 우리에 대한 하나님의 사랑은 고린도전서 13장에 잘 나타나 있다. 그분의 아름다운 사랑을 이해하는 것은 다른 사람을 더 잘 사랑하고 우리 자녀들을 가르치는 데 더 잘 준비되도록 할 뿐 아니라 그분에 대한 감사를 더 하는 일이다.

"사랑은 오래 참고 사랑은 온유하며 시기하지 아니하며 사랑은 자랑하지 아니하며 교만하지 아니하며 무례히 행하지 아니하며 자기의 유익을 구하지 아니하며 성내지 아니하며 악한 것을 생각하지 아니하며 불의를 기뻐하지 아니하며 진리와 함께 기뻐하고 모든 것을 참으며 모든 것을 믿으며 모든 것을 바라며 모든 것을 견디느니라 사랑은 언제까지나 떨어지지 아니하되…" (고린도전서 13:4~8a)

3. 자녀들과 사랑의 관계를 형성하라.

자녀들이 부모를 사랑하고 남을 배려하기를 원한다면 그들이 먼저 부모의 사랑과 관용을 누리는 것이 필수적이다. 그들도 우리와 다르지 않아서, 자신이 중요하게 여기는 사람들에게 사랑을 받을 때 다른 사람에게 사랑을 베푸는 것이 훨씬 더 쉬워진다.[158] 부모의 사랑과 애정을 누리는 것은 사랑을 발전시킬 뿐 아니라 형제자매간의 경쟁심을 줄여 안정감과 만족감을 키울 수 있다. 자녀들이 사랑을 누릴 수 있는 가정에서는 서로가 더욱 화목하게 지낼 수 있다.

우리 자녀들이 청소년기에 접어들기 전에 부모와 사랑의 관계를 맺는 것이 자녀들에게는 올바른 행동을 하기 위한 가장 강한 동기가 된다. 십 대에 접어든 아이들에게 옳은 행동을 하는 것의 주된 동기가 징계받을 위협이라면 비록 협조는 할지라도 마음으로는 방탕한 길에 있는 것이다. 징계에 대한 두려움이 행동의 변화를 자극할 수 있지만 신뢰 관계를 만들 수는 없다.

이러한 점을 염두에 두고 사랑을 표현하면서 자녀들과 신뢰 관계를 만드는 다음의 몇 가지 방법을 실천해 보라.

1) 자녀들을 받아들이라.

자녀들이 성숙하면 성숙한 대로, 아직 미성숙하면 미성숙한 대로 받아들이면 된다. 그들의 성장 상태에 만족하라는 말은 아니다. 부모의 목표는 여전히 그들을 하나님께로 향하게 하고 좋은 성품과 성숙함을 갖게 하는 것이지만 자녀들이 만족스러울 만큼 성숙한 수준은 아닐 것이다. 이것을 잘 생각하기를 바란다.

---

158. "우리가 사랑함은 그가 먼저 우리를 사랑하셨음이라" 요한일서 4:19

그리스도인으로서 우리는 하나님의 수준에 따라 살아야 하고 자녀들도 그 수준에 맞추도록 해야 한다. 우리는 자녀들을 영적으로 다듬어 주는 과정에서 그들이 잘하지 못할 때 용납하지 못하는 경향이 있다. 우리가 그들에게 만족하지 못할 때 그들은 아무렇지도 않을까? 그렇지 않다. 어조로, 말로, 표정으로 메시지를 보내고 있으니 다 알고 있다. 자녀들은 기준에 미치지 못했어도 우리가 그들을 받아들여 주기를 바라고 있다.

○ 자녀들은 그런 모습이다. 그들의 미성숙한 모습이 마음에 들지 않겠지만 그런 모습은 그들의 연령에 맞는 모습일 수 있다. 지속적으로 인정하지 않거나 실망하는 표정은 그들을 변화시킬 수 없다. 그저 자기 진짜 속마음을 숨길 뿐이다.

○ 기준에 딱 맞출 때만 받아들이는 일은 없도록 한다. 그런 일은 그들이 성장해서 집을 나갈 때야 가능할 것이다.

○ 중년이 된 성인들 중에도 여전히 자기 부모들의 인정을 받고 싶어 하는 사람들이 많다. 자녀들이 그 나이가 될 때까지, 여전히 "네가 자랑스럽다"는 말을 듣길 기다리게 하겠는가? 당신의 부모에게서 받은 경험을 그들이 동일하게 받길 원하는가?

○ 자신에게 귀를 기울이라. 그들에게 혹은 그들의 노력에 대해 만

족한 적이 없다고 말하고 있는가? 당신이 면밀히 살피는 것이 그들에게 성장했다는 느낌, 잘할 수 있다는 느낌이 들게 하고 있는가? 당신에게 큰 실망감만 주었다고 느끼지 않겠는가?

○ 청소년인 아이가 반항할 때, 혹시라도 부모에게 거절감을 느껴 부모를 기쁘게 하는 것을 포기했기 때문은 아닌지 잘 살펴보라. 그들이 상처받았을 수도 있다.

○ 우리는 모두 우리를 사랑하는 사람들에게는 가까이 가게 되지만 우리를 지속해서 비판하는 사람들과는 같이 있고 싶지 않음을 기억해야 할 것이다. 우리 아이들도 똑같다.

2) 자녀들에게 애정을 표현하라.

인간의 본성 안에는 부드러운 애정을 갈구하는 마음이 있고 애정은 가정을 결속시키는 힘이 있다.[159]

○ 신체적으로도 애정을 표현하라. 신체적인 표현이 자연스럽지 않다고 느낀다면 당신이 자랄 때 부모에게 신체 접촉을 잘 받지 못했기 때문일 것이다. 애정 표현이 조금 서툴 수는 있지만 나중에 후회할 수 있다. 불편한 감정을 뒤로 하고 자녀들에게

---

159. "혹 네가 하나님의 인자하심이 너를 인도하여 회개하게 하심을 알지 못하여 그의 인자하심과 용납하심과 길이 참으심이 풍성함을 멸시하느냐" 로마서 2:4 (요한일서 4:19도 참조 바람.)

필요한 것을 주어야 한다. 하나님께서는 친히 유모처럼 우리를 기르시는[160] 하나님이시며 우리가 그분과 같이 되기를 원하신다.

○ 면밀히 살피는 의심스러운 눈초리로 자녀들에게 인사하는 것을 멈추고, 웃는 얼굴로 대할 수 있도록 단련하라. 그들을 사랑하고 있으면서 왜 그 마음을 드러내지 않는 것인가! 우리 중 누구도 자꾸 불신하고 의심을 가지는 사람을 원만하게 대할 수 없다. 반가워하는 표정을 지으라![161] 미심쩍은 눈초리는 상점에 "폐장 : 영업 종료"라고 써 붙여 놓은 것과 같다. 웃는 표정은 "개장 : 모든 물건 특별한 가격으로 팝니다!"라고 쓰인 것과 같다.

○ 아이들이 잘하면 칭찬해 주라. 분명 잘할 것이라고 표현해 주라. 자신에게 물어보라. 아이들에게 긍정적인 말보다 질책을 많이 하지 않는가?

3) 하나님의 눈으로 자녀들을 바라보라.

다행히도 하나님께서는 우리를 겉모습으로만 보지 않으시고

---

160. "우리는 그리스도의 사도로서 마땅히 권위를 주장할 수 있으나 도리어 너희 가운데서 유순한 자가 되어 유모가 자기 자녀를 기름과 같이 하였으니" 데살로니가전서 2:7
"어머니가 자식을 위로함 같이 내가 너희를 위할 것인즉…"이사야 66:13a (요한복음 13:23, 25도 참조 바람.)
161. "왕의 희색은 생명을 뜻하나니 그의 은택이 늦은 비를 내리는 구름과 같으니라" 잠언 16:15
"예수께서 그를 보시고 사랑하사…" 마가복음 10:21a

새로운 본성을 가진 사랑하는 양자로 보신다. 우리가 과거의 삶의 방식과 오래된 습관에 빠져 있더라도 우리는 옛사람이 아니다.[162]

○ 우리 자녀들은 각각 육신을 가지고 있으나 그 본성이 그들의 정체성이 아니다. 그들이 그리스도로 정체성을 삼으면 그들은 하나님의 자녀라는 새로운 정체성을 갖게 된다.[163]

○ 그리스도께서는 아이들을 무작위로 받아들이시고 축복하셨다. 그들의 행실이나 그들이 어떤 일을 했는지와 상관없이 축복하셨다. 그분이 받아 주신 아이 중에는 괴물 같은 아이도 있었을 테지만 그들 모두를 동일하게 축복하셨다. 우리 자녀들도 우리에게 그런 대우를 받아 마땅하다.

> "사람들이 예수께서 만져 주심을 바라고 어린아이들을 데리고 오매 제자들이 꾸짖거늘 예수께서 보시고 노하시어 이르시되 어린아이들이 내게 오는 것을 용납하고 금하지 말라 하나님의 나라가 이런 자의 것이니라 내가 진실로 너희에게 이

---

162. 고린도전서 6:9-11, 19-20
163. "그러므로 우리가 이제부터는 어떤 사람도 육신을 따라 알지 아니하노라 비록 우리가 그리스도도 육신을 따라 알았으나 이제부터는 그같이 알지 아니하노라 그런즉 누구든지 그리스도 안에 있으면 새로운 피조물이라 이전 것은 지나갔으니 보라 새 것이 되었도다" 고린도후서 5:16-17 (사무엘상 16:7, 열왕기상 8:39, 역대상 28:9도 참조 바람.)

르노니 누구든지 하나님의 나라를 어린아이와 같이 받들지 않는 자는 결단코 그 곳에 들어가지 못하리라 하시고 그 어린 아이들을 안고 그들 위에 안수하시고 축복하시니라"

(마가복음 10:13~16, 마태복음 18:1~6)

○ 그들에게 질책이 필요할 때는 희망과 기대를 가지고 말하라. 예를 들어 "이건 너답지 않다.", "넌 정직한 아인데…", "분명 제대로 선택할 거야." 등의 말들을 사용하라. 다음의 두 예문을 보며 차이점을 인지하기를 바란다.

"또 동생한테 못되게 굴었지. 더는 못 참겠다!" vs
"네가 동생을 사랑하는 거 알아. 그걸 표현하지 못한 걸 지금 사과하고 어떤 식으로 하면 좋겠는지 생각해 보자."

자녀와 애정 관계를 맺은 많은 부모는 자녀들이 받아들여지고 있음을 느끼는 것 같다고 말한다. 만약 여러분이 그렇다면 조심하라. 받아들임과 애정을 혼동하지 말라. 애정은 단지 부드러운 태도이며 관심 어린 어루만짐이다. 반항하는 아이들도 바라는 바이다. 받아들임은 '네가 아직 기대에 미치지 못하더라도 있는 그대로 너를 좋아한다.'는 뜻이다. 그들이 얼마나 성숙한지와 상관없이 자녀를 받아들이는 것을 최고의 목표로 하라. 하나님이 당신을 받아들이신 것처럼.

사랑할 줄 아는 아이로 양육하기 위한 실제적인 비결

앞서 말한 대로, 사랑할 줄 아는 아이로 키우는 가장 좋은 비결은 가정에서 사랑의 분위기를 만드는 것이다. 사랑하는 사람들이 사랑하는 아이들을 키워낸다. 사랑은 가르치기보다 스스로 깨우치는 것이다. 그러나 그들이 태어난 때부터 우리는 사랑을 그들의 삶의 기치로 세워주고 우리 자신이 먼저 본이 되어야 한다.

1. 그들이 평생 이웃을 사랑하고 섬기는 것이 우리의 최상의 목표임을 강조해야 한다. 모든 사회적, 도덕적 결정의 기준을 사랑의 기준으로 평가해야 한다.
2. 과부나 싱글맘을 돌보거나 요양병원을 방문하거나 지역의 응급 분만실에 자원봉사를 하는 등 가족 단위로 이웃을 섬기는 기회를 자주 만들어야 한다.
3. 집안일을 대신하거나 침대 정리를 해 주거나 하는 등 자녀들이 몰래 형제자매를 도와주도록 하라.
4. 아이들이 싸울 때마다 사랑이 없음을 지적하라. 아이들이 싸울 때 그저 싸운 행위로 인해 질책하는 것이 아니라 사랑하지 않음을 두고 말해야 한다. 누가 시작했는지 묻지 말고 각각 사랑으로 하지 못했음을 지적한다. 어떤 다툼이라도 먼저 사랑하는 사람이 이기는 것이라고 강조해야 한다.
5. 그들의 마음을 부모의 사랑으로 자주 채워야 한다. 하나님의 사랑이라는 신선한 명약이 초신자의 마음을 이웃 사랑으로 가득

채운다.[164] 말다툼하는 자녀들에게 아버지의 뜨거운 사랑을 보여주면 어떻게 반응할까? 이를테면 아이들이 깔깔 웃으며 서로 애정을 확인할 때까지 아버지가 아이들을 꽉 끌어안고 놓아주지 않는 껴안기 타임 같은 것 말이다.

6. 그들과 함께 기도하라. 형제자매에게 화가 날 때만 하는 것이 아니라, 잠자기 전, 식사 전을 포함한 모든 기도 시간에 하나님께서 창의적인 사랑의 방법을 아이들에게 보여 달라고 기도하라.

7. 잠자기 전에 상냥하고 동정심이 가득한 아이들에 대한 이야기를 읽어 주거나 이야기를 만들어 들려 주어라.

8. 아이들이 홈런을 치거나 상을 받을 때보다 서로 사랑하고 섬기는 것을 볼 때 더 큰 칭찬을 해주어야 한다. 그들이 사랑하고 섬긴 것을 다른 사람에게 자랑하는 것을 듣게 하라.

9. 가정에서 어떤 경우에도 나쁜 말은 허락하지 않는다. 욕하는 말, 놀림, 약 올림, 무시하는 말 등은 절대 안 된다.

10. 부부가 서로 섬기고 좋은 말로 대화하는 본을 보인다. 자녀들이 사랑을 배우는 가장 좋은 방법은 서로 사랑하는 부모 옆에서 보는 것이다.

잃어버린 사랑의 회복

1. 그들을 용서하라.

---

164. 요한일서 4:19, 누가복음 19:1-10

만약 한 자녀에게 끊임없이 짜증을 품고 있다면 과거를 청산하고 새로 시작하는 것이 매우 필요하다. 지금 당장뿐 아니라 앞으로도 계속 그런 원칙을 가져야 한다. 당신의 짜증이 그들에게 반드시 전달되고 기분을 상하게 할 것이다. 짜증을 품고 있는 것은 자녀를 낙담하게 하고, 문제 있는 성인으로 키우기에 가장 좋은 길이다.

○ 그들의 존재 자체를 받아들이라. 자녀들에게 계속 짜증이 난다면 혹시 그들이 태어났기 때문인 것 아닌가? 아직 부모가 될 준비가 안 되어 있어서? 부모가 되지 않았다면 가질 수 있는 직업이 있었을 것 같아서? 그들을 훈련하고 돌보는 일이 너무 많은 시간을 요하고 삶에 방해가 되는 것 같아서? 그렇다면 자신의 자기중심적인 모습 따위는 갖다 버리라. 당신보다 자녀들을 선택하라. 인생의 단계에서 자녀들이 당신의 삶을 방해하지 않는다. 그들과 그들을 훈련하는 것이 당신의 삶이다. 부모가 되는 것보다 더 잘해야 하는 것은 없다. 물론 저녁 식사를 마련해야 하고 차에 오일을 갈아야 하며 미팅을 준비해야 하지만, 자녀들이 당신의 관심을 필요로 할 때마다 짜증 나는 표정을 보게 해서는 안 된다.

○ 당신이 받고 싶은 자비를 그들에게 주라. 아이들을 보면 싫어하는 사람이 생각나기 때문에 참지 못하는 것은 아닌가? 아마

싫어하는 그 사람이 당신 자신일 텐데? 자기 마음을 너무 잘 알아서 그들의 마음을 판단하고 그들의 동기가 그저 악한 의도일 뿐이라고 생각하는 것 아닌가? 그렇다면 그것을 인식하고 하나님께 받고 싶은 그 동일한 자비대로 그들을 대하기를 바란다. 그들도 인간이기 때문에 종종 좋지 않은 동기를 갖겠지만 그들의 본성에 즉각 분노하는 것은 변화를 위한 동기를 주지 못할 것이다.

> "서로 친절하게 하며 불쌍히 여기며 서로 용서하기를 하나님
> 이 그리스도 안에서 너희를 용서하심과 같이 하라"
>
> (에베소서 4:32)

> "그러므로 때가 이르기 전 곧 주께서 오시기까지 아무것도
> 판단하지 말라 그가 어둠에 감추인 것들을 드러내고 마음의
> 뜻을 나타내시리니 그 때에 각 사람에게 하나님으로부터 칭
> 찬이 있으리라" (고린도전서 4:5)

○ 아이 중에 좀 더 도전적인 아이가 있는가? 다른 아이들보다 더 엄격하게 대하는가? 아이의 이름을 부를 때 더 큰소리로 강조해서 부르는 아이가 있는가? 그러지 않는 것이 좋겠다. 자신에게 항상 화가 나 있는 사람에게 가까이 갈 사람은 없다. 아이의 사기를 꺾고 소외시키기 전에 멈춰야 한다!

○ 과거지사를 꺼내서 반복적으로 야단치지 말라. 과거의 잘못을 들춰내서 또 그런다며 낙인찍을 필요가 없다. 지속해서 과거의 잘못을 열거하는 것은 그들을 낙담시킬 뿐이다. 당신이 하나님 앞에 새로운 시작이 필요하듯 그들도 새로운 시작이 필요하다.

> "너희는 이전 일을 기억하지 말며 옛날 일을 생각하지 말라"
>
> (이사야 43:18)

> "여호와여 주께서 죄악을 지켜보실진대 주여 누가 서리이까"
>
> (시편 130:3)

> "또 그들의 죄와 그들의 불법을 내가 다시 기억하지 아니하리라 하셨으니" (히브리서 10:17)

> "…악한 것을 생각하지 아니하며" (고린도전서 13:5b)

○ 그들에게 자꾸 새롭게 시작하게 하라. 나쁘게 생각하지 말고 지속해서 동기가 악할 것이라고 추측하지 말라. 사랑은 가장 좋은 것을 바라는 법이다.[165] 그들에게 무죄추정의 원칙을 지키라.

---

165. 고린도전서 13:7

○ 쓴 뿌리를 담아 두고 있는 것은 당신과 자녀들을 파멸시킴을 기억하라. 우리는 히브리서 12:15에서 "… 또 쓴 뿌리가 나서 괴롭게 하여 많은 사람이 이로 말미암아 더럽게 되지 않게 하며"라고 조심하라는 경고를 받았다. 해결되지 않은 분노는 당신의 모든 양육에 나쁜 영향을 끼치고 가정에 온통 부정적인 분위기를 조성할 것이다. 당신의 짜증 때문에 자녀들이 순종하기는 하겠지만 당신이 주변에 있을 때만 듣고, 집에서 도망칠 날만을 기다리게 될 것이다.

> "분을 내어도 죄를 짓지 말며 해가 지도록 분을 품지 말고 마귀에게 틈을 주지 말라" (에베소서 4:26~27)

○ 자신의 분노를 정당화하지 말라. 분노로 강압하는 것은 영적으로 끝장을 보겠다는 몸짓이다. 자녀들이 우리 분노를 보고 "와 정말, 내가 우리 정상적인 엄마를 저렇게 만들었네. 정신 차리고 나를 돌아봐야지" 하겠는가? 결코 그렇지 않다. 대부분의 사람은 말로 공격당했을 때 너무 화가 나서 살아남겠다는 자기 보존 의식으로 가득 차게 된다. 당신의 분노는 아무 소용이 없을 뿐 아니라 적극적으로 남을 파괴하고 당신의 자녀를 소외시키고 그들에 대한 영향력을 최소화할 뿐이다.

> "사람이 성내는 것이 하나님의 의를 이루지 못함이라" (야고보서 1:20)

○ 당신이 동기를 부여할 도구로써 분노를 사용하고 있음을 깨닫는다면 가족에게로 가서 용서를 구하라.

> "그러므로 예물을 제단에 드리려다가 거기서 네 형제에게 원망들을 만한 일이 있는 것이 생각나거든 예물을 제단 앞에 두고 먼저 가서 형제와 화목하고 그 후에 와서 예물을 드리라"
>
> (마태복음 5:23~24)

○ 자녀 훈련은 과정임을 기억하라. 아직 훈련이 덜 된 아이에게 화를 낼 이유는 없다. 특히 제대로 된 훈련을 하지 못한 경우라면 더욱 그렇다. 더욱이 지속적으로 지시를 반복하고 계속 잔소리만 하면서 버릇없게 길러 부모를 무시하도록 훈련된 아이에게 화를 내는 것은 말할 것도 없다. 자기밖에 모르는 아이들의 모습은 부모가 만든 것이다.

화내는 부모들에 있어서 가장 위험한 것은 자녀들에게 하나님에 대한 오해를 심어 준다는 점이다. 하나님이 자비롭고 사랑이 많으신 분임을 아이들에게 말해 주기는 한다. 그러나 자녀들의 삶에 중요한 권위자로서 부모가 하나님 아버지를 닮은 본이 되지 못한다. 그러한 가정에 사는 자녀들은 대부분 하나님 아버지에 대한 왜곡된 시각을 가지고 자라나게 된다.

그들은 자기 아버지에 대한 이미지로 인해 하나님을 가혹하고 폭발하기 쉽고 좀처럼 기뻐해 주지 않고 접근하기 어려운 분으로 여긴다. 그들이 혹시 교회 안에 있는 것도 불편하게 여긴다면 자신이 하나님께 가치 없는 사람이라고 느끼는 딱딱한 믿음을 가질 가능성이 크다. 화내는 부모들은 무의식적으로 자기들이 하나님을 어떻게 보고 있는지 보여준다. 그리스도인으로서는 물론이고 부모로서 우리가 할 수 있는 가장 좋은 것은 하나님을 제대로 아는 것이다. 그러면 우리의 행동뿐 아니라 내면까지도 바꿀 수 있을 것이다.

2. 자녀들을 상냥하게 대하라.

"그러므로 무엇이든지 남에게 대접을 받고자 하는 대로 너희도 남을 대접하라"는 예수의 명령은 먼저 가족들에게 적용해야 할 말씀이다. 무엇보다 부모들이 자녀들을 대할 때 적용해야 한다.

○ 자녀들을 볼 때마다 의심이나 불신이나 짜증이 표정에 나타나지 않도록 조심하기를 바란다. 그들이 자는 것을 볼 때 웃음을 아끼지 말라. 표정에 사랑이 있음을 보여주어야 한다.

○ 그들이 당신의 기준에 못 미쳤기 때문에 크게 실망한 것처럼 보이지 말라. 그들에게 실망한 느낌을 전달하지 않을 뿐 아니라 불만스러운 느낌을 주어서는 안 된다. 예를 들어 그들이 할 일을 잊어버릴 때마다 "난 부모로서 형편없어. 아이들에게 그런 기초적인 것도 훈련하지 못하다니!" 등의 말을 함으로써 자녀

앞에서 자신을 비난하지 말라. 겸손한 듯 들리지만 실제로는 자기들을 향한 공격임을 대번에 안다.

○ 당신이 아이들을 욕하지 않는다고 해서 자신이 친절하다고 믿지는 말라. 당신이 실수했을 때, 자신을 나쁘게 말하는 것을 들은 아이들은 부모가 자신들에게도 동일하게 느낄 것으로 생각한다.

○ 행동이 더 착실한 형제자매와 비교해서는 안 된다. 물론 당신의 기준을 명확히 하는 데에 효과적인 수단으로 보일 수도 있겠지만 그들은 자라서 비교당한 형제자매에게 좋지 않은 감정을 갖게 된다.

○ 아이들에게 목소리를 높이지 말라. (기차 소리 같은 큰 소음 때문에 안 들리는 경우를 제외하곤 말이다.) 내가 아이들을 조사해 본 결과 가장 기분 나쁘고 효과 없는 징계는 큰 소리로 야단치는 것이라고 말한 아이들이 매우 많았다. 아이들은 침착한 체벌이나 단호한 질책은 잘 받아들이지만, 긍정적인 말과 가치 있는 성품이 있으리라고 기대한 사람에게서 큰소리로 비하하는 말을 듣는 것은 받아들이기 어려울 것이다.

3. 아이들에게 귀를 기울이라
○ 모든 연령에 있어서, 그중에서도 특별히 아이들이 청소년기에

접어드는 시기에는 그들과 마음을 나눌 기회를 자주 만들라. 잠자기 전의 시간은 마음을 열기에 가장 완벽한 시간이다. 사실 잠자는 시간은 대부분의 아이에게 진지한 대화를 하기에 무르익은 시간이다. 잠자지 않기 위해서는 무엇이든 할 테니 말이다.

○ 아이들이 마음을 열고 자기 느낌이나 꿈에 대해 나눌 때 그들의 생각을 고쳐 주려고 즉각적인 제안을 하지 말고 듣기만 하는 게 좋다. 마음을 나누기 꺼려지는 대상이 되지 않도록 하라. 예를 들어 11세 된 아이가 저축한 돈으로 새로운 장난감을 사고 싶다고 말했다고 하자. 당신이 보기에는 허튼 데 돈을 쓰는 일이라고 생각되어 바보스럽게 돈 쓰지 말라고 설교를 시작한다면 결코 기분 좋게 반응하지 않을 것이다. 가치 있는 성품은 그 마음에서 나오고 그가 어떤 사람인지 드러내는 법이다.[166] 아이가 미성숙한 모습을 드러낼 때마다 즉각적으로 교정해 주는 부모는 결국 아이가 뒷걸음질 치는 것만 보게 될 것이다.

○ 아직 가치관이 미성숙한 것을 볼 때 틀렸다고 말하는 것으로 아이를 바로 바꿀 수 있다고 생각지 말라. 대신에 그러한 가치관을 잘 형성시켜 줄 계획을 만들면 된다.

---

166. "…이는 마음에 가득한 것을 입으로 말함이라" 마태복음 12:34b

○ 그들이 마음을 열고 당신을 신뢰할 때 잘 행동하라. 우리 역시 나를 공격하는 사람과 나의 약한 부분을 나누지 않는다. 자기 내면의 갈등을 고백한 것을 나중에 공격수단으로 삼는 일은 없도록 하라.

○ 그들이 마음을 열고 당신을 신뢰하게 하기 위하여 당신도 부모이지만 동일한 인간이라는 것과 내면에 여러 갈등을 가지고 있음을 알려 주는 게 좋다. 부모의 삶에도 약함이나 갈등이 있음을 나눌 때에 그들의 방어벽이 낮아질 수 있다.

부모들이여, 하나님께서는 그리스도인으로서의 삶이 무거워지도록 의도하지 않으셨고[167] 우리가 하는 양육도 마찬가지다. 우리가 자녀들을 잘 키워내려고 하다가 부담이 가중된다면, 혹은 우리가 날마다 그들을 견뎌내려고 발버둥 친다면 우리를 향한 하나님의 부르심에 미치지 못하는 것이다. 우리는 항상 비참할 것이고, 자녀들은 쉽게 훈련되지 못할 것이다. 하나님께서는 그저 아이들을 견뎌 내거나 참아내는 것을 원하시지 않는다. 우리가 능동적으로 그들을 사랑하기를 원하신다. 이 둘에는 분명한 차이가 있다. 우리가 자녀들을 제대로 사랑할 때 하나님께서 영광을 받으시고 우리 가정이 큰 축복을 받을 수 있다. 기억하라. 예수께서 제자들

---

167. "나는 마음이 온유하고 겸손하니 나의 멍에를 메고 내게 배우라 그리하면 너희 마음이 쉼을 얻으리니" 마태복음 11:29

에게 말씀하시기를, 사랑하라는 그분의 계명에 우리가 순종할 때, 우리 기쁨은 가득해진다고 하셨다.[168]

---

168. "내가 아버지의 계명을 지켜 그의 사랑 안에 거하는 것 같이 너희도 내 계명을 지키면 내 사랑 안에 거하리라 내가 이것을 너희에게 이름은 내 기쁨이 너희 안에 있어 너희 기쁨을 충만하게 하려 함이라 내 계명은 곧 내가 너희를 사랑한 것 같이 너희도 서로 사랑하라 하는 이것이니라" 요한복음 15:10-12

18
새로운 시작

"여호와의 인자와 긍휼이 무궁하시므로 우리가 진멸되지 아니함이니이다 이것들이 아침마다 새로우니 주의 성실하심이 크시도소이다" (예레미야애가 3:22~23)

종종 어떤 부모들은 이 책의 결론에 이르러 자신이나 자녀들에게 화가 날 수도 있다. 양육을 제대로 하지 못한 것과 아이들의 상태에 대하여 죄책감을 느낄지도 모른다.

혹시 그런 상황인가? 가정에서 무언가 변화시키고자 마음먹었는가? 배운 것을 실천하기 위해 굳게 다짐하고 준비하고 있는가? 좋다. 그러나 조심하라! 아직 양육에 변화를 시도하기 전에 먼저 다음과 같은 생각을 해 보기 바란다.

1. 배우자와 함께 전략을 세우라.

실천에 들어가기 전에 부부가 함께 계획을 세운다. 가능하다면 새롭게 시작하기 전에 부모가 같이 이 책을 읽기를 바란다. 자녀들이 부모 사이에 불협화음이 있음을 감지하면 부모 사이에서 장난을 칠 수도 있다.

2. 가정에서 회의를 소집한다.

적절한 훈련을 수행하기 위해서는 부모가 아이들을 불러 앞으로 가정에서 일어날 변화에 관해 설명하는 회의를 소집하는 것이 필요하다.

새로운 기준과 벌칙에 대해 이해하도록 한다. 그렇게 하면 사전 경고 없이 새로운 기준을 정했다며 억울해하지 않을 것이다. 그들은 어떤 일이 일어날지, 왜 일어나는 것인지, 기대해야 할 변화들에 대해서도 잘 알게 될 것이다.

3. 용서를 구하라.

과거에 양육 방법에 문제가 있었음을 사과하면서 회의를 시작하는 것이 중요하다. 아이들이 성숙하도록 잘 준비하지 못했으니 용서를 구하는 것이 순서이다. 그것으로 새로운 시작이 가능할 것이고 앞으로 닥칠 변화의 기초를 세우게 될 것이다.

4. 지속성이 없을 가능성에 대해 경고하라.

부모 역할을 제대로 배우면서 아직 '보지 못하는 사각지대'가 있을 수 있기에 새로운 규칙을 위반할 때마다 미처 다 인지하지 못할 수 있음을 분명히 말해 주어야 한다. 그러나 그런 것이 새로운 기준이 적용되지 않는 것으로 해석되어서는 안 된다는 것을 경고해야 한다.

5. 천천히 가되 분노하지 않도록 조심하라.

서문에서 말한 것을 다시 말하고자 한다. 자녀들은 의도적이든 그렇지 않든 우리의 훈련의 산물임을 명심하라.

그들은 우리가 아직 훈련을 끝내지 못했기 때문에 그 모습인 것이다. 아이들이 빨리 배우지 못하고 훈련에 효과가 없어 보인다면 접근법에 뭔가 문제가 있었는지 살펴볼 때이지, 더 가혹하게 덤벼들 때는 아니다. 아이들을 사랑하고 지속해서 징계할 때 효과가 나타난다. "제대로 좀 해라!"며 화내는 양육 태도는 좋지 않다.

6. 훈련하지 않기도 쉬운 일은 아니다

회개하고 있는 부모들은 새로운 규칙을 시행하는 것이 어려울 수 있음을 기억해야 한다. 훈련의 절반은 지금까지 해온 적절치 않은 훈련을 그만두는 것이기 때문이다.

7. 체벌할 일이 자주 있을 가능성을 염두에 두어야 한다.

쉽게 순종하는 아이들도 있겠지만 자기 멋대로 하고 고집스럽게 뜻을 관철하려는 아이들도 있을 것이다. 그러나 그들에게 부모가 진지하게 임하고 있음을 분명하게 보여야 한다. 며칠 동안 외부일을 제한하거나 직장에도 며칠 휴가를 내야 할지 모른다. 그렇게라도 지속적, 일관적으로 훈련에 임해야 하는 것이다.

우리를 좋아해 주는 리더십은 따르기 쉽다. 이 모든 과정을 우리가 사랑으로 하는 것임을 자녀들이 알게 해야 한다. 잘할 때는 칭찬해 주고, 최악의 상황을 매번 생각해서는 안 되며, 희망적으로 말해야 한다.

표정을 조심하라. 아이들이 방으로 들어올 때마다 미심쩍은 표정으로 째려본다면 어떻겠는가? 째려본다는 것은 불신하는 것이다. 상황이 몹시 나쁘다고 단언하는 태도이다. 자신을 좋게 보지 않는 사람을 기쁘게 하는 것만큼 동기 부여가 어려운 일도 없다. 자신을 잘 절제하여 아이에게 웃으면서 인사하라.

당신이 자녀를 사랑하는 것은 분명하다. 그 마음이 입꼬리를 올리며 전달되기를 바란다. 그들의 반응이 달라지는 것에 놀라게 될 것이다.

[렙 브래들리 Reb Bradley 의 다른 자료들]

- **자녀들의 마음에 영향을 끼치는 법** Influencing Children's Hearts (4-D set)

- **자녀 훈련에 관한 성경적 통찰** Biblical Insights into Child Training
  : 가정에서 통제력을 갖추고 경건한 아이로 키우기 (8CD/DVD set)

- **솔로몬의 지혜로 배우는 십 대 양육** Parenting Teens with the Wisdom of Solomon
  : 성경에서 말하는 십 대 키우는 방법 (CD/DVD set)

- **최고의 남편** The Ultimate Husband
  : 성경적 리더십과 겸손과 사랑으로 집안의 가장이 되는 방법 (8CD set)

- **선한 도망** Breaking Free
  : 배타적인 그리스도인 모임에서 탈출하기 (도서)

- **신약의 가정 교회** The New Testament Home Church : 조직과 구조 (소책자)

- **힘 있는 그리스도인의 삶** Powerful Christian Living
  : 예수를 그대로 따르기 예수의 길을 드러내어 그리스도인의 성숙함에 이르게
  하는 놀라운 시리즈 (12CD set)

- **마음의 동기** Motives of the Heart
  : 교만함과 겸손함에 관한 성경적 연구 (3CD 혹 6DVD sets)

- **아내와의 화해** Reconciling with Your Wife
  : 아내에게 버림받은 남편을 위한 결정적인 도움 (소책자)

이런 자료들을 원하시면 이 책에 나와 있는 연락처로 연락하거나
가정사역원 Family Ministries 의 전체 카탈로그를 신청하십시오.

Family Ministries PO Box 266, Sheridan, CA95681

(530) 633-2020 Credit card online 800-545-1729

www.familyministries.com

"자녀들아

주 안에서 너희 부모에게 순종하라

이것이 옳으니라

네 아버지와 어머니를 공경하라

이것은 약속이 있는 첫 계명이니

이로써 네가 잘되고 땅에서 장수하리라"

[에베소서 6:1~3]

더 늦기 전에 꼭 알아야 할

성경적
자녀양육
지침서

초판 1쇄 발행 2023년 1월 30일
초판 2쇄 발행 2023년 10월 25일

지은이 렙 브래들리
옮긴이 박은선
발행인 박진하
교정 목윤희
편집 홍용선
디자인 신형기
펴낸곳 홈앤에듀

신고번호 제 379-251002011000011호
주소 경기도 성남시 수정구 복정동 639-3 정주빌딩 B1
전화 050-5504-5404

홈페이지 홈앤에듀 http://homenedu.com
패밀리 홈스쿨지원센터 http://homeschoolcenter.co.kr
아임홈스쿨러 http://www.imh.kr
아임홈스쿨러몰 http://imhmall.com
아임홈스쿨러 페이스북 http://facebook.com/imhkr

판권소유 홈앤에듀

* 모든 성경구절은 특별히 언급되지 않는 한 개역개정판을 사용함.

잘못 만들어진 책은 구입하신 곳에서 바꾸어 드립니다.
저작권법에 의해 한국 내에서 보호받는 저작물이므로 무단전재와 복제를 금합니다.

ISBN 979-11-978007-2-6 03230
값 18,000원